ÉCRIVERONS ET LISERONS

DES MÊMES AUTEURS

JEAN-MARIE LACLAVETINE

Les Emmurés, Gallimard, 1981.
Loin d'Aswerda, Gallimard, 1982.
La Maison des absences, Gallimard, 1984.
Donnafugata, Gallimard, 1987.
Conciliabule avec la reine, Gallimard, 1989.
En douceur, Gallimard, 1991.
Rabelais, Christian Pirot, 1992.
Le Rouge et le Blanc, Gallimard, 1994.
Demain la veille, Gallimard, 1995.
Port-Paradis, Gallimard, coll. « La Noire », 1997 (en coll. avec Philippe Chauvet).

JEAN LAHOUGUE

Argos, suivi de *L'Athanor*, Gallimard, 1973.
La Visite du château et autres romans, Gallimard, 1975.
La Polonaise, suivi de *Tête de jeune fille à la Révolution* et de *L'anus du Weimaraner*, Gallimard, 1976.
Non-lieu dans un paysage, Gallimard, 1977.
Comptine des Height, Gallimard, 1980.
La Doublure de Magrite, Les Impressions Nouvelles, 1987.
La Ressemblance et autres abus de langage, Les Impressions Nouvelles, 1989.
Le Domaine d'Ana, Champ Vallon, 1998.

JEAN-MARIE LACLAVETINE
JEAN LAHOUGUE

ÉCRIVERONS ET LISERONS

EN VINGT LETTRES

suivi de

CLÉS DU DOMAINE
de Jean Lahougue

Champ Vallon

ISBN : 2 87673 269 6

Cette correspondance entre Jean-Marie Laclavetine, membre du comité de lecture des Éditions Gallimard et romancier lui-même, et Jean Lahougue, auteur du Domaine d'Ana *(Champ Vallon, 1998), est née du refus, par Gallimard, de publier ce dernier roman. Elle commence tout naturellement par la lettre justificative de ce refus.*

1

Paris, le 5 février 1996

Cher Jean Lahougue,

Je me fais aujourd'hui le porte-parole du comité de lecture pour vous annoncer une nouvelle peu agréable ; *Le Domaine d'Ana* ne pourra pas être, en l'état, publié dans la collection blanche. Si la réponse a été si longue à venir, c'est que votre manuscrit a donné lieu à de longues et âpres discussions, à des lectures successives, à des avis contradictoires, dont je voudrais tenter de vous rapporter l'essentiel sans rien omettre ni trahir.

Le Domaine d'Ana est un livre profond et amusant. On y sent passer les ombres familières de Lewis Caroll, de Borges, de Perec – et bien entendu celles, encore plus présentes, de Conan Doyle et de Jules Verne (on n'est jamais loin du *Château des Carpates*). Mais le livre ne se résume pas à un catalogue des thèmes du fantastique (le savant génial, la demeure inquiétante, l'invention maléfique, etc.) ; par un tour de force assez original, vous conjuguez l'idée ancienne de la toute-puissance du verbe et la préoccupation contemporaine de la réalité virtuelle. Le pari est ambitieux. Cette science-fiction sur la fiction littéraire s'écrit de surcroît dans un style digne d'Anatole France, ironiquement cuistre et précieusement cocasse, qui peut lasser, mais qui est souvent délectable.

On retrouve dans ce roman, comme dans la plupart de vos œuvres, une forme de fantastique logique qui exigerait la plus extrême rigueur d'exposition et de développement. Le problème vient de ce que vous vous contentez d'une apparence de rigueur, et ne parvenez qu'insuffisamment à imiter la solide composition des récits du siècle dernier, et à en ressusciter le charme. Cette demi-réussite tient peut-être aussi au manque de consistance des personnages principaux, trop souvent réduits à une caricature (Noé) ou à une présence presque fantomatique (Ana). Tous les lecteurs le soulignent : le jeu érudit est servi par une langue remarquable d'élégance et de maîtrise. Mais cette élégance et cette maîtrise, justement, finissent par constituer un handicap pour le roman ; tout au plaisir de faire miroiter vos phrases ciselées, vous en oubliez trop le *rythme* du récit – et le plaisir du lecteur. Il y a là un manque évident de fluidité et de simplicité de la narration. L'histoire pourrait être captivante, et elle y parvient par moments ; mais elle est racontée avec beaucoup trop de lenteur. L'exposition des principes du dictionnaire de Noé, par exemple, est interminable. Il faut attendre la page 40 pour lire enfin : « *Ce fut par un tel soir de printemps que la grande aventure commença…* » ; l'intrigue commence alors à se dérouler timidement, pour prendre forme vers la page 80. Les dialogues, nombreux, sont beaucoup trop bavards ; chaque réplique est suivie ou précédée d'un long (et bien souvent inutile) commentaire du narrateur. L'ensemble (275 pages de 2 000 signes, soit environ 360 pages standard) doit absolument être élagué, clarifié, revivifié et *très nettement* raccourci, de façon à permettre au lecteur de se sentir vraiment entraîné dans ces aventures loufoques au pays des mots.

Ce travail serait, de l'avis général, indispensable ; mais il n'est pas certain qu'il suffise à remettre le roman sur ses rails. Vous seul, en l'occurrence, pouvez évaluer la pertinence de ces critiques, et juger s'il est ou non opportun de remettre l'ouvrage sur le métier. Quelle que soit votre décision, sachez, cher Jean Lahougue, que vous trouverez toujours ici des lecteurs très attentifs,

Jean-Marie LACLAVETINE

★

2

Montourtier, le 8 février 1996

J'ai bien reçu, cher Jean-Marie et attentif lecteur, votre réponse du 5, et suis heureux de pouvoir enfin donner un nom, un visage et qui plus est une écriture connus aux lares de la maison-mère.

À vrai dire, je m'attendais un peu au contenu de votre lettre et suis persuadé que les louanges et reproches formulés seront ceux de la plupart des critiques.

Oui, certes, aux lenteurs du récit. Oui, sans conteste, au caractère stéréotypé des personnages. Oui, bien sûr, à la redondance des dialogues (et il faudrait parler de celle des illustrations). Oui enfin à la lassante préciosité du style, et ce n'est pas un hasard si les figures s'en matérialisent au chapitre 11 sous forme de croûtes, de bimbeloterie de capharnaüm et autres « rogatons de musée des horreurs »...

En revanche, vous ne serez pas surpris de me trouver plus réticent face à l'imputation de fausse rigueur qui fonde votre critique. Si du moins l'on admet qu'il n'est de rigueur (et de règles), dans une démarche aussi aléatoire qu'une écriture de fiction, que relative à ses postulats, à sa logique interne et à ses enjeux propres. Or de ceux-ci, je ne trouve guère de traces dans votre rapport, sinon celles d'un profond malentendu.

C'est de cela, précisément, qu'à deux reprises j'ai souhaité m'entretenir avec le Comité. Plus que jamais, cet échange me semble aujourd'hui nécessaire.

Bien sûr, j'aimerais que tous les lecteurs du *Domaine* soient présents, à commencer par les plus réservés d'entre eux. Je souhaiterais même (j'ignore si cela se fait, mais je propose tant de choses qui ne se font pas...) qu'Antoine Gallimard soit des nôtres. Si toutefois vous deviez être mon seul interlocuteur, cher Jean-Marie, croyez bien que je n'en serais pas moins honoré.

Un seul impératif dont vous me pardonnerez : il nous faudra disposer de deux heures. C'est le temps que je m'accorde pour convaincre. Je crois pouvoir affirmer que ce temps ne sera perdu ni pour vous ni pour moi.

Je vous laisse le soin de fixer vous-même ce rendez-vous, sachant que le mercredi et le vendredi sont les jours de la semaine où il m'est le plus facile de me libérer.

Bien sincèrement vôtre,

Jean LAHOUGUE

★

3

Le 16 février 1996

Cher Jean Lahougue,

Je suis bien entendu disposé à vous rencontrer dès que vous le souhaiterez. Je crains qu'il ne soit pas envisageable de réunir à cette occasion tous les lecteurs du *Domaine d'Ana*, et qu'il faille vous contenter d'un tête-à-tête ! Mais le point essentiel n'est pas là. Quels que soient les pouvoirs de votre éloquence, je n'ai pas la capacité de faire revenir le comité de lecture sur une décision. Les oppositions à une publication en l'état ont été trop fermes et argumentées pour que je puisse remettre cette question à l'ordre du jour, tant que des modifications substantielles n'auront pas été apportées au manuscrit, allant dans le sens des suggestions que je vous ai transmises. J'ai à cœur de défendre votre livre – et je ne suis pas le seul – mais je ne pourrai pas le faire sans cela. Nous pouvons nous voir, si vous voulez, le mercredi 28 février, ou le vendredi 8 mars, vers 15 heures 30, par exemple. Je ne pourrai que vous répéter ce que je vous ai déjà écrit ; mais je serai en tout cas heureux de vous rencontrer.

Très cordialement,

Jean-Marie LACLAVETINE

★

4

Montourtier, mercredi 13 mars 1996

Voici bientôt quinze jours, cher Jean-Marie, que vous avez bien voulu me recevoir. Je ne puis que vous remercier de votre courtoisie et de la patience avec laquelle vous m'avez écouté, vous et votre compagnon de cellule.

Certes, je ne partage pas tout à fait l'opinion de M.X. (qu'il me pardonne d'avoir oublié son nom), selon laquelle la révélation de contraintes génératrices dans un texte ne saurait en aucun cas modifier la lecture naïve qu'on en a faite. Et je peux regretter qu'il se soit découvert un travail urgent au moment où j'en commençais le modeste inventaire. Mais je lui avais déjà trop pris d'un temps qu'il n'avait pu prévoir de me consacrer pour que je lui en tienne rigueur. Quant à vous, je ne doute pas de votre bonne volonté à défendre mon ouvrage tant auprès d'Antoine Gallimard et de vos amis du Comité que des éditeurs alliés. Mais je sais que la tâche sera longue et difficile. Et ce d'autant qu'un élément nouveau risque de la compliquer.

Un récent reportage télévisé (*Capital* du 24 février sur M6) suggérait – m'a-t-on dit – que les romans publiés par les Éditions Gallimard, y compris ceux de leurs auteurs les plus notoirement humanistes, seraient préalablement composés par des clavistes marocaines, moins coûteuses que leurs homologues françaises. Lesquelles s'en trouveraient réduites au chômage.

Sans doute n'est-ce qu'une information malveillante et allez-vous me trouver bien délicat, mais l'idée que des mains africaines puissent souiller* mon manuscrit m'est odieuse. C'est pourquoi le contrat que vous vous employez à m'obtenir devra stipuler sans ambiguïté que les épreuves en seront

* Précisons, sur suggestion de mon éditeur, que le mot relève évidemment de cet humour Hara-kiri dont je me rends parfois coupable (*n.d.l.a.*).

tapées par des professionnelles de Saint-Amand-Montrond, syndiquées si possible.

À charge de revanche, si d'aventure la même logique du rapport qualité-prix conduisait notre *N.R.F.*, en dépit de son âme, à confier le choix de ses publications à quelque comité restreint de sous-prolétaires ivoiriens fonctionnant aux trois huit, que les actuels titulaires se sachent assurés de mon inconditionnel soutien.

Pour ma gouverne et mes archives personnelles, en attendant, je souhaitais mettre au clair les leçons de notre entretien. Aussi vous saurais-je gré, si ma mémoire est lacunaire ou si j'ai mal interprété ce qui m'a été dit en cette occasion par vous-même et par M.X., de rectifier, de préciser ou de compléter – si nécessaire – ce que j'en ai retenu.

En tout état de cause, il s'est avéré qu'aucun de mes lecteurs du Comité n'avait soupçonné le postulat de langage qui a présidé à l'écriture du *Domaine d'Ana*, ni aucune des quelque vingt règles corollaires qui ont décidé de son style et de ses contenus.

La révélation on ne peut plus explicite (pp. 84, 85, 86, 87) d'un cryptogramme régi par cette contrainte directrice a bien convoqué « l'ombre familière de Perec ». Ce qui était pertinent. Mais elle n'a pas induit pour autant une lecture perecquienne du texte, et n'a incité personne à vérifier que ledit cryptogramme existait bel et bien dans le chapitre indiqué – et ce en dépit du changement typographique signalé dès la page 48.

L'annonce non moins explicite d'un autre cryptogramme décidé par le narrateur lui-même (p. 276), et présenté par celui-ci comme le seul moyen d'échapper au Domaine, n'a pas suscité plus de curiosité. Comme la mise en œuvre de ce cryptogramme donnait la clé du dénouement et que son déchiffrement fournissait l'épilogue du récit, force est d'en conclure que le dénouement n'a pu être compris et que l'épilogue n'a pas été lu.

Quant aux illustrations, il m'était conseillé, a priori, de les supprimer purement et simplement.

Ne voyez là aucun dépit ni reproche. Nous lisons tous – et regardons – en fonction de stratégies acquises. Et l'œuvre différente, en proportion même de sa différence, résiste aux stratégies acquises. En somme, la responsabilité d'une lecture déroutée incombe entièrement à l'auteur, que rien n'oblige – surtout de façon aussi artificielle – à s'imposer une différence.

Voici maintenant ce que j'ai retenu (sauf inattention ou malentendu toujours possibles de ma part) des objections faites à mes explications et justifiant, a posteriori cette fois, le refus de publication :

1) Que si les lecteurs professionnels d'un éditeur prestigieux n'avaient pas su reconnaître les contraintes du texte, fût-ce les plus clairement formulées, a fortiori un lecteur lambda en serait-il incapable.

2) Que de tels textes, n'étant de ce fait lisibles par personne, ne pouvaient intéresser grand monde.

3) Que l'existence de contraintes, fussent-elles accessibles au lecteur et destinées à infléchir sa lecture première, ne remettait aucunement en question le reproche rédhibitoire de lenteur fait au récit en sa lecture première.

4) Que ce n'était pas tant (sauf à justifier le passage à la trappe de *Du côté de chez Swann* par vos illustres prédécesseurs) la lenteur du récit qui était condamnable, mais l'*impression* de lenteur.

5) Que si *Le Voyage au centre de la Terre*, seul « modèle » du XIXe siècle explicitement convoqué par *Le Domaine d'Ana*, proposait un récit bien plus lent et une psychologie tout aussi sommaire, cela prouvait simplement que le roman de Jules Verne serait impubliable aujourd'hui.

6) Qu'il serait d'ailleurs anachronique de publier de nos jours un roman de Jules Verne, quand bien même une batterie de contraintes en bouleverserait le fonctionnement et le sens.

7) Que si la préciosité du style (« digne d'Anatole France ») était la conséquence nécessaire des contraintes, cela prouvait *ipso facto* que de telles contraintes ne pouvaient avoir pour effet que de gâter le style.

8) Que la publication des ouvrages de Perec ne se justifiait, quant à elle, que dans la mesure où ils proposaient des histoires captivantes dès la première lecture.

9) Que les meilleurs auteurs (comme en témoigne Pinget pour le Nouveau Roman) sont ceux qui théorisent le moins.

10) Que si la révélation de contraintes surdéterminant le texte excluait à l'évidence qu'on pût « élaguer, clarifier, revivifier et très nettement raccourcir » celui-ci, comme il m'était demandé en première instance, il ne saurait être envisageable pour autant de faire réviser leur jugement à ceux qui me le demandaient.

11) Que vous seriez toutefois disposé à remettre le manuscrit en lecture auprès des sept ou huit membres du Comité (sur douze) qui n'avaient pas eu l'occasion de le consulter au cours de ces quatre mois, mais que – sincèrement – vous ne voyiez pas qui parmi eux (a priori et avant de l'avoir lue) pourrait y défendre « ce genre de littérature ».

Voilà, cher Jean-Marie, cher M.X., si je n'ai pas trahi votre pensée, l'état des lieux. Si d'ailleurs d'autres arguments pertinents vous étaient venus dans l'intervalle, à vous ou à quelque autre membre du cénacle (qu'il ait lu le manuscrit ou vite ou pas n'a somme toute guère d'importance), n'hésitez pas à me les communiquer. Vous me trouverez toujours très attentif aux bonnes raisons dès lors qu'elles ne se confondent pas avec la raison régalienne.

À vous lire prochainement, et très amicalement,

Jean LAHOUGUE

⋆

5

Le 15 mars 1996

Cher Jean Lahougue,

Comme je le craignais, la tentative de remettre *Le Domaine d'Ana* dans le circuit s'est avérée vaine. Vos explications, dont j'ai tenté de rapporter l'essentiel, n'ont pas joué en faveur du livre : elles induisent l'impossibilité absolue de modifier en quoi que ce soit le manuscrit. Or, la lecture « au premier degré » qui en a été faite (avec un aveuglement dont je reste ébaubi, croyez-le – mais pas honteux...) n'ayant pas paru assez probante, la révélation d'une architecture souterraine du texte, fût-elle particulièrement raffinée, ne change rien au problème. J'ai bien compris qu'il s'agit pour vous d'une conception radicalement différente de l'acte littéraire, et que cette crispation réactionnaire sur le fameux premier degré peut vous paraître absurde, voire indigne. Mais j'ai peur qu'il n'y ait plus d'espoir chez Gallimard pour ce livre. Je le regrette sincèrement. J'ai été impressionné par la rigueur et l'exigence de votre démarche – mais, je dois le dire, pas entièrement convaincu par son bien-fondé. Ce que vous présentez comme la littérature de demain me semble voué, malheureusement, à l'enfermement et au secret. Vous défendez toutefois vos positions avec tellement d'énergie et de conviction qu'il me semble injuste que vous ne trouviez pas d'éditeur, alors qu'on publie tant d'auteurs qui ne croient plus ni en eux-mêmes ni en la littérature ! J'avoue que je ne sais quel conseil vous donner. Peut-être devriez-vous transmettre le manuscrit à Paul Otchakovski-Laurens – à moins que vous ne préfériez que je le fasse ? Peut-être serait-il séduit par la « folie » du projet. Vous pourriez aussi prendre contact avec Jacques Roubaud... Faites-moi connaître votre décision.

Très cordialement,

Jean-Marie LACLAVETINE

P.S. Merci pour votre lettre, qui reformule très clairement mes objections...

⋆

6

Montourtier, vendredi 22 mars 1996

Cher Jean-Marie,

Je vous dois décidément des excuses.

Reconnaissons-le, mon envoi précédent eût offert de quoi légitimer la *crispation réactionnaire* dont vous parlez, ou du moins la parer de circonstances atténuantes. Je m'attendais à une réplique sèche, ou au silence. À moi donc de recevoir la leçon, et cela me fait plaisir – vraiment.

Le matin même où j'ai reçu votre lettre, je m'apprêtais justement à envoyer le manuscrit à P.O.L. Non sans vivre une fois de plus le dilemme inhérent à ma pratique dissidente, et que vous pouvez désormais imaginer. Ou j'explique *avant* – ce qui revient à révéler en page de garde le mécanisme du crime au lecteur du polar, à lui laisser entendre qu'il ne l'eût jamais compris par ses modestes moyens, à lui interdire tout plaisir de découverte, et à m'exposer de surcroît au reproche de rebondissements téléphonés. Ou je me réserve d'expliquer *après*, au risque cette fois de transformer le jeu trop malin en traquenard, et d'y prendre, bien malgré moi, ledit lecteur en flagrant délit d'impertinence – ce qu'un professionnel de la littérature ne me pardonnera guère, sauf à lui supposer autant d'humilité que de bonne foi. Ces qualités n'étant pas forcément les plus courantes au pays des Belles Lettres, ne m'en veuillez pas de n'y avoir cru qu'à demi de votre part. D'où cette tendance au persiflage, que je regrette et qui relève, dirons-nous, de l'autodéfense… Quid de P.O.L, maintenant ?

À y bien réfléchir, la sympathie dont vous me témoignez malgré nos différences, et le respect – ce juste compromis d'estime et de distance – que vous inspire mon bébé, me laissent penser que vous saurez mieux que moi-même trouver les mots propres à résoudre mon problème de quadrature. C'est pourquoi j'accepte volontiers votre offre de médiation : elle représente ma meilleure chance.

Mais par-delà ce service, j'ai une autre requête à vous faire, et qui me tient peut-être plus à cœur.

Vous n'êtes pas entièrement convaincu, me dites-vous, par le bien-fondé de ma démarche. Le contraire serait miraculeux : j'ai mis moi-même trop de temps à en découvrir l'intérêt pour prétendre convertir en deux heures.

De votre côté, vous représentez ce qu'il me faut bien appeler l'*autre* littérature, celle qui dans ce même temps m'est devenue à sa manière, elle aussi, une *folie*.

Accepteriez-vous que nous en discutions ? Accepteriez-vous de poursuivre cette correspondance, hors le rapport de pouvoir qui jusqu'ici la faussait ?

La chape s'est si bien refermée, depuis les années soixante, sur toute réflexion théorique (j'allais dire : sur toute réflexion), les camps se sont si bien retranchés, que les occasions d'un échange sans invectives (et *décrispé*) semblent vouées aujourd'hui au même secret que l'écriture à contraintes… Par qui ? Pourquoi ? À toutes choses il y a des raisons, et de cela aussi il conviendrait de débattre, et de témoigner que la fatalité est ce que nous la ferons.

Un préalable cependant.

Vous ne me dites rien du recours, par Gallimard, à des clavistes sous-payées. Rien des réactions des auteurs concernés et des membres du comité – dont j'ose croire qu'ils ignoraient ce cynisme. Rien de ce que vous ressentez vous-même.

Or la question *n'est pas* subsidiaire. Le problème *n'est pas* étranger à ceux de l'acte littéraire. Et moins encore, décidément, aux raisons qui vouent désormais au secret toute réflexion approfondie sur les tenants et aboutissants de cet acte.

J'ai besoin, d'abord, que vous me répondiez sur ce point.

En toute amitié,

Jean

*

7

Tours, le 26 mars 1996

Cher Jean,

Je peux d'emblée vous rassurer ; les manuscrits des auteurs humanistes de Gallimard (ne le sont-ils pas tous ?) ne seront pas forcément souillés par des mains africaines. Par la grâce de l'Internet, des Singapouriennes peuvent être chargées de la frappe, ou des Philippines – qui, pour être à moitié nègres, n'en sont pas moins aussi catholiques que vous et moi, voire davantage. Le problème ne concerne pas uniquement Gallimard, à vrai dire. Tous les éditeurs de France font appel à deux ou trois gros imprimeurs, dont votre voisin Floch ; ce sont eux qui sous-traitent la saisie des textes dans des pays d'Afrique ou d'Asie, où la main-d'œuvre (presque exclusivement féminine) est beaucoup moins chère. Sauf à installer des presses à main dans le hall de la rue Sébastien-Bottin, je ne vois pas comment éviter d'avoir recours à ces entreprises, ou comment les contraindre à utiliser de la main-d'œuvre bien de chez nous. Je vous signale tout de même que les Marocaines, Malgaches et autres Asiatiques ne sont pas traitées comme des esclaves, mais dûment employées et payées à des tarifs très nettement supérieurs aux salaires moyens de leurs pays. Cela ne vous consolera pas du chômage des clavistes de Saint-Amand, et je le comprends, mais je ne parviens pas à imaginer une solution satisfaisante à ce problème. N'hésitez pas à me prodiguer vos lumières – puisque, cela va sans dire, je suis tout disposé à poursuivre cette correspondance, quel que soit le destin du *Domaine d'Ana*.

À ce propos, j'écris dès ce jour à P.O.L. J'ai tenté de lui parler lors du Salon du Livre, mais l'endroit et le moment n'étaient pas propices. Je vous tiens au courant.

Bien amicalement,

Jean-Marie

*

8

Le 3 juin 1996

Je reçois à l'instant une lettre de P.O.L., qui m'explique brièvement son refus de publier le livre. Ses raisons semblent être identiques à celles qui ont motivé le refus de Gallimard. P.O.L y ajoute son peu de goût pour les illustrations... Voilà. Les voies de l'édition sont décidément impénétrables... J'espère que malgré tout votre roman trouvera son défenseur. Le manuscrit doit m'être renvoyé par P.O.L dans les jours qui viennent.

Bien amicalement,

Jean-Marie

★

9

Montourtier, le 12 juin 1996

Mille mercis, cher Jean-Marie, pour votre intervention auprès de P.O.L. Le résultat n'a que peu d'importance. Et pardon de n'avoir pas répondu plus tôt à votre courrier précédent sur ce que vous m'excuserez d'appeler la traite des Marocaines – au sens, bien sûr, où l'on parle de *traitement* de texte. Mais, avouons-le, ce courrier m'avait un peu déçu.

Déçu doublement. D'abord parce qu'il ne répondait pas à la question posée. Ensuite parce que la réponse n'était pas vraiment de *vous*.

La question n'était pas : que faire ? Je n'ignore pas qu'en termes de guerre économique, l'écrivain dispose d'aussi peu de divisions que naguère le Vatican. Je n'attends pas davantage désormais qu'il ose dire publiquement *non* – ce premier mot de l'humanité selon vous-même* – dès lors que ses

* Allusion au roman *Demain la veille*, de J.-M. Laclavetine (Gallimard).

modestes intérêts sont en jeu. Ma question était, beaucoup plus humblement : que ressent-il ? que murmure-t-il à son congénère dans les couloirs de l'employeur ou dans la clandestinité d'une conversation entre amis ? qu'entend-il dire autour de lui, chez ce même employeur, par ceux qui, sans être écrivains, n'en sont pas moins attachés à leur emploi ? qu'en pensent leurs syndicats ? ou, plus naïvement encore, y a-t-il des syndicats dans une maison d'édition, et qui pensent ?

Et la réponse n'était pas vraiment de *vous* (je veux dire : du Jean-Marie plus proche de Noé – le vôtre – que d'Adam*) mais de l'employeur, justement. D'un employeur sur la corde raide, qui se doit de convaincre l'État et l'opinion que les livres sont des objets de culture, que l'objet de culture est un produit d'exception, et que cette exception culturelle exige, entre autres privilèges d'entreprise, que le prix des livres échappe aux lois du marché... cependant qu'il explique aux auteurs de ces mêmes livres que leurs revenus, leurs revendications, la forme et le contenu de leur travail, et le *traitement* de celui-ci, ne peuvent raisonnablement que s'y soumettre.

Je n'avais pas l'intention d'entamer avec vous un débat aussi cornélien, qui concerne surtout Antoine Gallimard, mais vous avez raison : l'écrivain ne saurait ignorer, sans faire preuve d'une irresponsabilité infantile, les dilemmes de celui dont il dépend.

Encore faut-il que les termes de l'alternative soient clairement exposés. Incantation n'étant pas raison, il ne suffit pas de dire que le livre procède de la culture et que la culture n'est pas un produit comme les autres. Il faut aussi définir et justifier cette différence.

J'ai bien quelques idées en la matière. Mais n'étant ni éditeur, ni employé d'éditeur, ni juré, ni critique, ni membre de comité de lecture, je ne suis pas statutairement garant de la différence et de la valeur culturelles. Vous si, cher Jean-Marie,

* *Id.*, *op. cit.*

si modestement que ce soit. Ne m'en veuillez donc pas de vous laisser le soin de répondre le premier à cette redoutable question d'école : qu'est-ce qui, selon vous, fait d'un objet (littéraire ou pas) un objet de culture ?

À défaut de résoudre la douloureuse problématique de l'éditeur (et qui rend les voies de l'édition si *impénétrables*) peut-être la réponse à cette question la rendra-t-elle intelligible. En tout cas, voilà de quoi donner une base solide à notre ultérieure correspondance.

Jean

⋆

10

Tours, le 10 juillet 1996

Cher Jean,

Mon retard à vous répondre ne s'explique pas seulement par un emploi du temps difficile à gérer, mais aussi par le peu de goût que j'ai à disserter sur le genre de motifs que vous me proposez… Je n'aime ni les écoles ni les questions d'école. Celle que vous me refilez en fin de lettre a tout de la patate chaude : « Je ne suis pas garant de la différence et de la valeur culturelles, vous si… » Voilà une bien étrange affirmation, en forme de défausse. Dans un système d'économie capitaliste, la marchandise est par principe mobile ; elle circule en permanence d'un point à un autre – de moi à vous, pour prendre l'exemple du livre. De l'éditeur au lecteur, ou du producteur au consommateur, si vous préférez (c'est, de toute façon, la même chose). Chacun des acteurs de cette circulation est responsable non seulement de la « vie » sociale de la marchandise, mais de sa nature même. Vous comme moi – certes à des titres divers – nous sommes responsables de la publication par Gallimard de Jardin ou Labro. Tout comme en achetant un livre vous acceptez d'entrer dans le circuit du livre-marchandise, qui implique entre autres l'emploi, par les imprimeurs, de personnel « délocalisé ».

À ce sujet, une question me chatouille, à mon tour : en quoi le sort des clavistes de Saint-Amand-Montrond ou de Mayenne vous paraît-il plus important que celui des travailleuses de Casablanca ? Je vous assure que je ne plaisante pas. Il y a certes des syndicats chez Gallimard et dans l'édition. Mais le syndicalisme français (qui jadis, si je me souviens bien, se disait révolutionnaire) n'apporte plus aux questions que vous soulevez que des réponses corporatistes, détachées de tout véritable projet politique – y compris et surtout la C.G.T. (réveille-toi, Jouhaux !) qui se trouve aujourd'hui bien à l'aise dans le discours de la préférence nationale.

Bref. Il ne suffit pas, vous avez raison, « de dire que le livre procède de la culture et que la culture n'est pas un produit comme les autres, il faut aussi définir et justifier cette différence ». Je crois que cette affirmation n'a pas à être théorique. Elle se définit et se justifie chaque jour, de façon sans doute discutable mais effective, dans le travail des éditeurs de littérature. Avec des limites que vous êtes bien placé pour juger, pour en avoir tâté, mais tout de même : le travail éditorial de Gallimard ne se résume pas au quatuor peu alexandrin Labro-Giesbert-Deniau-Jardin ; cette maison publie aussi une foule de poètes invendables, de romanciers secrets, d'essayistes insolvables – et l'on pourrait en dire autant de quelques autres éditeurs français. La différence est là, indéniable : quelle entreprise commerciale accepterait un fonctionnement aussi loufoque – selon les canons de l'économie marchande ? La dérive est toujours possible, mais contrairement à ce que vous pensez peut-être, la logique spectaculaire-marchande n'est pas encore toute-puissante dans l'édition française. Qu'un livre comme le vôtre n'ait pas trouvé d'éditeur n'est certes pas un indice rassurant, et je suis, vous le savez, le premier à le déplorer ; mais il faut aussi accepter de considérer que la logique commerciale n'est pas seule en cause dans ce refus.

Je sens bien que cette lettre, en forme de non-réponse, ne vous satisfera guère plus que la précédente. Je vous souhaite en tout cas un été agréable.

Bien amicalement,

Jean-Marie

★

11

Montourtier, le 26 juillet 1996

Cher Jean-Marie,

Je trouve votre lettre au retour d'un colloque à Calaceite (Aragon), sur le thème du *Roman contemporain*. Vous ne serez pas surpris que j'y aie pensé à vous.

S'il est un point d'accord entre nos rares confrères présents, c'est bien cette précaution liminaire, diversement déclinée mais commune à leurs contributions : « Je ne vous parlerai pas ici en *théoricien*... » Ainsi Kundera introduisait-il prudemment *L'Art du roman* (à l'intitulé moins modeste) : « Dois-je souligner que je n'ai pas la moindre ambition théorique et que ce texte n'est que la confession d'un praticien. » Il y a dix ans déjà.

Je comprends bien cette durable méfiance de mes contemporains à l'égard de la théorie. Je conçois que les revers de leurs aînés immédiats les aient conduits à préférer le discours généreux, œcuménique – et indiscutable – de la *différence*, ce maître-mot de la post-modernité, à celui du dépassement et du progrès.

Reste que tout choix procède, consciemment ou non, explicitement ou non, de critères, de valeurs, d'enjeux. Par-delà les précautions oratoires, les propos de Kundera et ceux de mes post-théoriciens n'en sont pas moins jalonnés de jugements et d'aphorismes au caractère éminemment théorique. Mais d'une théorie qui s'esquive, qui se satisfait de fragments mémorisables, et n'est à la pensée conséquente que ce que l'éclat est au rocher : quelque chose qui ne prend surtout pas le risque de montrer ses failles, qui ne s'offre pas au ciseau, et qui brille. L'art littéraire (ou pas) est devenu un tel refuge contre le rationalisme ambiant qu'il faut bien s'y laisser fasciner par les météores de cette pensée éclatée, orpheline de ses présupposés, de ses axiomes, de ses démonstrations, voire de sa logique interne. Leur trajectoire pour le moins elliptique présente cet avantage de les rendre aussi insaisissables et péremptoires que les messages des divinités.

Un chercheur, fût-il simple praticien, qui commencerait une communication scientifique en déclarant se situer hors de toute théorie provoquerait une vague de discrets sourires. Non que la théorie scientifique soit une base infaillible. Elle est une base nécessairement provisoire, et elle a précisément le mérite de ne pas l'ignorer. Elle se fonde sur des postulats et des hypothèses, et qui se savent postulats et hypothèses. Tant qu'elle est productive, c'est-à-dire tant que l'expérience confirme ses conséquences internes, elle est tenue pour recevable. Dès lors que l'expérience rend insoutenable une telle coïncidence, force est de réviser les hypothèses, et bientôt les postulats. On change alors de théorie. Non, au gré des modes, pour n'importe quelle théorie nouvelle, mais, si possible, pour une théorie qui rende compte à la fois, et des phénomènes maîtrisés par la précédente et des aberrations qui ont permis de la contester. Sans doute, et dans les mêmes conditions, deviendra-t-elle à son tour contestable et caduque, mais c'est à ce prix qu'on aura progressé.

Rien, à cet égard, n'est plus opposé à la théorie que le dogme avec lequel, dans le feu des débats mais non sans arrière-pensée, on se plaît à la confondre. Le dogme suppose quant à lui des postulats intouchables, et se condamne à occulter, sinon à truquer, toute expérience contradictoire. En ce sens, le dogme et le refus de la théorie ont cet effet commun, et sur la foi d'un commun rejet de la raison, d'interdire toute controverse, tout dépassement, toute perspective de progrès. L'un parce qu'il se postule progressiste hors contrôle, l'autre parce qu'il substitue à la notion de progrès celle, infiniment moins problématique, de *différence.*

L'un et l'autre se retranchent dans l'indiscutable.

Le discrédit de la théorie littéraire, son identification au dogme, ont coïncidé – et ce n'est pas un hasard – avec la même confusion et le même discrédit qui ont touché le concept d'idéologie. Du naufrage prévisible du marxisme dogmatique, on a conclu à la fin de son idéologie. Puis, bien vite, à la fin *des* idéologies. Quoi de plus significatif que cet imperceptible glissement sémantique : l'idéologie libérale, soudain privée d'alternative, a du même coup cessé d'être ressentie comme telle. Sa victoire *de fait* est devenue une victoire *de nature.* Ses postulats fondateurs, ses hypothèses économiques, ont oublié leur origine théorique, humaine, provisoire, pour découler de l'ordre des choses et interdire toute remise en question.

Si, pour reprendre l'exemple que vous développez brillamment, son principe de la mobilité des marchandises implique à l'évidence la non moindre mobilité des droits de ceux qui les produisent (des droits de l'homme, au fond), ce ne saurait être parce que ledit principe est révisable, mais parce que les droits de l'homme sont *par nature* indéfiniment contestables. La responsabilité du chômage à Saint-Amand-Montrond incomberait alors tout entière à ceux qui, victimes comprises, guidés assurément par les vieux démons du corporatisme, de la préférence nationale et – qui sait ? – de la xénophobie, s'obstinent à vouloir maintenir ces droits *contre* la loi naturelle.

Ainsi le rejet *des* idéologies a-t-il érigé l'idéologie libérale en dogme. Un dogme d'autant plus redoutable qu'il est désormais sans frontières, sans ailleurs, sans figure emblématique, que le vote démocratique ne peut rien contre lui, et qu'il fonctionne seul en déléguant à chacun (encore qu'à « des titres divers », je vous sais gré de le reconnaître) la responsabilité de son fonctionnement. Ses dysfonctionnements quant à eux, ces tragédies qu'il se postule seul à pouvoir résoudre et qu'il ne résout pas, se trouvant imputés du même coup aux incorrigibles faiblesses de la nature humaine...

Ce long détour pour répondre, d'abord, à la question qui vous chatouille. Non, cher Jean-Marie, je ne m'intéresse pas moins au sort des travailleuses marocaines qu'à celui des berrichonnes. Je m'inquiète seulement d'une arithmétique selon laquelle la promotion des unes passerait nécessairement par l'élimination des autres. D'une logique où la délocalisation du travail s'accompagne d'une délocalisation de l'échec. Et d'un dogme qui, loin de résorber la misère, la rend, *par principe* dites-vous, aussi mobile que la marchandise.

Encore, lorsque je parle de la promotion des travailleuses marocaines, faudrait-il me prouver qu'en déshabillant Pierre on habille Paul au-delà du bleu de chauffe. Que l'actuel stakhanovisme consenti par la force des chiffres, et dont le reportage de *Capital* nous a proposé l'édifiant spectacle, permettra auxdites travailleuses de s'unir pour acquérir, à leur tour, quelques menus droits supplémentaires. Seulement voilà, dans un régime de censure tant politique et syndicale que littéraire, il faut avoir une sacrée besace de foi libérale pour croire une telle évolution possible – à l'heure où ces mêmes droits sont laminés par la force des mêmes chiffres en terre de liberté...

Appelons un opportuniste un opportuniste, et disons clairement que le pieux tiers-mondisme dont s'autoriseraient les imprimeurs, avec la bénédiction de leurs prestigieux clients, ne sera jamais qu'une honorable façon de légitimer des profits réalisés simultanément, *et* sur le dos des travailleuses de Saint-Amand *et* sur celui des travailleuses de Casablanca.

Tout au plus pourriez-vous m'objecter, dans cette logique de responsabilisation tous azimuts qui ressemble fort à une déresponsabilisation générale, que de tels profits sont eux-mêmes nécessaires à la survie des entreprises.

Mais de cela, nous reparlerons...

Ce long détour, aussi, pour pouvoir répondre à la dernière partie de votre lettre, où vous vous efforcez de me convaincre que Gallimard – et quelques autres – s'emploieraient vaille que vaille à sortir de la stricte application du dogme.

Oui (peut-être) et non.

Non, en tout cas, sur la base des arguments que vous avancez. Il existe bon nombre d'entreprises qui consacrent à la recherche expérimentale, sinon fondamentale, une part non négligeable de leur budget. Non par abnégation ou amour de la science mais dans l'espoir de profits ultérieurs, toujours aléatoires et jamais immédiats. Il existe quantité d'officines résolument mercantiles qui lancent sur le marché des produits plus ou moins originaux, plus ou moins révolutionnaires, qui se vendraient si la conjoncture leur était un tant soit peu favorable mais qui, contre toute attente et sans qu'on puisse pour autant qualifier ce fonctionnement de commercialement loufoque, finissent par encombrer l'entrepôt.

En somme, il suffirait que Labro, ou Giesbert, ou Deniau, ou Jardin (puisque vous avez pris l'initiative de ces exemples) aient connu tour à tour de ces flops inopinés sans lesquels le jeu marchand ne serait même pas drôle, pour qu'on puisse les ranger incontinent parmi ces romanciers secrets et poètes invendables qui garantiraient – à vous lire – l'intégrité culturelle de l'Édition...

Sur ce dernier point, d'ailleurs, l'opinion commune vous donne raison : l'idée est encore bien ancrée que les vrais-grands-auteurs, pour cela même qu'ils sont censés devancer leur époque, restent longtemps confidentiels, réservés à une élite et ignorés du grand public avant d'en être reconnus – ces vrais-grands-auteurs qui ont précisément fait le prestige de la *N.R.F.* depuis un siècle et fidélisent encore aujourd'hui son lectorat… Alors imaginez ! Si d'aventure la vénérable maison ne publiait plus que des auteurs à succès, fussent-ils excellents, qui pourrait y retrouver ses marques ? On l'accuserait de trahir la cause, de censurer les meilleurs, d'être *commerciale* ! Elle perdrait beaucoup de son prestige, et beaucoup de ses fidèles. Sans forcément en conquérir d'autres, car les écrivains à succès, venus là pour le prestige, iraient chercher ailleurs…

On ne gère pas une enseigne prestigieuse sur le principe des flux tendus. Non seulement la publication à fonds perdus d'auteurs obscurs ne constitue nullement, en la circonstance, une entorse remarquable aux lois du marché, mais elle est l'une des conditions nécessaires à la pérennité de l'image de marque, pour ne pas dire : à la survie même de la marque. Quoi de plus commercialement correct ?

C'est pourtant ici que se présente un vrai choix dans une logique socio-économique qui ne nous en laisse guère. Ici, dans ce contingent d'écrivains que les lois propres de *son* marché imposent paradoxalement à l'Éditeur de ne pas subordonner aux lois du marché. Vous parlez à leur sujet d'une « foule ». Je doute qu'elle remplisse Charléty, mais peu importe le nombre. À lire strictement ce que vous écrivez, il semblerait que l'existence « effective » de cette foule définisse et garantisse *à elle seule* la vocation culturelle de l'Édition.

N'importe quelle foule ? pour n'importe quelle culture ?

Si telle est votre pensée (ce dont je doute sauf à vous offenser) vous auriez encore commercialement raison : il est fort à craindre que le créneau de clientèle auquel s'adresse Gallimard ait prioritairement moins besoin de chefs-d'œuvres méconnus que de l'illusion qu'il s'en publie toujours.

Mais même dans ce cas le choix reste ouvert. *Notre* choix, car il est vrai que c'est aussi le mien :

Ou je me satisfais de publier à cet effet n'importe quel texte qui fasse illusion.

Ou je profite de cette rare faille du dogme marchand pour proposer d'*autres* valeurs.

D'autres, mais lesquelles ?

Ou prudemment, prétextant de mon peu de goût pour la dialectique, je me refuse à en définir et à en justifier quelque critère que ce soit, récusant à l'avance toute théorie au nom du droit généreux – mais indiscutable – à la différence…

Reste que toutes les différences n'en seront pas pour autant accueillies. Une sélection de fait continuera de s'opérer. La *nature* ayant dit-on horreur du vide, là où les écrivains renoncent à revendiquer leurs valeurs soyons sûrs que d'autres critères de sélection auront tôt fait d'occuper la place laissée vacante. Et d'autant plus irrécusables qu'ils autoriseront, quant à eux, un contrôle effectif. Là où les éditeurs ne choisissent plus que par sympathie (car comment choisir autrement, dans la différence ?) en espérant que Dieu ou l'Histoire y reconnaîtra les siens, gageons que Dieu et l'Histoire s'identifieront bien vite, et totalitairement cette fois, au dogme en vigueur.

Le vrai-grand-écrivain ne sera plus *que* celui qui se vend bien.

Simplement, pour maintenir l'illusion nécessaire d'une hiérarchie des valeurs, le Sulitzer de demain sera à la place du Labro d'aujourd'hui, le Labro à celle du Laclavetine et parlera du Giesbert comme d'un auteur confidentiel. Quant aux descendants de Laclavetine et de Lahougue, parions qu'ils vivront de leur chasse et de leur pêche dans la grotte de Noah* en attendant que le post-progrès lasse à la longue, et que l'histoire de l'art recommence…

Ou je prends le risque d'afficher des exigences, d'expliquer et de justifier mes choix, les offrant du même coup à la discussion, à la critique, au dépassement.

* Cf. *Demain la veille.*

Osons croire qu'autorisé par l'honnêteté d'un débat, si je suis éditeur, il m'apparaîtra légitime d'opérer quelques coupes sombres dans la foule de ces auteurs publiés à fonds perdus et qui, pour être invendables, secrets, insolvables, et bien sûr différents, n'en sont pas moins irréductiblement vains.

Puisque eux-mêmes n'y gagnaient guère, nul n'y perdra grand-chose. Peut-être les économies réalisées me permettront-elles de payer l'imprimeur et ses clavistes à des tarifs qui n'excluront pas les Berrichonnes et n'exploiteront pas les Marocaines... Je n'y abandonnerai rien de mon prestige, et sans doute même y ajouterai-je celui – si délicieusement exotique en ces temps de post-repères – d'une morale.

Qui peut dire si au bout du compte, à l'instar de ces industriels qui ont d'abord financé à perte quelques chercheurs fondamentaux, je ne découvrirai pas que le produit d'une recherche conséquente, en littérature comme ailleurs, est plutôt plus solvable qu'un autre ?

Pas un instant je ne fais l'hypothèse, cher Jean-Marie, que vous reconnaissiez quelque valeur culturelle que ce soit à un écrivain secret sur la seule base de son secret, ni d'ailleurs que vous la contestiez à votre bande des quatre sur le seul motif de leurs ventes mirobolantes. Vous avez d'*autres* raisons.

Vous admettez qu'elles sont « discutables ». Mais c'est admettre implicitement qu'elles sont formulables. Sinon de quoi discuterait-on ?

Vous me pardonnerez en conséquence de vous renvoyer la patate chaude.

Chaleureusement, il va sans dire.

Jean

★

12

Le 2 septembre 1996

Cher Jean,

À une lectrice qui lui demandait « ce qu'il avait voulu dire » en écrivant tel poème, André Breton fit la seule réponse raisonnable : « Madame, ce que le poète a voulu dire, il l'a dit ». Voilà qui est, selon vous, typique d'une attitude consistant à « se retrancher dans l'indiscutable ».

Eh bien oui, la littérature et l'art sont indiscutables, finalement. Formuler et contester en permanence des postulats et des hypothèses, tel devrait être le labeur des Sisyphes de la plume : « c'est à ce prix qu'on aura progressé », dites-vous. Mais les œuvres nouvelles, contrairement aux découvertes scientifiques, ne naissent pas d'un quelconque progrès de la théorie qui les pense. D'Homère à Proust, quel progrès ? De Rabelais à Céline, quel progrès ?

J'enfonce là, bien sûr, des portes ouvertes. Je m'étonne simplement de votre étonnement : ces romanciers, tel Kundera, qui proposent une pensée fragmentaire, éclatée, météorique, seraient alors indignes de leur statut d'écrivain, pour n'avoir pas fourni, à l'instar du grand romancier Ricardou, de théorie plus structurée ? Lâches, hypocrites, déserteurs, fuyant les premières lignes du combat conceptuel !

Cher Jean, je crois qu'ils ont raison. Vive l'anarchie. Car le romancier ne travaille pas sur des concepts, des hypothèses, des théorèmes, des raisonnements, des démonstrations, mais sur le douloureux bordel qui l'habite et l'entoure.

Loin de moi le désir de jeter l'opprobre sur la noble activité des théoriciens de la littérature (cela dit sans l'ironie d'un Gracq – encore un fragmenteur, un collectionneur de scintillantes lettrines – lequel se moque de tous ces gens qui, « possédant une clé, n'ont de cesse d'avoir donné à l'univers la forme d'une serrure »). Mais franchement, connaissez-vous de grands romanciers qui puissent être *aussi* de grands théoriciens, et fournir à leurs lecteurs autre chose que des éclats de pensée plus ou moins brillants, plus ou moins cohérents ? Laissons la théorie aux chercheurs, aux universitaires, aux vrais critiques. Cela n'empêche certes pas de réfléchir ; j'aimerais m'y employer davantage ; toutefois c'est une activité qui me coûte beaucoup, et pour de piètres résultats. S'il est relativement facile de se forger des idées et des opinions en matière de politique, cela s'avère infiniment plus complexe quand il s'agit de littérature, sauf à considérer celle-ci comme un simple produit des réalités socio-économico-historiques au sein desquelles elle naît. J'entends par littérature non pas l'ensemble des étapes du processus de conception, de fabrication et de consommation d'un livre, mais le seul acte de création solitaire, échappant en partie aux déterminations conjoncturelles en question, et recelant une part de mystère (je sens que ce terme vous fera grincer des dents) irréductible à un simple schéma d'analyse. Ce mystère, les « praticiens » ont appris à le protéger, d'où la réticence générale à la théorie. Les années les plus productives sur le plan de la théorie littéraire en France (grosso modo, 55-75) ont aussi été les plus pauvres en matière de création romanesque. Je pense souvent à cette scène du *Roma* de Fellini où l'on découvre des fresques souterraines dans le chantier du métro ; mais le seul fait d'avoir voulu les voir, les regarder, les comprendre, les condamne à l'effacement.

La question des choix éditoriaux et des contraintes économiques qui les guident parfois est sans doute plus simple à aborder. J'ai en effet péché par excès d'angélisme dans ma lettre précédente. Si Gallimard publie de nombreux auteurs voués à la confidentialité, ce n'est pas seulement pour maintenir un stock d'écrivains maudits destiné à pérenniser l'image d'intransigeance et d'indifférence aux nécessités du commerce qui a fait son prestige. Ce n'est pas non plus uniquement parce que, en bon chercheur d'or, l'éditeur extrait de la boue fluviale de nombreux cailloux dans l'espoir que certains d'entre eux se révéleront pépites. C'est aussi parce que la publication de livres est non pas une dépense, mais une source de trésorerie (à court terme). En effet, les libraires paient les livres qui leur sont envoyés d'office, et sont remboursés quand ils en retournent une partie. Cela crée un flux d'argent qu'il faut alimenter en publiant... D'où l'absurde pléthore des rentrées littéraires : 490 romans sortent en ce mois de septembre ; 450 d'entre eux sont voués au silence, puis au pilon à brève échéance. Il y a là une situation économiquement effrayante, et humainement désastreuse. C'est surtout cette mécanique qui est « discutable », et pas seulement les choix effectués par un comité de lecture en vertu de critères très disparates et subjectifs. En dehors de cet aspect commercial choquant, les « raisons » que vous me prêtez pour remettre en cause la publication des livres de Giesbert ou Jardin sont sans doute formulables, mais pas aisément. Il me semble simplement que, si j'étais éditeur à mon compte, dans une petite structure dont je maîtriserais tous les choix littéraires et éditoriaux, je ne publierais pas ces livres. Mais, justement, Gallimard n'est pas Le Dilettante ou même Minuit. C'est une entreprise que font vivre mille salariés (environ), qui doit à la fois préserver ces emplois, la richesse de son fonds et son prestige, et maintenir son indépendance dans un paysage éditorial industrialisé, dominé par deux groupes géants qui ne rêvent que de l'avaler... Je participe aux choix éditoriaux de cette maison ; en conséquence, mes goûts et opinions doivent partiellement tenir compte de ce contexte. L'intransigeance en matière de choix littéraires conduirait au même résultat qu'une politique résolument commerciale : renvoyer les « vrais » écrivains à leurs cavernes – ou à leurs catacombes...

Excusez, je vous prie, le caractère désordonné de ma réponse – et son retard. Je vous souhaite une rentrée des classes à peu près sereine.

Très cordialement,

Jean-Marie

⋆

13

Montourtier, le 30 septembre 1996

Cher Jean-Marie,

À coup sûr, je vais devoir me faire pardonner moins le retard de ma réponse que sa pesanteur. L'une expliquant l'autre comme vous vous en doutez.

C'est que vous abordez des questions graves. Mais vous les soulevez si légèrement et vous allez si vite…

Il y a six mois vous me reprochiez mon manque de rigueur et regrettiez dans mon manuscrit l'absence d'une solide construction à l'ancienne. Voici qu'aujourd'hui vous donnez au romancier l'anarchie pour méthode et le bordel pour objet… Comment n'aurais-je pas du mal à suivre vos semelles de vent !

Vos anciennes exigences étant mal fondées, je me réjouis que vous en ayez fait table rase. Mais méfiez-vous de l'anarchie. L'absence de règles nous a toujours contraints d'obéir à des règles que nous ne maîtrisions pas. L'absence de rigueur n'a jamais favorisé que la rigueur des plus forts. Et dans la jungle libérale, vous savez que les plus forts ne seront ni vous ni moi.

Je vous propose en revanche – car c'est notre seule vraie liberté – de *choisir* vos règles. Mais cette fois en connaissance de causes. Votre prompt retour à la case départ, celle du chaos, nous autorise à refaire le chemin.

Mais je vous en prie : pas à pas.

Entre autres portes ouvertes sur le vide, il y a ce quasi-proverbe selon lequel un livre ne devrait pas être l'application d'une recette.

Je peux certes faire un gâteau sans recette. Je veux dire : sans avoir un livre de recettes sous les yeux et l'appliquer à la lettre. Je peux me fier au hasard, à l'inspiration, aux vagues souvenirs que je conserve de ma grand-mère au fourneau, ou aux ingrédients que j'ai sous la main. Reste que lorsque le gâteau est servi, pour le meilleur ou pour le pire, *il a sa recette*. Je ne peux plus faire en sorte qu'il s'y trouve d'autres ingrédients que ceux mis, dans l'ordre et dans les proportions où je les ai mis. Il a sa recette et il en est objectivement l'application.

Le livre fini, je ne peux pas davantage récuser les mots qui s'y succèdent, ni les récurrences, ni les symétries conscientes ou non qu'on peut y découvrir. Lui aussi a sa recette. Et lui aussi en est objectivement l'application.

Et cette recette elle-même est la conséquence des choix, conscients ou non, que j'ai dû opérer à chaque instant. Lesquels sont rarement aléatoires. Ils procèdent – pardonnez-moi de me répéter – de critères, de valeurs, d'enjeux, qui sont les miens, provisoirement ou non, au moment où j'écris le livre. L'ensemble de ces enjeux, de ces critères, de ces valeurs, constituant ce qu'on appellera comme on voudra : idéologie, système ou *théorie*... Si je préfère ce dernier mot, c'est simplement qu'il me semble le plus neutre. Mais quelle qu'en soit la désignation, et dans quelque livre que ce soit, *cela* sous-tend la recette, consciente ou pas, originale ou pas, comestible ou pas, dont le livre témoigne.

La question n'est donc pas de savoir si le livre *doit* être ou non l'application d'une recette ou d'une théorie. Il l'est, nécessairement.

Quoi qu'il dise ou taise, le romancier théorise, comme le citoyen *fait* de la politique quoi qu'il fasse ou ne fasse pas. Pour cela seul qu'il est impliqué.

De son point de vue, la question est d'abord de savoir s'il convient que cette théorie et cette recette soient consciemment l'objet d'une réflexion préalable, ou s'il est préférable qu'elles ne le soient pas.

L'idée communément reçue, depuis le romantisme en tout cas, irait plutôt dans ce dernier sens. Non sans susciter quelques conséquences aussi fâcheuses qu'inévitables et sans occulter au passage des présupposés idéologiques de première grandeur...

Des conséquences fâcheuses, d'abord. Parce qu'il y a fort à craindre, dans un domaine aussi conventionnel que le langage, et aussi culturel que le roman, qu'il n'y ait rien tel que l'inconscient pour reproduire le plus souvent les schémas culturels acquis et les conventions dominantes. En d'autres termes : pour pérenniser les vieilles recettes et les théories depuis longtemps stériles. Pour convoquer au mieux des réminiscences littéraires, au pire des clichés.

Sans doute êtes-vous bien placé pour savoir que la « boue fluviale » des textes parvenant aux éditeurs, ainsi produits au gré de la libre intuition, leur en fournit quotidiennement des tombereaux de preuves.

Comment ne ferait-on pas le pari de sa vocation, n'aurait-on pas *foi* en son talent, dès lors qu'il est clairement admis que l'écriture relève de ces indiscutables et magiques procédures qui ne s'apprennent pas, ne sauraient être enseignées dans aucune université, ni contrôlées par aucune grille de critères, n'exigent de connaissances qu'élémentaires et de compétences qu'innées – au même titre que la divination, la sorcellerie et la prière ? Comment ne présenterait-on pas son caillou en *espérant* qu'il se révèle pépite, dès lors que l'éditeur lui-même raisonne en termes d'espoir !

Je parlerai plus tard du progrès en matière d'écriture. Mais à postuler que celle-ci est une pratique irrationnelle, il va de soi qu'on ne la met guère en situation de progresser.

L'inconscient reconduit *le plus souvent* l'écriture dans des habitudes ancestrales, mais pas toujours. Il arrive certes, et c'est heureux pour l'histoire de la littérature, que les hasards du déterminisme dont ils procèdent, qu'il soit culturel, génétique ou « socio-économico-historique », permettent à certains individus privilégiés de sortir intuitivement du ressassement général. De se proposer d'autres enjeux, et d'autres moyens pour y parvenir. D'inventer de nouvelles recettes et de remettre en question, ne serait-ce qu'implicitement, les théories en vigueur. D'infléchir nos stratégies de lecture, de nous donner à aimer ce que nous n'aimions pas encore, d'élargir le champ des possibles. De nous convier un temps à *progresser*…

Pour les remercier, on les appellera des génies.

Outre qu'ils sont rares, comme toutes les bonnes choses qu'on laisse au hasard le soin de programmer, ils ne s'en heurteront pas moins à une difficulté nouvelle. C'est que l'inconscient, par hypothèse, n'est pas révisable par un acte de la volonté. Ses causes profondes sont aussi peu maîtrisables qu'évolutives. Et comme les mêmes causes produisent en général les mêmes effets, il y a fort à parier que le génie intuitif qui continue de se fier à son intuition se posera derechef les problèmes d'écriture dans des termes identiques, et y apportera – inconsciemment – des solutions voisines. Il s'installera dans ses propres habitudes stylistiques et thématiques. Il écrira indéfiniment, comme on le dit parfois, « le même livre ». À défaut de reprendre à son compte sans le savoir les recettes d'autrui, il pastichera la sienne. Il n'échappera au ressassement général que pour se satisfaire du sien. Il s'enfermera de fait dans ce qu'il faut bien appeler un *système*, et d'autant plus redoutable qu'il ignorera que c'en est un…

La plupart des lecteurs et des *gens de lettres*, qui aiment identifier car cela les rassure et détestent qu'on les bouscule plus d'une fois par génération, lui sauront gré de produire des œuvres désormais conformes à l'effigie. Mais il aura renoncé à faire de l'écriture le lieu d'un dépassement, et il conviendra d'attendre le prochain génie pour faire un pas supplémentaire.

Je parlerai bientôt du progrès en matière d'écriture. Mais à compter sur les miracles du déterminisme pour l'accomplir, il n'est guère surprenant qu'il soit plus lent qu'ailleurs.

En tout état de cause, si je souhaite épargner à l'écrivain de refaire indéfiniment ce qu'autrui ou lui-même a déjà fait, de se vouer en somme au « labeur d'un Sisyphe de la plume », la théorie procédant de l'inconscient serait donc à déconseiller.

Pour prolonger la scintillante métaphore de Gracq, l'inconscient se présente bien à lui comme une clé. Le plus souvent un simple passe-partout qui a ouvert depuis longtemps toutes les portes qu'il devait ouvrir. Le plus rarement une clé nouvelle – ce qui est infiniment mieux, surtout lorsqu'elle est, comme chez Gracq, de style, et superbe – mais qui n'ouvrira jamais qu'une porte nouvelle.

Dût-il, en n'utilisant plus qu'elle, se comporter *de fait* comme si l'univers n'avait plus pour lui qu'une serrure...

Reste la théorie consciente.

Une théorie n'est certes pas recevable du seul fait qu'elle est réfléchie. Mais réfléchie, elle a du moins le mérite de savoir sur quels postulats elle se fonde, et de *pouvoir* en changer dès lors qu'elle s'avère incapable de renouveler ses recettes. Pouvoir n'étant pas vouloir, elle n'est pas une garantie absolue contre l'immobilisme dogmatique de l'inconscient qui nous programme, *mais il n'en est pas d'autre.*

D'aucuns ayant imaginé Sisyphe heureux, je n'interdis à personne de trouver son bonheur à ressasser les mêmes hantises dans la mise en œuvre des mêmes recettes stylistiques, ni d'en induire que le progrès tant personnel qu'universel est une utopie. Mais n'éprouvant d'une part qu'une jubilation limitée à rouvrir les portes déjà ouvertes, et considérant d'autre part que l'univers n'a probablement pas qu'une serrure et qu'il exige d'autres clés, vous comprendrez que je préfère me doter des moyens d'en forger à volonté, plutôt que d'*espérer* de mon bon génie qu'il en a semé quelques-unes sur mon itinéraire.

Ayant ainsi démontré, puisqu'il semblait utile de le faire, qu'une réflexion liminaire n'est pas préjudiciable à la production des œuvres de l'esprit et qu'elle peut même en favoriser les progrès, me voici confronté à un nouveau choix. Cette théorie consciente, à laquelle j'ai enjoint de permettre le renouvellement de mes recettes, convient-il de l'expliciter ou de la garder pour moi ? Ces recettes elles-mêmes, faut-il les formuler ou considérer que seul compte le produit sorti du four ?

Le problème est tout autre et n'appelle certes pas une réponse aussi tranchée. Mais quelques observations s'imposent.

Si d'aventure l'un de mes convives trouve le gâteau à sa convenance et m'en demande les secrets de fabrication, je peux évidemment lui répondre que seule importe la jouissance de la consommation et que le reste ne regarde personne. Je peux ajouter que, s'il a le palais analytique, il pourra toujours en user pour induire par lui-même la liste de mes ingrédients. Et que si cela ne suffit pas, rien ne lui interdit d'empocher quelques miettes pour aller les porter à un spécialiste, savant chimiste, docteur ès arts culinaires ou goûteur émérite du Gault et Millau, dont c'est après tout le métier et qui se fera un plaisir de passer quelques laborieuses soirées à résoudre le problème.

Vous me direz qu'un *grand* chef peut avoir de bonnes raisons de nimber de mystère le plat qui fait sa réputation. Mais que deviennent ces raisons chez le *grand* écrivain dès lors qu'il aurait à cœur de ne pas resservir dix fois le même plat ?

Il vous est sans doute arrivé comme à moi-même, au cours d'un débat ou d'un entretien radiophonique, au terme d'une conférence ou dans une séance de dédicaces, d'avoir à répondre à des *questions*. Les prosateurs les plus limpides ont connu cette épreuve qui témoigne, s'il en était besoin, que tout texte suscite des interrogations auxquelles ne répond pas sa simple lecture.

Ces questions peuvent paraître bêtes, encore que la bêtise consisterait plutôt à ne pas se poser de questions. Elles sont du genre : pourquoi une marquise et non une institutrice ? pourquoi sort-elle à cinq heures et pas à six ? et pourquoi ne reste-t-elle pas chez elle ? Bref, de ces questions qui font qu'à chaque ligne d'un livre il est loisible d'imaginer un autre livre, certes différent, mais qui ne serait ni plus ni moins intéressant que celui-là, ni plus ni moins *nécessaire*.

Entendons-nous bien. Je ne parle pas ici des questions qui portent sur la *signification* du livre. Le « qu'est-ce que vous avez voulu dire ? » est non seulement bête (nous expliquerons tout à l'heure pourquoi) mais désobligeant, puisqu'il sous-entend qu'il y aurait une meilleure façon de *le* dire. Sur ce point, la phrase incriminée est d'ailleurs assez claire. Les questions qu'elle pose sont uniquement de l'ordre du « *comment* a-t-on pu l'écrire ? » (c'est la recette) et, tant qu'à faire, du *pourquoi* de ce comment (c'est la théorie). Et ces questions-là sont peut-être moins impertinentes, puisque de *grands* poètes les ont posées.

Si de plus humbles lecteurs font de même, il n'est pas exclu que ce soit pour le simple plaisir de prendre la parole ou pour témoigner poliment de leur intérêt, mais il se peut aussi qu'ils attendent *réellement* des réponses.

Si je n'en ai pas, faute de m'être d'abord interrogé sur les tenants et aboutissants de mon travail, je m'en tirerai par une pirouette qui sera toujours une fin de non-recevoir, et signifiera plus ou moins clairement à mon interlocuteur qu'il est un imbécile de poser des questions sur l'inspiration auxquelles un artiste inspiré ne saurait répondre.

Mais tel n'est plus notre cas de figure. J'ai désormais choisi d'obéir à une théorie consciente. *J'ai* les réponses aux questions qu'il me pose.

Au nom de quoi l'estimerais-je indigne de les connaître ?

Pour « protéger mon mystère » ?

Croyez bien que j'ai le goût du mystère autant que quiconque : il est en vérité ma raison de vivre. À supposer que je *sache tout,* du passé, du présent et de mon propre avenir, où serait l'intérêt de poursuivre ? Dieu que la vie de Dieu doit être *mortelle*... Parce que vivre, c'est précisément résoudre des mystères, à commencer par celui de notre propre destin – en l'accomplissant.

Bien avant les écrivains, *Dieu merci,* l'univers nous en proposait de fameux. Prenez celui de l'arc-en-ciel. Passé leur émotion première, nos ancêtres n'ont eu de cesse de lui *trouver* des explications, sans vraiment les avoir cherchées. Aussi librement variées que fascinantes à défaut d'être contrôlables. Puis les rationalistes sont venus, qui à force de chercher ont discrédité les interprétations *révélées,* ou en ont pour le moins réduit la portée à celle de pures métaphores. En un sens, on pourrait leur reprocher de n'avoir pas su *préserver le mystère* et d'en avoir dissipé les prestiges en même temps qu'ils nous privaient de toute liberté d'interprétation...

Ce serait oublier que l'explication rationnelle n'explique pas *tout.* Elle n'explique pas les causes des causes des causes... Cela tant qu'elle s'interdira jusqu'à l'idée d'une cause première. Et là où elle s'arrête, c'est pour déboucher sur de nouveaux mystères, tout aussi fascinants, tout aussi prestigieux que le premier, et face auxquels notre liberté d'interprétation reste entière.

Non seulement elle ne dissipe pas le mystère, mais elle le renouvelle. Non seulement elle ne nous prive d'aucune liberté mais elle nous en offre une supplémentaire : celle qui consiste à nous rendre le phénomène un peu plus maîtrisable, à devenir un peu plus libres vis-à-vis de lui, et du même coup un peu moins dépendants des libres prophètes pour qui la préservation du mystère ne fut jamais qu'un excellent moyen de préserver un pouvoir.

Quels que soient ses enjeux de fascination, le texte littéraire pas plus que l'arc-en-ciel n'est un effet sans causes. Dire qu'on ne les expliquera jamais toutes et qu'il est « irréductible à un simple schéma d'analyse » relève d'une incontestable évidence. Mais comme de l'arc-en-ciel et de tous les phénomènes, naturels ou moins, qui nous ont proposé les prestiges de leur mystère depuis les origines impensables du monde.

L'impossibilité de comprendre *tout,* dans quelque domaine que ce soit, ne nous dispense pas de commencer à comprendre...

Au nom de quel principe transcendantal, si cela doit renouveler ses prestiges particuliers et offrir une liberté supplémentaire aux lecteurs qui me le demandent, *m'interdirais-je* a priori, *et pour mon seul texte littéraire, d'expliquer ce qui en est explicable ?*

Encore une fois, il ne s'agit pas de lui donner une *signification.* Le physicien serait bien en peine d'expliquer ce que l'arc-en-ciel signifie. Mais de fournir le *comment* de son mécanisme, les implications internes de son fonctionnement et, par-delà le mécanisme lui-même, les lois plus générales dont il procède. Non seulement l'interlocuteur attentif saura reproduire à volonté des arcs-en-ciel en son laboratoire, ce qui présente un intérêt limité, mais il pourra aussi, des lois de l'optique régissant la merveille, induire quelque expérience nouvelle susceptible, sait-on jamais, de produire à son tour de merveilleux effets nouveaux.

Et cela sans prétendre les charger eux-mêmes de la moindre *signification.*

Formuler les règles d'un sonnet, présenter les étapes de son élaboration et s'interroger sur les raisons générales qui ont permis qu'un genre aussi contraint et absurdement artificiel ait suscité quelques-uns des textes majeurs de notre langue, n'épuise en rien son *sens* particulier. Ni la recette ni la théorie n'ont l'exégèse pour objet. Et l'écrivain peut être rassuré : elles n'entameront en rien cette part de *mystère* qui ne les concerne pas.

Les rayons entiers de gloses, d'analyses et de commentaires qui escortent les maîtres-ouvrages du passé ne sont pas davantage parvenus à résorber leur mystère, et moins encore à les rendre illisibles. Le texte dont l'intérêt s'effacerait tout comme les fresques de *Roma*, à la simple lumière d'une explication, prouverait seulement qu'il n'était pas fait pour y résister.

De quoi diable se protégera-t-on alors en refusant de répondre aux questions les plus légitimes ?... *sinon du risque de montrer qu'on n'a jamais fait qu'appliquer des recettes qui n'y répondent pas, et une théorie qui ne s'est jamais souciée d'y répondre...*

Les vrais mystères se protègent tout seuls. Ceux qu'on « apprend à protéger » ne seront jamais que des réalités aussi intelligibles que honteuses – et pour cela seul préjudiciables à ceux qui ne les protégeraient pas.

Les prophètes que j'évoquais incidemment tout à l'heure l'ont compris depuis longtemps, qui ont assis leur pouvoir sur quelque révélation incontrôlable – partant *indiscutable* – et qui n'explique rien. Qu'ils y croient ou non, peu importe. Protégeant le mystère ainsi sacralisé en vitupérant contre les forcenés de la raison qui menacent d'expliquer quelque chose, que préservent-ils d'autre que ce pouvoir ?

Mais si l'écrivain *doit* se comporter comme un prophète pour prouver qu'il est un *grand* écrivain, ne serais-je pas autorisé d'en induire que la littérature, telle du moins que vous me la présentez, n'est elle-même qu'une religion révélée ? La réticence à la théorie ne cacherait-elle pas une théologie ?...

De fait, nous touchons ici à nos présupposés de première grandeur...

« Laissons la théorie, dites-vous, aux chercheurs, aux universitaires, aux vrais (?) critiques ». Force est de constater que tel est bien le rôle, en effet, des universités littéraires qui ignorent superbement l'apprentissage de l'écriture pour ne se préoccuper que du discours *sur* les écritures.

Ce qui est la définition même de l'exégèse.

Non seulement la « théorie » ainsi produite ne saurait avoir pour enjeu que de *re*connaître ce que l'Écrivain aurait déjà trouvé sans l'avoir cherché, *accréditant du même coup son caractère prophétique*, mais elle s'interdit aussi d'être utile à toute écriture ultérieure. Quid, selon cette pieuse logique, de l'écrivain qui appliquerait en connaissance de cause, témoignant ainsi qu'il ne fut le médium d'aucune Révélation, la théorie déjà formulée par un besogneux universitaire !

Que serait-il en vérité, sinon un *faux* prophète ? Moins même qu'un praticien : un *pratiquant.*

Ainsi la seule magie inspire-t-elle le *vrai* texte. Lequel réduit le chercheur-exégète à prouver *in fine* qu'il s'agit bien de magie. Quant à l'humble fidèle, dont les questions bêtes ne sauraient prétendre à aucune réponse, il lui reste la foi du charbonnier.

Chacun vénérera ses idoles au gré des affinités électives, des douleurs dont il espère guérir ou du champ qu'il souhaite arroser. En leur honneur s'édifieront des chapelles où se regrouperont d'heureuses minorités d'élus. Et chaque année, aux fêtes de septembre, les vrais et les faux critiques offriront à leurs lecteurs la *révélation* de vraies et de fausses idoles nouvelles.

Le vrai des uns étant évidemment, dans l'ordre de la foi, le faux des autres.

La notion de talent, tout aussi indéfinissable mais d'aspect plus démocratique, a remplacé celle de génie. Non sans justesse, Angelo Rinaldi parle quant à lui de *grâce*. Talent, génie ou grâce partagent cet avantage auprès de ceux que la réflexion fatigue qu'ils n'en exigent aucune. Ne relevant par hypothèse d'aucun critère, ils n'appellent aucun travail de vérification. Ils se révèlent de prime lecture, dans l'illumination d'un chemin de Damas. Pour reconnaître le talent, le génie ou la grâce, qualités éminentes que rien ne saurait définir, nul besoin de longues études ni surtout d'esprit critique. Il est seulement nécessaire et suffisant de postuler qu'on possède soi-même le talent de savoir reconnaître le talent, le génie de savoir reconnaître le génie, ou la grâce de savoir reconnaître la grâce, autres éminentes qualités qui ne se définissent pas davantage et qu'on serait bien en peine, par le fait, de contester à personne...

Ainsi veillera-t-on dans les temples de l'édition en attendant le Messie. On reconnaîtra d'abord celui-ci à ce que sa parole, si j'ai bien compris, devra conforter l'augure en exercice dans ses propres « goûts et opinions ». Autant dire : dans ce qu'il aime, pense, croit ou sait *déjà*. En *espérant* qu'on ne se trompera pas. Avec cette arrière-pensée déculpabilisante qu'on n'est pas le seul augure dans la place, et qu'un consensus de subjectivités disparates permettra de distinguer le véritable fils de Dieu de ses imitations...

Pardonnez-moi, Jean-Marie, ce n'est pas de l'acrimonie. Ce n'est même pas de la caricature.

Mais cela permet d'éclairer le problème qui nous occupe d'un autre jour.

Puisque *tout se passe comme si* l'art était une divinité dont les artistes seraient les prophètes, puisque la société civile confère *de facto* à son culte la fonction qu'elle a toujours réservée aux religions et qui est d'exorciser ses propres échecs, comment l'écrivain n'aurait-il pas comme premier intérêt d'assumer le rôle de demi-dieu qu'elle lui impose – *même s'il n'est pas croyant* ?

Fût-il parfaitement conscient d'obéir à une théorie et d'en déduire ses recettes, fût-il en mesure de les formuler et de répondre aux questions qu'on lui pose autrement que par des facéties, eût-il autre chose à dire en cette occasion que d'avouer son parfait conformisme en la matière, ne risque-t-il pas, en se faisant *théoricien*, de reprendre stature humaine ? Comment expliquer qu'on n'est pas un marabout à ceux qui en ont impérativement besoin, et cela sans être le premier à en pâtir ?

Le rationalisme scientifique et technologique nous a placés dans cette situation nouvelle où les principaux dangers pesant sur l'humanité – et ils n'ont jamais été si redoutables – procèdent de l'humanité elle-même. Le rationalisme marxiste, s'étant installé dans l'inconséquence d'un dogme, a tragiquement échoué. Le rationalisme libéral, solidement calé sur ses postulats, suit le même chemin. Voilà de quoi nous promettre de bien « douloureux bordels », et je conçois que cette accélération forcée de l'Histoire vers de très possibles abîmes fasse douter nos contemporains des vertus de la raison. Que l'idée même de progrès les inquiète plus aujourd'hui qu'elle ne les mobilise ne me surprend pas davantage. Je comprends donc très bien qu'ils aient souci de trouver refuge dans l'irrationalisme de la religion, par nature peu évolutive. De n'importe quelle religion.

Le libéralisme, dont l'un des principes fondateurs est de répondre à la demande, leur en offre. En ce sens, on pourrait dire que la littérature non commerciale telle que vous la concevez, celle des écrivains prophètes qui ne raisonnent pas et ne prétendent à aucun progrès, relève des lois du marché tout autant que l'autre. Seul l'écrivain chercheur – et raisonneur – ne répond à aucune demande. Rien d'étrange à ce qu'il ne soit nulle part le bienvenu. Rien d'étrange non plus à ce que les écrivains, s'ils raisonnent et cherchent, jugent prudent de le dissimuler.

Ils ne seraient pas les seuls à le faire. Des carnets entiers de croquis, de multiples esquisses prouvent aujourd'hui que les œuvres majeures de Picasso, celles où il ne se parodie pas lui-même, furent l'objet d'une longue quête préalable. Mais comment lui reprocher le mensonger *Je-ne-cherche-pas-je-trouve*, puisque *tel est le seul message qu'on exigeait de lui !*

Que nos romanciers préfèrent s'exprimer par pensées fragmentaires, éclatées, météoriques, en prenant soin de marteler qu'ils ne sont surtout pas des théoriciens, n'est certes pas une preuve de courage. Mais dans un contexte où l'on attend d'eux moins des raisons que des oracles, comment en ferais-je une indignité ?

Je puis regretter que cette autocensure plus ou moins forcée les dissuade de poursuivre jusqu'au bout la logique de leurs raisonnements, et les conduise à occulter certains problèmes majeurs de la fiction contemporaine. Mais cela ne saurait m'empêcher de reconnaître ceux qu'ils ont cherché à résoudre *dans leurs seules œuvres*, et brillamment résolus. Cela suffit à en faire de *grands* écrivains à mes yeux, quand bien même ils seraient des théoriciens *lâches*. Rassurez-vous : Gracq et Kundera font partie du lot sans la moindre réserve. Mais rassurez-moi à votre tour et reconnaissez, quoi que vous pensiez des fictions de Jean Ricardou, que celui-là en revanche fait preuve d'un sacré courage.

Tout cela pour répondre à la question posée : convient-il d'expliciter sa théorie et ses recettes ?

Oui et non.

Oui en ce que ce serait une honnêteté intellectuelle et qu'elle autoriserait un renouvellement moins aléatoire des œuvres de fiction. Non, parce que c'est assurément une imprudence...

Vous me demandez de vous citer de *grands* romanciers qui seraient aussi de *grands* théoriciens. Si l'on mesure la *grandeur* d'une théorie à sa capacité de produire de nouveaux enjeux et d'en induire de nouvelles recettes d'écriture, et si l'on mesure la *grandeur* du romancier au même étalon, il va de soi que tous les *grands* romanciers du passé furent *implicitement* de *grands* théoriciens. Mais je suppose que la question porte sur les théoriciens *explicites*. Et elle ne concerne plus dès lors que nos contemporains.

Non que les siècles passés aient été avares d'arts poétiques et autres manifestes plus ou moins expéditifs signés de noms prestigieux, mais comment l'écrivain eût-il été en mesure de produire une réflexion approfondie sur *son* propre langage avant que *le* langage lui-même eût été l'objet d'une analyse rationnelle ? avant que le Verbe, en somme, eût cessé pour certains d'être Dieu ? Et la linguistique n'est vieille que d'un siècle.

Mais juger de la *grandeur* de nos contemporains pose problème. Le recul de l'Histoire, si tant est que l'Histoire soit infaillible, nous manque. Alors *grands* à quelle aune ? Nos « goûts et opinions » pouvant difficilement prétendre à l'universalité, et les miens n'étant probablement pas les vôtres, nous conviendrons que le *grand* romancier n'est rien d'autre que le romancier reconnu comme tel, à tort ou à raison, par les gardiens du temple, et déjà sanctifié par leurs fidèles.

Or nous avons montré que celui-ci avait tout à perdre et rien à gagner en troquant son nimbe contre une baguette de magister. Le *grand* romancier n'explicitera donc pas sa théorie. Et à défaut d'avoir raison, il aura bien raison.

À l'inverse, seuls seront incités à théoriser ceux que leurs fictions transgressives vouent à être violemment contestés par les mêmes gardiens du temple. Comment n'essaieraient-ils pas de justifier par la raison les transgressions qu'on leur conteste en vertu de saintes écritures ? Mais ce faisant, ils se condamnent à être d'autant moins *reconnus*, d'autant moins *grands*.

De sorte que votre question ressemble fort à celle de ce monsieur des années 187* qui, ayant postulé que les grands peintres étaient ceux qui figuraient au Salon officiel, demandait ingénument :

« *Citez-moi un seul impressionniste qui soit* aussi *un grand peintre* »...

Voilà qui nous mène droit à une autre idée reçue, dont l'évidence repose sur un syllogisme d'une simplicité à tous égards biblique :

L'Art, par le fait, assume toutes les fonctions d'un Dieu. Un Dieu, par définition, ne progresse pas. *Donc* l'Art ne progresse pas.

En tout état de cause, on ne peut nier que toutes les conditions soient réunies pour que tel soit en effet le cas.

Je ne lis guère monsieur d'Ormesson, qui sait de quoi Dieu parle, mais je me rappelle l'avoir entendu sur les ondes défendre de la façon suivante cette commune *opinion*, dont je crains fort que son œuvre témoigne :

« Diriez-vous que Picasso est supérieur à Léonard ? »

Ah, certes ! posée en ces termes, nul doute que la question du progrès en art ne trouve une réponse dépourvue d'équivoque chez maints descendants du monsieur de tout à l'heure, qui pendent des jocondes aux murs de leur pavillon Bouygues.

Mais la poser ainsi témoigne davantage du credo peu anarchiste de son auteur que de son souci d'objectivité. Au nom de quelle absurde course au titre mettrais-je en compétition des artistes de siècles différents qui ne pouvaient avoir les mêmes prétextes ni prétendre aux mêmes enjeux ?

À l'évidence, Picasso n'est pas *supérieur* à Léonard, pas plus que Messiaen n'est *supérieur* à Mozart, Proust à Homère, Einstein à Archimède...

Ni l'homme ni l'œuvre.

Sur la base de quelle commune mesure le seraient-ils ?

Parler du progrès de l'art ne consiste pas à établir des palmarès imbéciles, mais à reconnaître en l'occurrence qu'il nous est possible, aujourd'hui, d'apprécier pleinement l'œuvre de Picasso *et* celle de Léonard, alors qu'à l'époque de Léonard l'œuvre de Picasso, et le plaisir spécifique qu'elle nous procure désormais, étaient tout simplement *inconcevables.*

Tout comme il eût été inconcevable, Jean-Marie, et de produire et de recevoir quoi que ce soit d'approchant *La Recherche du temps perdu* au siècle d'Homère. Et pas seulement parce que le monde référentiel a changé...

Sans remonter si loin, ne souteniez-vous pas vous-même qu'on ne saurait écrire et publier aujourd'hui, fût-ce en extrapolant les effets de technologies contemporaines, un roman dans l'esprit et dans le style de Jules Verne ? Ne postuliez-vous pas alors une évolution nécessaire du récit romanesque, et qui ne saurait se satisfaire d'un retour pur et simple aux problématiques du passé ? Ne teniez-vous pas pour évident un *progrès* que vous récusez désormais en vertu de la même évidence ?

Que les effets de ce progrès soient moins spectaculaires dans les arts que dans les sciences n'est guère contestable, mais il y a de bonnes raisons à cela. Nous en avons rencontré quelques-unes chemin faisant et ce ne sont pas les seules, *a fortiori* dans les arts du Verbe où l'inconscient collectif voue la théorie au sacrilège. Mais si lent et si hasardeux soit-il, à l'instar des mutations génétiques et pour des causes somme toute aussi *miraculeuses*, ce progrès existe bel et bien.

Et cette seule existence nous fait *choix* de le favoriser ou de le combattre…

Bien sûr, un tel choix ne relève plus lui-même de cette simplicité manichéenne qui interdisait l'hésitation aux contemporains de Jules Verne. Nous savons aujourd'hui que le progrès ne conduit pas nécessairement au *mieux*, et qu'il est même devenu la source de nos plus légitimes terreurs.

C'est qu'en vérité la rationalité qui le fonde, et dans quelque domaine que ce soit, n'eut jamais l'*amélioration* pour objet direct. Ni celle de l'homme ni celle du sort de l'homme. Tout au plus s'est-elle dû d'augmenter ses *pouvoirs*, y compris son pouvoir de jouissance, d'élargir le champ de ses possibles. Pour le meilleur sans doute, mais ce ne fut jamais là qu'une *intention*. Ou pour le pire. Et l'on aura toujours à craindre que les pouvoirs accrus d'un homme, ou de quelques hommes, ne fassent courir ce risque à leurs semblables.

J'enseigne le français à des adolescents. Si je parle de leurs *progrès*, si je me donne ces *progrès* pour enjeu, c'est de ces pouvoirs que je parle, *sur* et *par* leur langage. Je puis bien souhaiter que cette maîtrise les rende meilleurs ou plus heureux, mais cela n'est qu'un souhait et ne dépend plus de moi seul. Comment ignorerais-je qu'en dépit de mes soins beaucoup d'entre eux ne seront jamais plus heureux ni meilleurs que les enfants qu'ils furent ?…

La théorie qui s'adresse à l'écrivain, si elle lui ouvre les mêmes perspectives de maîtrise, ne le garantit pas davantage contre le douloureux bordel de la vie. Et je comprends qu'il préfère se réfugier dans ce qu'il faut bien appeler *l'enfance de son art*. En somme, l'*amélioration* par le progrès n'est ici comme ailleurs qu'une hypothèse...

Mais voilà ! À défaut d'être la seule hypothèse possible, comme il y a un siècle, à défaut même d'être la seule crédible, en connaissez-vous une autre qui soit *vivable* ?

Comment ferais-je un cours en me disant que ce n'est qu'un cours *de plus* ? Comment ferais-je un livre en me disant que ce n'est qu'un livre *de plus* ? Comment ferais-je un geste en me disant que ce n'est qu'un geste *de plus* ? Comment, ne serait-ce qu'au tréfonds de moi-même et chahuté par mes doutes, ne ferais-je pas l'hypothèse non seulement d'un progrès *mais que ce progrès autorise un mieux* ?

Comment, là où je suis, pourrais-je *choisir* de le combattre ?

Le rationalisme, je ne cesse de le reconnaître, nous expose au pire. Mais on ne se préservera pas de ses dangers par le culte du mystère, ni par l'incantation de formules magiques empruntées à la sagesse des nations ou à quelque druide que ce soit. On ne se garde pas d'une déferlante par les exorcismes d'une religion.

La raison a du moins cette faculté de pouvoir induire de ses échecs la remise en cause de ses *a priori*. Elle sait que la prise en compte de paramètres qu'elle avait jusqu'alors occultés peut réorienter ses propres choix. Qui douterait, à vous lire, que le *projet artistique* ne fasse encore partie de ces domaines pieusement interdits à ses investigations ? Alors qu'il est assurément – quel artiste oserait soutenir le contraire ? – un *paramètre essentiel*...

C'est qu'on ne prévient pas les risques du rationalisme par l'irrationalisme, Jean-Marie, mais par un rationalisme *plus conséquent*.

L'un de ces prophètes dont nous parlions tout à l'heure, et qui poussa le souci du messianisme jusqu'à en adopter la gestuelle et l'emphase, prédit un jour que le XXIe siècle serait spiritualiste ou ne serait pas.

N'étant pas prophète j'ignore s'il avait raison. Tout au plus dois-je admettre que bien des conditions sont réunies pour lui *donner* raison.

Mais ce dont je suis sûr sans avoir besoin d'être prophète, c'est que si tel devait être le cas nous serions quelques-uns à préparer activement le vingt-deuxième.

Je ne désespère pas que vous fassiez partie de ceux-là...

Encore que...

Je gardais pour la fin cette maxime doublement stupéfiante que vous attribuez à André Breton :

« Ce que le poète a voulu dire, il l'a dit. »

Stupéfiante d'abord parce que vous en faites l'archétype de la proposition raisonnable et indiscutable.

Relisez-la, sapristi !

S'il est une affirmation qui ne fait pas mystère de ses présupposés, c'est bien celle-là ! Des présupposés qui n'affirment rien moins qu'une identité possible, et même réelle, entre le vouloir-dire et le dire, une coïncidence a priori, et parfaite, entre notre désir et les structures d'un code, entre l'influx préalable et les conventions qui en témoignent, entre l'espace-temps de notre vécu et la ligne d'écriture, entre les serrures de l'univers et leur clé sociale, entre l'ouvrage des dieux et *notre* verbe...

Si une telle illusion anthropocentrique était encore admissible à l'époque de Boileau, pardonnez-moi Jean-Marie, *elle ne l'est plus.*

C'est même ce qui rend bête la question de la dame. Quant à la réponse, elle n'est ni raisonnée ni raisonnable. Et si elle relève de l'indiscutable, c'est pour être indiscutablement erronée.

Stupéfiante aussi parce qu'elle proviendrait de Breton. Lequel n'est pas seulement l'un de ces rares praticiens-théoriciens doublement reconnus et qui témoigneraient à eux seuls que l'hybride n'est pas une chimère, ce fut aussi l'un des premiers à comprendre que le texte littéraire ne saurait être le véhicule de *significations préconçues* – les procédures génératrices du surréalisme étant de celles qui disqualifient précisément, et de façon radicale, le *vouloir-dire* !

Qu'en conclure ?

Soit que la citation est fidèle, et prouve que les plus lucides sont capables de proférer des sottises en voulant faire des mots d'esprit...

Soit, ce qui me semble plus vraisemblable, que le propos rapporté a été modifié conformément aux seuls attendus de l'intermédiaire.

Breton aurait fort bien pu répondre à la dame, par exemple : « Ce que le poète avait *à* dire, il l'a dit ». Ce qui est à la fois beaucoup plus juste – car la formulation ne suppose aucune préméditation, aucune adéquation préétablie de la lettre à l'esprit – et infiniment plus fidèle à la leçon du surréalisme.

Reste que la chose indiscutablement dite, à défaut d'avoir été indiscutablement voulue par le poète, n'en acquiert pas pour autant une indiscutable *valeur.* Sinon tous les poètes seraient à tout instant, et par définition cette fois, des génies.

Sully Prudhomme aussi a dit ce qu'il avait à dire...

Incidemment, vous n'en soulevez pas moins le problème capital.

Cette impuissance constitutive du langage à exprimer ce qu'on *veut* lui faire exprimer est l'un des présupposés incontournables qui fondent toute réflexion contemporaine sur la production littéraire.

Valéry, qui eut la prudence de théoriser avec discrétion, le note dans ses *Carnets* de façon si lapidaire et si forte que je ne puis m'empêcher de rappeler son propos en préambule à la plupart de mes interventions (moi aussi, j'ai mes citations fétiches...) :

« L'écrivain véritable est un homme qui ne trouve pas ses mots. Alors, il les *cherche.* Et en les cherchant, il trouve *mieux.* »

J'ai souligné *cherche* parce que c'est ici que nous passons de l'écrivain-Témoin, celui qui se donne pour enjeu de transmettre sa Révélation de l'âme ou du monde en négligeant que le langage le lui interdit, à l'écrivain-chercheur qui ignore encore ce que le langage lui offre *à dire.*

J'ai souligné *mieux*, d'abord pour rappeler que le *mieux* est l'enjeu nécessairement incertain de tout progrès. Ensuite parce qu'en acceptant de dire *mieux* que ce qu'il voulait dire, l'écrivain s'engage à dire *autre chose.* Et renonce du même coup à témoigner de toute révélation préalable.

Or, si cela ne doit guère inquiéter le créateur poète ou romancier qui s'ouvre par la même occasion des champs inexplorés et indéfiniment renouvelables, l'enjeu du théoricien quant à lui, comme tout enjeu purement *réflexif*, risque fort de devenir impertinent.

Que vais-je expliquer, que vais-je décrire, dès lors que le langage m'oblige à expliquer et décrire autre chose que l'objet même de mon étude ?

Si notre théoricien *s'en tient* à une œuvre *déjà* faite, s'interdisant par là même d'extrapoler, de dire *mieux* que ce que l'indépassable réalité de l'œuvre permet d'en dire, il se condamne tout simplement à dire moins bien. Tel est le sort des exégètes les plus brillants s'ils se cantonnent dans l'exégèse.

Reste l'œuvre *en train de se faire.*

Si l'analyse de ce qui en est *déjà* écrit me permet seule de remettre l'œuvre en question, et de la renouveler par une réécriture, seule cette réécriture de l'œuvre me permettra à son tour d'assumer ce *mieux* qui est interdit à l'analyse. Ainsi, et ainsi seulement, la réflexion se trouve-t-elle en situation d'engendrer l'œuvre qui dans le même temps l'accomplit.

Autant dire l'inconséquence de vouloir à tout prix, et sur la seule base des traditions, réserver la théorie aux théoriciens et la poésie aux poètes.

Non seulement l'écrivain ne peut faire autrement que d'appliquer *sa* théorie, non seulement il est le mieux placé pour la formuler, mais il est encore le seul à pouvoir conférer à cette formulation, en la concluant par une œuvre, une éventuelle pertinence…

À défaut d'être au terme improbable du chemin, nous voici du moins parvenus à l'étape. J'espère que vous aurez eu la patience de suivre mes semelles de plomb.

Je vais peut-être vous faire sourire mais, à moi aussi, cela coûte beaucoup de disserter du pourquoi et du comment. Ce n'est pas par hasard que je n'ai produit jusqu'à présent aucun volume de théorie. Ce que vous venez de lire, je ne l'aurais peut-être jamais écrit sans votre aide. Et pourquoi ne pas vous l'avouer, je ne vous ai prié d'entamer cette correspondance que pour m'obliger à le faire.

Car en dépit de nos réticences communes, j'espère vous l'avoir prouvé, la réflexion explicite est nécessaire à la décrispation de nos pratiques, sinon à notre *grandeur*…

Je souhaite en retour pouvoir vous offrir une aide égale. Et je ne la pense pas inutile : à vous lire, je ne vous sens pas si loin de ces auteurs dont vous me parliez dans un précédent courrier et qui, à réduire l'écriture à un acte de foi, *n'y croient plus*.

Pour éviter de ne plus y croire, il faut cesser d'en faire une foi : ne tenez plus les idées reçues pour des évidences, ni les mots d'auteur pour des vérités intemporelles. À commencer par les miens.

Si l'une de mes propositions vous semble plus fondamentalement irrecevable, expliquez-moi posément pourquoi. Vous m'aiderez encore. Mais une seule à la fois, si vous ne voulez pas que la longueur de nos copies suive une progression géométrique… La réflexion exige du temps. Nous garderons les autres objections pour plus tard.

Un dernier point avant de nous quitter. Ce n'est pas la raison mais la *foi*, justement, qui conduit aux pires intransigeances.

Si j'étais éditeur à mon compte et « maître de mes choix littéraires et éditoriaux », je publierais, s'ils me le demandaient, Giesbert, Jardin et consorts.

Leurs œuvres me gênent d'autant moins qu'elles sont de celles qui s'effacent d'elles-mêmes avec le temps, et sans qu'il soit besoin de les éclairer d'aucun discours critique. Elles ne me gênent pas et elles peuvent me servir. Pourquoi les censurerais-je, si les bénéfices qu'elles me font réaliser me permettent de publier par ailleurs des œuvres qui procèdent d'une recherche *fondée* ?

Ce qui me gêne, en revanche, ce sont les œuvres qui, n'ayant pas même la légitimité que confère un profit, *n'en ont aucune autre.* Sauf à autoriser l'éditeur sous le couvert de la Culture, si j'ai bien lu entre vos lignes, à ce que les mauvais esprits appelleraient de la *spéculation*...

Ce qui engage notre responsabilité et exige notre réflexion, ce ne sont certes pas les romans de Jardin et de Giesbert. Oubliez-les comme je les oublie. C'est la légitimité du reste...

Oserai-je vous souhaiter après cela une rentrée littéraire sereine ?... Imaginez qu'un nouveau refus de publication vous expose aux pavés d'un nouveau ratiocineur...

Vous me demandiez d'excuser le caractère désordonné de votre lettre. Il me reste à vous prier d'excuser le trop d'ordre de la mienne.

En sympathie,

Jean

⋆

14

Tours, le 8 décembre 1996

« Alors là, mon cher Jean, vous m'en bouchez un coin » : ainsi commençait une lettre que j'espérais pouvoir terminer et vous envoyer beaucoup plus tôt. Des impondérables, comme on dit, d'ordre professionnel m'en ont empêché, me laissant tout juste la possibilité de garder la tête hors de l'eau depuis deux mois. Je reviens à nos moutons et à nos recettes. Que répondre à une telle lettre ? Elle frappe juste à certains endroits, à d'autres me laisse un sentiment de malaise... Le malaise vient sans doute, encore une fois, de ce *trop d'ordre* dont vous vous excusez en conclusion, ce trop d'ordre qui a suscité un « vive l'anarchie » irréfléchi (imprudent cri du cœur, aussitôt envoyé en retour dans les dents).

Ne chipotons pas sur le terme « recette ». Non, un roman n'a pas de recette, au sens courant du mot (« Indication détaillée de la manière de préparer un mets ou un remède »). Non, il n'est pas « objectivement » (ah, comme ce terme m'enchante, comme il me rappelle la jolie langue de bois sec de mes amis communistes !) l'application de cette recette. Et si j'ai dû, pour écrire mon roman, opérer à chaque instant des choix conscients ou non, ces choix ne procèdent pas tous « de *critères*, de *valeurs*, d'*enjeux* qui sont les miens [...]. L'ensemble de ces critères, valeurs, enjeux, constituant ce qu'on appellera idéologie, système ou théorie ». Non, le livre n'est pas « nécessairement » l'application d'une recette ou d'une théorie. Non, non, et non. Votre métaphore culinaire est épouvantable. De quel objet parlez-vous donc ? C'est cela, le roman, un gâteau plus ou moins savoureux dont la formule exacte pourrait être donnée à qui la demanderait ? Je ne comprends rien, sincèrement, à ce que vous dites. La littérature, du moins dans ses réalisations les plus réussies, c'est ni plus ni moins *la vie* rendue accessible, lisible, sensible au lecteur ; le style, c'est l'homme ; *Madame Bovary* est le fruit d'une formidable érudition, d'un vaste savoir, d'une connaissance approfondie de la société, peut-être même d'une théorie littéraire assez raffinée (laquelle, au fait ?), etc., mais *aussi* d'une formidable *intuition*, oui, d'une inexplicable *grâce*, oui, bref de tous ces bibelots d'inanité bruyante qui « partagent cet avantage auprès de ceux que la réflexion fatigue qu'ils n'en exigent aucune ». Et si la littérature c'est la vie, appliquez donc à la vie vos fortes conceptions, et voyez comme elle devient drôle, mystérieuse, aussi affriolante qu'un écorché d'amphithéâtre pour carabins.

Que les contraintes du sonnet aient suscité des œuvres majeures, j'en conviens. Mais ces contraintes étaient connues de tous, immédiatement déchiffrables par tous, elles faisaient partie d'une sorte de rite institué et accepté collectivement. Le roman, que je sache, ne répond à *aucune* règle formelle précise – je parle, là encore, de règle connue et acceptée par tous. *La Vie mode d'emploi* est un livre magnifique, et pourtant, je vous assure, au risque de vous offusquer, que je me bats littéralement l'œil des mille et une contraintes que l'auteur s'est imposées pour mon bonheur. Contrairement à ce que vos allusions tendancieuses sous-entendent, je n'ai pas une vision romantique ou religieuse de l'écrivain, prophète ou demi-dieu isolé sur son Olympia. Que Perec ait explicité sa recette complexe ne m'a en rien aidé, n'a rien apporté de décisif à la compréhension que j'avais de son œuvre, ni à l'amour (l'amour ?) que j'avais pour elle. Cette explication (d'ailleurs non destinée à être rendue publique) a dû l'aider, *lui*.

« Ce que je fais m'apprend ce que je cherche », disait Klee. Toutes les données rationnelles, les constructions théoriques qui pourraient *préexister* à ce que j'écris, me paraissent absurdes et nocives. Or c'est bien de cela qu'il s'agit, vous le dites à plusieurs reprises, et en particulier dans votre dernière page : « L'écrivain ne peut faire autrement que d'*appliquer* sa théorie, il est le mieux placé pour la formuler, et il est le seul à pouvoir conférer à cette formulation, en la *concluant* par une œuvre, une éventuelle pertinence »... La littérature semble n'être pour vous qu'une séance de travaux pratiques, l'application plus ou moins besogneuse, plus ou moins réussie d'une série de préceptes. Encore une fois, je trouve cette idée absurde. Si « théorie » il peut y avoir, venant de l'écrivain, et je reste très réticent sur le mot, elle ne peut être que le résultat ou le contrecoup de l'œuvre. Et elle ne sera en tout état de cause que parcellaire, fragmentaire, inapplicable à d'autres œuvres, hors d'état, dans la plupart des cas, de former même l'embryon d'un « système ». L'activité réflexive de l'écrivain n'a pour propos que de permettre le seul progrès qui soit, un progrès strictement limité par les dates de naissance et de mort de celui qui l'accomplit. Un progrès que l'on appelle en d'autres circonstances vieillissement (c'est l'aspect œnologique de nos existences) ou mûrissement.

Voilà pourquoi vous êtes bien en peine de me citer un seul « grand » écrivain qui soit aussi un grand théoricien. (Un peu facile, non, d'affirmer qu'ils ont tous été *implicitement* de grands théoriciens...) Non que les écrivains soient bêtes. Non qu'ils se retranchent dans la prudence des mystagogues, attentifs à ne rien révéler de leurs petits secrets pour préserver leur pouvoir (hypothèse ridicule, mon cher Jean). Mais simplement parce que les écrivains réfléchissent comme ils créent, dans la solitude, et sur leur solitude. Les plus belles pages critiques de Proust ou de Nabokov sur la littérature ne sont que des tentatives, parallèles à l'œuvre, d'avancer plus profondément, plus *intimement*, dans la connaissance de leur propre univers. Est-ce de la théorie, cela ? Foutre non.

Quant à la notion de progrès en art, permettez-moi de persister dans mon erreur. Nous sommes en mesure aujourd'hui, dites-vous, d'« apprécier pleinement » l'œuvre de Picasso *et* celle de Léonard. C'est faux, bien entendu. Nous ne sommes en mesure d'apprécier *pleinement* ni l'une ni l'autre (et encore faudrait-il s'interroger sur ce « nous » que vous utilisez avec tant d'optimisme). Le glissement inopiné que vous faites, dans votre lettre, de la question du progrès en art à celle du progrès en matière de pédagogie est significatif. L'écrivain serait-il un professeur, dont la classe des lecteurs attendrait cette « amélioration par le progrès » qui reste l'hypothèse fondamentale et l'espoir de tout enseignement ? Allons donc. L'écrivain n'a rien à enseigner aux autres. Quant à ce que son œuvre modifie dans sa propre existence, cela ne regarde que lui. La différence entre l'art et la pédagogie, c'est que le premier n'est justiciable d'aucune évaluation, d'aucun repérage des acquis. Combien noteriez-vous le grand théoricien que fut le peintre de Lascaux ?

Vous terminez votre lettre en m'exhortant à abandonner les rassurantes chimères de la *foi*. Je vous signale que c'est vous, et non moi, qui avez utilisé à maintes reprises les termes de « foi », de « révélation », de « génie » et toute une quincaillerie de vocables mystiques pour y enfermer mon discours et mieux mettre en valeur la courageuse et lumineuse rationalité du vôtre. Désolé, Jean, mais je ne me reconnais pas dans l'image que vous me renvoyez, et je ne fais pas davantage confiance à la foi qu'à la raison pour me délivrer de mes incertitudes...

Très cordialement à vous, et joyeux Noël, avec ou sans messe...

Jean-Marie

★

15

Montourtier, le 22 janvier 1997

Cher Jean-Marie,

Merci d'abord pour cette pugnacité qui vous fait reprendre notre cher combat malgré certain coup dans les dents. J'avais décidément très peur d'avoir frappé un peu lourd. Fort heureusement je me trompais, et voici que vous m'expédiez à votre tour de ces vigoureux uppercuts qui, à défaut de distance et de précision, n'en pèsent pas moins leur quintal.

« Le style, c'est l'homme ». Bigre.
« La littérature, c'est la vie ni plus ni moins ». Fichtre.
« L'écrivain n'a rien à enseigner aux autres ». Ô Suzannah !

Avouez qu'il va falloir bien de la vaillance à mon cartésianisme soudain chancelant pour affronter ce que vous appelez vos incertitudes.

Sans compter qu'à vos deux dernières propositions il conviendrait d'en associer une quatrième qui s'ensuit logiquement. Si l'écrivain n'a rien à nous enseigner, et si la littérature n'est rien moins que la vie, il va de soi que la vie elle-même n'a rien à nous enseigner non plus. Autant dire que tout nous serait donné à la naissance et que rien de ce qui nous arrive ensuite ne saurait modifier nos actes ni nos pensées...

Vous n'avez pas, dites-vous, l'esprit religieux – encore que vous n'acceptiez de contraintes que *rituelles* et que vous accueilliez volontiers l'hypothèse d'une *grâce* littéraire. Que dire donc de cet implicite credo en l'absolue prédestination ? Du jansénisme athée ?...

Vous ne vous reconnaissez pas non plus romantique (ce que je ne vous reprochais pas d'ailleurs, l'étant moi-même). Devant Perec, toutefois, vous renchérissez sur le Nathanaël d'Hoffmann, le héros de *L'Homme au sable*, qui aimait d'amour – lui aussi – une fascinante *Olympia*... Un Nathanaël découvrant par mégarde l'inoxydable mécanisme d'un automate en lieu et place du cœur aimé (qu'il croyait écorché, comme tous les cœurs, par de douloureux bordels intimes) et qui continuerait crânement d'affirmer, non seulement que sa passion reste inchangée, mais que cette révélation ne saurait l'affecter le moins du monde. Du romantisme cela ? *Foutre non*...

Vous aimeriez que l'artiste n'obéisse à aucun précepte ni aucune théorie qui lui préexisteraient, mais vous ne cessez de vous appuyer sur des maximes bicentenaires aux implications théoriques faramineuses.

Vous voudriez prouver que l'écrivain est intuitif et n'applique aucune recette, et vous choisissez Flaubert ! Non sans donner à son œuvre, sous forme de recette, l'aspect de certain pâté d'alouette, où la réflexion serait l'alouette et l'intuition – ô surprise ! – le cheval...

Flaubert ! Dont le moindre brouillon caviardé jusqu'à l'illisible témoigne à l'envi que l'intuition fut on ne peut plus tâtonnante. Moins *formidable*, assurément, que la réflexion sur la langue à laquelle elle était soumise – et que vous qualifieriez à juste titre de *besogneuse*. Flaubert, dont vous négligez au passage que la *formidable* érudition fut avant tout documentaire, c'est-à-dire convoquée par la théorie, et non l'inverse. Flaubert qui sut faire du texte avec la vie, certes, encore que la sienne fût médiocre, mais aussi, et plus consciemment que tout autre en son temps, *avec d'autres textes* ! Que vous me citiez Stendhal à l'appui de votre thèse, va pour Stendhal. Mais Flaubert !...

Vous voudriez prouver que l'artiste n'est ni un théoricien ni un pédagogue, et vous citez Klee, dont les écrits théoriques sont des mines de pratiques nouvelles désormais exploitées dans tous les cours d'arts plastiques de France et de Navarre ! Non d'ailleurs pour le plaisir d'appliquer plus ou moins laborieusement les préceptes du Maître. Mais parce que ces pratiques sont les plus propres à délivrer l'apprenti des clichés de l'intuition, justement. Et, surtout, parce que la simplicité de leurs principes et de leur mise en œuvre permet aisément d'induire d'*autres* pratiques, *qui ne seront plus celles de Klee*, chez qui n'est pas forcément un Rembrandt par la *grâce* de sa naissance.

Vous voudriez que « ce que fait l'artiste lui apprenne ce qu'il cherche » sans que rien le lui prescrive à l'avance. Mais vous lui imposez à l'avance et ce qu'il doit trouver : la vie ni plus ni moins, et jusqu'à sa manière de faire : le style qui serait prescrit par ses gènes.

Vous vous réclamez de *La Vie mode d'emploi*, dont les 99 chapitres proposent un montage sans guillemets de citations d'auteurs aussi stylistiquement variés que Jules Verne, Borges, Flaubert, Joyce... en les intégrant si parfaitement au *style* d'ensemble que nul ne les en eût distingués sans les aveux du manipulateur. Lequel écrivit par ailleurs bien d'autres textes, *tous dans des styles différents*. Mais ceci ni cela, bien sûr, ne saurait ébranler chez vous la solide incertitude fondant l'archi-poncif (et archi-précepte) selon lequel le style serait l'homme...

À force de vous battre l'œil, ne vous seriez-vous pas aveuglé ?

Sérieusement !

Ne voyez-vous pas que votre pratique des références, comme vous l'avouez en toute innocence à propos de Perec, consiste à ne retenir dans une œuvre, une pensée, une démarche d'auteur, que ce que vous aimez et pensez *a priori*, toutes les apparences qui vous confortent dans des goûts et opinions *déjà vôtres*, cependant que vous y occultez en toute sérénité ce qui *objectivement* (c'est-à-dire de façon contrôlable) les conteste ?

Ne craignez-vous pas qu'à trop vouloir prouver que les écrivains n'ont rien à nous enseigner, vous ne prouviez surtout que nul n'enseigne rien à qui n'éprouve aucun besoin de se remettre en cause ?

Ne savez-vous pas que l'amour – l'*amour* – qui nous fait reconnaître chez autrui le complaisant reflet de nous-mêmes à l'exclusion de tout ce qui risque de le troubler n'est, au sens originel du mot, que de l'*amour-propre* ?

Ne comprenez-vous pas que ces *belles* vérités fragmentaires, éclatées, météoriques et certes fascinantes – mais toutes faites – dont vous étayez votre discours, conduisent à d'inextricables contradictions internes pour peu qu'on les confronte les unes avec les autres ? Et ce précisément, comme vous le reconnaissez vous-même, *parce qu'elles sont* relatives *aux théories individuelles, et inconciliables, de ceux auxquels vous les empruntez.* Comment ne seriez-vous pas acculé à l'absurdité en les assumant toutes ensemble et sans la moindre remise en perspective critique ?

Et moi qui vous conseillais de prendre garde aux évidences...

Pardonnez-moi cette volée de bois sec – comme il convient à la jolie langue dudit bois – mais vous la méritez. Ne serait-ce que pour cette imputation de stalinisme si indigne de vous : un mot serait-il interdit d'usage dès lors que des imbéciles en ont abusé ? Si oui, épargnons-nous *vie, amour, écrivain, littérature*... Sinon, commencez par me démontrer que c'est moi qui abuse des mots en affirmant qu'un objet d'art est d'abord un *objet*, et que la vie n'en est pas un.

Quelle différence précise feriez-vous, par exemple, entre *génie*, qui serait de la quincaillerie, et *intuition formidable*, qui ne saurait en être ?

Ne croyez pas, ce disant, et sèchement, que je vous reproche vos contradictions en tant que telles. Elles ressemblent aux miennes. J'admets – si cela doit vous éviter de m'asséner par retour du courrier l'une de ces vérités éternelles dont vous avez le secret – que l'homme en soit pétri. Je lui reconnais même le droit le plus strict d'en témoigner. À condition toutefois de ne pas les chérir...

Car sa *grandeur*, si vous me permettez de proposer un sens à un vocable que vous affectionnez, serait plutôt de les dépasser. De partager avec le savant cette modeste *intuition* qui lui fait soupçonner, si son observation de la nature des choses le mène à des conclusions incompatibles, que ce n'est pas la nature qui se trompe mais lui-même. De chercher un point de vue différent qui réconcilie les contraires, et d'y parvenir quelquefois...

Ne croyez pas non plus que je vous reproche votre amour-propre. Il est aussi le lot commun. Nous savons depuis La Rochefoucauld qu'il n'est d'acte si désintéressé ou pour l'amour de l'art qui ne témoigne en priorité d'amour de soi. Et c'est bien d'une personnelle blessure d'amour-propre qu'est née notre correspondance. Notre différence tient moins à cette autocomplaisance qu'à l'idée que chacun de nous *se fait* de soi.

Sans doute pouvons-nous nous aimer pour ce que nous sommes déjà. Ou plus précisément : pour ce à quoi la naissance et la société nous déterminent – goûts, opinions et contradictions compris. Et d'autant mieux nous en satisfaire que nous en constituons notre identité.

Mais nous pouvons aussi nous aimer pour ce que nous ne sommes pas encore et que nous sommes cependant capables de devenir. Pour ce pouvoir qui est en nous de remettre en cause les goûts, les opinions et les contradictions reçus. Et d'autant mieux nous y retrouver que nous nous identifierons à ce dépassement même.

Ce qui compte, répondait Sartre aux structuralistes, ce n'est pas ce que la société fait de moi, c'est ce que je fais de ce que la société fait de moi.

Alors de *grâce*, ou par charité laïque, oubliez un moment vos pétrifiantes incertitudes, fussent-elles complaisamment patinées par deux siècles d'usage quotidien, et acceptez de me suivre encore quelque temps dans la décidable aventure...

Non. Sauf à prendre une métonymie pour une relation d'équivalence, la littérature n'est pas *la vie*, et surtout pas ni plus ni moins.

Revenir à nos moutons signifierait, dans la mienne, revenir à de vrais moutons, ceux que je vois de cette fenêtre, d'ici la forêt de Bourgon, dans ce paysage familier mais aujourd'hui glacé, que je vous décrirais volontiers si un modeste polaroïd ne convenait bien mieux à la tâche. Si je ne savais surtout que vous le verrez un jour par vous-même – car vous viendrez, n'est-ce-pas ? quand nous aurons brisé nos lances et que tout ceci sera *dépassé*...

C'est que décrire m'obligerait à négliger des pans entiers de ce qui est, à sélectionner ce que la vie ne sélectionne pas, à hiérarchiser ce qu'elle ne hiérarchise pas, à inscrire dans la durée ce qu'elle m'offre dans la lumière. Encore les nuages, les ombres et les couleurs auront-ils bouleversé dans l'intervalle ce que décrire si mal aura figé.

Quand je vous aurais assommé en dix pages par défaut de ce qui soudain m'émerveille, encore me faudrait-il parler de ce que cette même fenêtre (60 x 90 à petits bois) convoque de souvenirs et de projets, car la vie en cet instant qui n'est déjà plus le même ne se limite pas à ce que j'en vois. Comment sans cela vous rendrais-je *sensible* que les susdits moutons ont brouté l'an dernier mes poireaux et saboté mes échalotes, et que j'en conçois des désirs de gigots ? Comment justifierais-je la bétonnière, en bas à droite, et les très vieilles pierres de ce mur en instance destiné à défendre mon potager, mais qui n'est encore qu'un projet de mur ?

Avouons-le : les moutons ne sont qu'un prétexte. Le voisin (un cas, mais il me faudrait dix pages supplémentaires...) les a désormais parqués comme à Sing Sing et n'a d'ailleurs pas barguigné pour remplacer mes légumes. Le mur, ce serait plutôt pour les lapins, qui abondent, ou pour mon corniaud héritier de cent races (un autre cas, vingt autres pages...) qui ignore non seulement la langue de Descartes mais le maniement de la boussole et jusqu'à son propre nom, et que je vais récupérer aux confins du secteur dès qu'on oublie de refermer la porte. Il n'a toutefois jamais franchi d'obstacle excédant le mètre cinquante, ce qui nous donne la taille approximative du mur en instance… Quoique, là encore, si pour de multiples raisons je n'adorais maçonner les vieilles pierres (quarante pages…), il n'y aurait pas plus de mur en instance pour le chien ou pour les lapins que pour les moutons.

Si je m'en suis tenu à ce mur qui ne tient pas encore, c'est bien sûr pour ne rien dire du cimetière, à gauche du Mont Rochard, car le diable sait à quelles dérives entraîne la seule évocation d'un cimetière, a fortiori lorsqu'il peut s'agir du vôtre (quatre-vingts pages…). Ni du manoir un temps convoité, au-dessus de la bétonnière, ancien presbytère, ancienne *maison de joie* selon certains *bruits* (cent soixante…), qui tient quant à lui depuis la Renaissance et dont la noble famille de G. vient de faire cadeau à l'un de ses rejetons, lequel s'en préoccupe si peu (trop froid ? trop sombre ? trop triste ? trop beau ?), que chaque regard dans sa direction suscite en moi, au bas mot, trois cent vingt nouvelles pages potentielles de pure fureur jacobine…

Et si vous saviez comme j'en passe !

J'ai ainsi abrégé d'un ou deux tomes rigoureusement nécessaires à leur partielle compréhension quelques instants de vie à ma fenêtre.

Encore n'ai-je parlé que d'une fenêtre, celle de la forêt de Bourgon, ignorant l'autre, celle du bois d'Hermet, ainsi que toutes les fenêtres de mon passé qui s'y substitueraient par surprise pour peu que je me laisse aller.

Encore ai-je fermé les yeux sur la pièce elle-même, et tous les objets personnels qui pourraient me faire le coup de la madeleine et vous valoir dix tomes supplémentaires, non moins indispensables à l'accès d'une émotion qui, pour autant, ne sera jamais vraiment la mienne.

Encore ai-je pris soin de choisir un moment de paix. Un matin de vacances. Le jour de l'an pour être précis. L'un de ces jours où l'on dit que la vie s'arrête… Mais la vie est ainsi faite qu'elle n'en file pas moins sans trébucher sur les mots, qu'elle ne se relit guère, qu'elle ne se corrige pas non plus, et qu'elle sera parvenue au quinze du mois avant que j'aie fini de vous parler du premier au prix de colossales ellipses.

Encore n'ai-je pas eu ce matin de journal à ouvrir, qui eût projeté des pans du monde en avalanche dans ce bureau tranquille. Pas même un entrefilet pour provoquer l'une de ces colères fulgurantes qui impliquent toute la société en un juron, mais qu'il faudrait six mois pour mettre en clair.

Et heureusement, heureusement qu'*elle* n'est pas entrée…

Car combien de chapitres m'eût-il encore fallu, et surtout quels mots justes, pour dire « ni plus ni moins » la femme qui occupe aussi cette maison ?

Sans elle cependant, cette même littérature, où vous liriez de la même façon les mêmes mots, évoquant le même instant du même matin du jour de l'an, avec les mêmes moutons, le même cimetière, le même manoir, la même bétonnière, le même projet de mur… vous rendrait sensible une tout autre vie que la mienne, ni plus ni moins.

Car c'est bien là l'inconvénient des mots, qui sont des conventions, régies par d'autres conventions dès qu'on les assemble, cependant que la vie est aussi peu convenue qu'elle est agrammaticale. Non seulement ils en témoignent mal, faute de s'inscrire dans une commune structure, mais ils ne sauraient exprimer ce qui, pour chacun d'entre nous dans sa particularité, en constitue l'essentiel. Ni vous ni moi ne vivons nos amours, chères écorchures, conformément à Vaugelas.

La langue en *convient* qui nous propose, pour bien montrer son incapacité à dire ces essentielles différences autrement que par une dérobade qui les confond, le mot *indicible.*

Notre vie l'est, pour l'essentiel. Et quiconque se propose de la rendre fidèlement lisible à ses lecteurs (comme d'ailleurs à lui-même, étant le premier d'entre eux) se heurte en conséquence à d'insurmontables obstacles. Lui qui croyait n'avoir à répondre « à aucune règle formelle précise, connue et acceptée par tous », comme vous le dites sans rire du roman, s'aperçoit vite que le langage tout entier n'est fait que de cela. Et que ces règles convenues *ne sont pas* celles de son paysage...

En somme, à moins de cécité incurable, il appréhende alors l'outil de notre communication pour ce qu'il est depuis toujours : un très artificiel système de contraintes absurdes. Ce dont il ne manquera pas de se désespérer, du moins dans un premier temps.

S'il fallait mettre bout à bout les citations de la littérature universelle qui dénoncent – non sans lucidité mais non, parfois, sans complaisance – cette impuissance constitutive des mots à restituer ce qui fait le prix de la vie, leur vanité, leur dérision, leurs trompe-l'œil, leur stérile rhétorique, ma lettre ne serait plus que l'interminable litanie d'un chœur de pleureuses. Et la rue ferait écho, qui n'ignore pas toujours, elle non plus, que la vie ça se vit et que le reste « n'est *que* littérature ».

Ce qu'on aime et ce qu'on souffre, disait ma grand-mère, il n'y a pas de mots pour le dire. Et elle n'avait pas tort.

D'aucuns toutefois en font un roman.

À la recherche du temps perdu est l'histoire d'un monsieur qui entreprend de restituer un moment de sa vie par l'écriture. N'y parvenant pas, et pour cause, il a cependant le mérite de ne pas croire, comme certains, qu'il y est parvenu. Et au lieu de se satisfaire d'une apparence, comme beaucoup, ou de s'en désoler, comme tant d'autres, il s'entête. À défaut d'atteindre l'essentiel qui lui échappe, il tourne autour. Ou il biaise. Et cela dure longtemps. Au bout du compte il n'a toujours pas restitué ce moment de sa vie, et surtout pas ni plus ni moins. Mais à la fois beaucoup moins et beaucoup plus. Car il sait que ce qu'il a fait a désormais pour lui, et pour nous, plus d'importance infiniment que ce qu'il voulait faire.

Il est devenu cet écrivain selon Valéry (dont je soupçonne que vous n'avez pas lu ma citation avec toute l'attention requise), qui ne trouvait pas ses mots, les cherchait et trouvait mieux. À tout le moins bien autre chose.

De la vie, qui ne sera jamais un objet ni de l'art, les conventions impertinentes du lexique et les règles formelles de la grammaire, toutes ces contraintes artificielles du langage, l'auront fait passer à l'objet d'art, qui ne sera jamais la vie.

Entendons-nous bien.

Que cet objet désormais figé dans sa matière et dans son ordonnancement puisse donner l'illusion de la vie dont il procède, j'en suis d'accord. Que cette illusion soit un enjeu pour la plupart des écrivains, je ne saurais le nier. Qu'elle soit une exigence pour la plupart de leurs lecteurs n'est guère plus contestable.

Mais ce n'est qu'une illusion.

Et elle sera d'autant plus vive *que l'objet permettra d'accueillir* la propre vie *de celui qui l'y cherche.*

À supposer que mon paysage ait eu le bonheur de vous paraître *vivant*, comme vos propres livres peuvent me paraître *vivants* (je viens de lire *En douceur* avec grand plaisir), c'est que *vous vous y retrouvez* tout comme je m'y retrouve. De même dit-on qu'une maison abandonnée *revit* dès lors que de nouveaux occupants s'y installent.

Ne doutez pas que, dans toutes les lacunes de mon propos, dans toutes ces béances auxquelles me contraint l'incurie du langage et où *ma* vie s'exclut pour l'essentiel, vous aurez engouffré *vos* moutons, *vos* cimetières, *vos* manoirs, *vos* pierres à bâtir, *vos* femmes, *vos essentiels.*

Votre vie en un mot. Et les miens n'en sont plus que les murs.

Mais rendre un lieu de mots accueillant à son hôte, en lui permettant d'y inscrire ses propres habitudes, ses souvenirs et ses douleurs, *cela s'apprend.*

Vous l'avez appris, Jean-Marie, comme je l'ai appris moi-même. C'est qu'on nous a légué, ne vous en déplaise, des *recettes...*

Peut-être pas des recettes de « mets ou de remèdes » au sens où, sans chipoter, vous souhaitez en réduire la définition. Mais non moins écrites noir sur blanc et on ne peut plus détaillées dans leurs préceptes.

Des recettes d'école pour commencer. Car sauf à admettre avoir tout su de naissance ou par la grâce d'une transcendance que vous niez, c'est à l'école, en général, que nous avons appris à lire et à écrire. Je vous ferai grâce, quant à moi, des multiples ouvrages de pédagogie, de didactique et de remédiation concernant cet apprentissage, dont les seuls titres, sans compter les oubliés, les périmés et les négligeables, encombrent une colonne serrée de l'*Universalis.* Si nous ne les avons pas lus nous-mêmes, croyez bien que nos bons maîtres s'en sont faits les plus ou moins fidèles truchements.

Une fois les premières conventions, les premières règles admises, une fois l'objet distingué du sujet – non sans mal pour qui se vit, intuitivement, le sujet *et* l'objet de son propre univers – suivent les recettes pour en jouer. Mes murs sont lambrissés de manuels dont les chapitres ne laissent aucun doute sur leurs enjeux : *comment rédiger*, ou mieux encore : *comment rendre vivants* un récit, un dialogue, un portrait, une description...

N'en riez pas. Les recettes ainsi données avec une bienveillante candeur, nous les avons tous appliquées. Nous les appliquons tous encore. Et d'autant plus spontanément, d'autant plus *intuitivement*, que nous avons oublié les avoir apprises...

Sans doute, initiés par l'école, nous ferons-nous alors des gorges chaudes en lisant *L'Art d'écrire en vingt leçons* d'Antoine Albalat, ou quelque autre méthode accélérée à l'usage des novices. Mais à y bien réfléchir, de quoi nous moquerons-nous en l'occurrence ? de l'absurdité des recettes ou de leur banalité ? Est-il stupide *en soi* de relire ses classiques pour s'en imprégner ? d'écouter la rue pour rendre un dialogue plus *vivant* ? de bien observer les comportements pour produire des héros crédibles ? de traquer le pléonasme et l'adverbe en *-ment* ? Ou s'agit-il de conseils si moutonnièrement suivis depuis l'enfance, à force d'être ressassés, qu'ils nous sont devenus comme une seconde nature et que leur formulation prend des airs de truismes ?

Lorsque vous-même conseillez incidemment de prendre modèle sur la vie, si drôle, si mystérieuse, si tragiquement affriolante, que proposez-vous d'autre que cette recette d'Albalat à son disciple en panne de sujets : « La vie en fourmille. Vous n'aurez que l'embarras du choix... » ?

Car à supposer que la formulation de telles recettes soit aussi vaine que ridicule, que penser des observations fournies par les éditeurs aux auteurs de manuscrits refusés ? Observations selon lesquelles, par exemple, ceux-ci « n'imitent qu'insuffisamment la solide composition des récits du siècle dernier », font des dialogues « trop bavards », « cisèlent » trop leurs phrases au détriment de l'action, et ne donnent pas assez de « consistance aux personnages principaux » ? Qu'en dire, sinon qu'il s'agit là encore de recettes destinées à rendre l'histoire plus *vivante*, et qui ressembleraient fort à celles d'Albalat et de ses émules si elles n'étaient formulées en négatif et rarement publiées.

Je ne vous les reproche pas, au contraire. Tout au plus pourriez-vous *vous* les reprocher. C'est vous qui affirmez que l'écrivain ne saurait appliquer aucun précepte. C'est vous qui refusez les recettes et les méthodes. C'est vous qui jugez inopportune leur énonciation. C'est vous qui contestez que la formule du bon livre puisse être suggérée de quelque façon que ce soit...

Je ne vois aucun ridicule, pour ma part, à ce qu'Albalat ou vous-même formuliez des recettes qui tirent la leçon d'un apprentissage et visent à la transmettre. De telles formules, si irréfléchies, si convenues, si discutables soient-elles, ont au moins ce mérite qu'on peut y réfléchir, en discuter et en disconvenir. Ce qui me paraîtrait absurde, en revanche, ce serait d'appliquer inconsciemment ces mêmes recettes scolaires en les attribuant à l'intuition, tout en les trouvant ridicules dès lors que quelqu'un, à commencer par soi-même, se hasarde à les formuler...

Si je parle au conditionnel, c'est que je ne vise pas ici l'*écrivain* Laclavetine. Qu'il se rassure : je ne commettrai pas la grossièreté de le confondre avec Albalat, même si incidemment leurs prescriptions ont pu se ressembler. Je me doute bien qu'il me les a adressées moins par conviction personnelle que parce que sa fonction officielle l'engageait à une justification de courtoisie. Je soupçonne même qu'il les regrette. Non qu'elles soient honteuses. Non qu'il y déroge dans ses propres écrits. Mais parce qu'il sait pertinemment, quant à lui, que leur strict respect *ne saurait suffire* et de loin.

Simplement, il convenait ici de rappeler qu'avant de les *excéder*, avant de se choisir d'autres enjeux que de rendre *vivants* un récit, un dialogue, un portrait ou une description, avant de parvenir à ce *mieux* qui le fera passer de l'illusion de vie selon Albalat à l'objet d'art, l'écrivain applique bel et bien, d'abord, aussi, de multiples recettes explicites et dûment détaillées par des milliers de maîtres et dans des milliers de volumes.

Cependant l'apprentissage continue.

En fait, il n'a jamais cessé de se poursuivre en parallèle, à travers des lectures moins scolaires dont aucun questionnaire en bas de page ne vise à dissiper le mystère. Des lectures de pure fascination auxquels l'enfant que nous étions se devait de répondre comme tous les enfants fascinés : en imitant ce qui le fascine. En essayant sur sa copie, comme d'autres devant leur miroir, des accents, des attitudes, des effets de langage propres à répercuter sur autrui le charme dont il fut victime.

Sans doute le projet n'est-il pas délibéré, ni surtout l'occasion d'une analyse méthodique à la façon des pasticheurs. C'est que l'amour-propre est déjà là, conforté par ce précepte universel et véhiculé par tous nos maîtres selon lequel il convient de rester *soi-même* en dépit des séductions. Imiter est le propre du singe. L'enfant le sait – on le lui a dit – et ruse en conséquence avec le singe qui sommeille.

Je me rappelle ma sincère stupeur lorsque mon premier lecteur professionnel (Jean-Claude Brisville, je crois) me reprocha d'avoir *imité* Proust, justement. Rien n'était pourtant plus vrai. Un professeur irresponsable m'en avait conseillé la lecture bien avant que la *Recherche* ne figure à mon programme. J'avais seize ans, horreur du thé, et une famille plus proche des Perrichon que des Guermantes. Mes deux cents pages ne parlaient que d'elle et veillaient à ne pas s'égarer hors de Ménilmontant – c'est-à-dire assez loin de Balbec. Mon conscient n'aurait su décomposer ni calquer la moindre phrase, je le jure. Mais comment mon inconscient aurait-il échappé au cyclone qui venait de faire table rase de tout ce qui n'était pas lui ?

Bien sûr, Proust ne m'avait fourni aucune « indication détaillée de sa manière de préparer » du Proust. Et aucun Albalat ne me proposait un *Art d'être Proust en vingt leçons* qu'au demeurant je n'aurais pas lu. La recette n'était pas explicite. Mais le texte, vous avez raison de le souligner, ne ressemble pas sur ce point au gâteau, dont l'aspect final dissimule les étapes de l'élaboration et jusqu'aux ingrédients. Le texte montre les siens, et ses lignes sont ainsi faites que leur lecture suit l'ordre de leur écriture. Ou du moins *semble* le suivre. À défaut d'avoir sa recette, on voit l'écrivain *faire* en le lisant. Ou du moins on *croit* le voir faire – ce qui le dispense de s'en expliquer. Et cela suffit au jeune singe pour reprendre son geste.

Ainsi m'étais-je approprié la recette Proust inconsciemment. Ou quelque chose qui y ressemblait assez pour qu'on la reconnaisse. Je dis bien la *recette*, non plus au sens culinaire ou scolaire auquel vous vous en tenez, mais au sens originel du mot. Lequel englobe tout ce que nous *recevons* des autres, les prescriptions, certes, mais aussi les *modèles*.

Les Maîtres succèdent aux maîtres.

Car les influences se diversifient. L'imitateur malgré lui n'emprunte plus à un seul modèle mais à tous, au petit bonheur de ses enchantements. On ne lui reprochera plus d'imiter. C'est à peine même si on parlera d'emprunts tant le processus est organique et dénué de malice : tout au plus dirons-nous *empreintes*... Comment d'ailleurs y échapper dans un système clos de conventions et de figures qui ont toutes déjà servi ?

Sans doute leur combinatoire est-elle théoriquement inépuisable et prête-t-elle encore à l'invention. Mais dès lors qu'on fixe pour enjeu canonique à cette combinatoire de *resti-*

tuer la vie, de *rendre le texte vivant*, ou bien plutôt, si l'on ne triche pas avec les mots : *de le rendre accueillant à la propre vie du lecteur*, encore faut-il qu'elle convienne un tant soit peu aux habitudes de celui-ci. Qu'elle s'y conforme le plus possible. Si invention il y a, elle ne saurait être à ce point transgressive qu'*il ne s'y retrouve pas.*

Comment, dans de telles conditions, se proposant un objectif si consensuel et disposant des mêmes outils que ses prédécesseurs, l'écrivain en herbe ne parviendrait-il pas à *leurs* solutions, ou à des solutions voisines, quand bien même il n'en aurait pas fait la rapine inconsciente ? Comment ne reproduirait-il pas, aussi indéfiniment qu'*intuitivement*, des combinaisons déjà inventées par d'autres ou qui du moins *y ressemblent* ?

Ce que nous *enseigne* le très conscient montage de citations de *La Vie mode d'emploi*, pour peu que nous soyons prêts à en accepter la leçon dérangeante, c'est aussi que notre discours le plus apparemment personnel raboute sans se lasser les bribes et les morceaux de phrases déjà écrites, lorsqu'il ne les restitue pas mot à mot.

Rassurons-nous. Ce n'est fâcheux qu'en apparence. Il nous reste la *manière* de rabouter les morceaux et les bribes. Il nous reste la combinatoire des combinaisons préfabriquées. Les Maîtres nous l'ont prouvé, et Proust plus que tout autre, il est encore possible de faire du neuf avec tout ce vieux que notre apprentissage nous permet désormais d'apprécier en connaisseurs.

La *recette*, si communément admise que sa formulation fait figure d'évidence, consiste alors à évincer de cette brocante tout ce que nous n'en aimons pas, à nous approprier tout ce que nous en aimons, et à le disposer dans l'espace de notre texte, dans l'ordre et avec la fréquence exigés par nos *goûts.*

Le mot *recette* vous fait bondir ? Soit. Vous n'acceptez pas l'idée que nos goûts nous aient été donnés et que nous les ayons *reçus*, eux aussi ? Admettons. Vous préférez parler ici d'*intuition* ? Adopté ! Va pour l'intuition, que je n'ai d'ailleurs jamais niée, si cela peut vous faire plaisir...

L'intuition, donc, permet à l'écrivain d'élaborer sa manière propre en jouant des mille manières de ceux qui l'ont précédé, d'y choisir son vocabulaire, ses figures et ses constructions de prédilection, de trouver ce qu'on appelle communément *son* style et d'en aménager *son* univers.

S'il a la chance que cette intuition soit suffisante, si elle convoque un univers assez conforme à celui de ses lecteurs pour qu'ils s'y reconnaissent et assez transgressif pour qu'ils le voient d'un nouvel œil, il pourra faire partie des bons. S'il a le bonheur qu'elle soit *formidable*, il sera de ceux – pardonnez-moi de me citer – à qui « les hasards du déterminisme permettent de sortir *intuitivement* du ressassement général, d'infléchir nos stratégies de lecture, de nous donner à aimer ce que nous n'aimions pas encore, d'élargir le champ des possibles... » Il fera partie des *grands*.

Mais bon ou grand, peu importe à notre propos.

Car ayant trouvé *son* style, il aura trouvé du même coup, fût-ce *intuitivement* et sans recette, *sa* recette. Comme Proust a trouvé la sienne. *Et elle se reconnaîtra d'autant mieux comme recette qu'elle se prêtera consciemment ou non, comme celle de Proust, à l'imitation.*

Nul certes ne songe à nier à l'inventeur le mérite de l'avoir inventée quand tant d'Albalat se satisfont d'en reprendre d'anciennes. Mais nul ne peut nier non plus qu'il est aussi, de ce fait, le premier à l'avoir *appliquée*.

S'écrier « non, non, et non » est un enfantillage.

Non seulement il est le premier à l'appliquer, ce dont on peut lui faire mérite à juste titre, mais il est aussi, très souvent, celui qui l'applique une seconde fois, puis une troisième... celui qui ne fait bientôt plus que l'appliquer. Et qu'on *reconnaîtra* à cela même qu'il l'applique toujours. Et qu'on imitera, et qu'on pastichera d'autant qu'il s'imite et se pastiche lui-même.

Car le risque de l'intuition, comme de toute programmation interdite à notre réflexion, c'est de proposer indéfiniment le même type de réponses aux mêmes types de problèmes. C'est d'imposer le programme, fût-il d'une *formidable* originalité, et de laisser à la providence le soin de sa remise en cause.

Mais alors le mérite fait question. Et ce n'est pas une mince question...

Peut-on reprocher au plagiaire des autres, volontaire ou pas, de ne rien produire de nouveau, et admirer dans le même temps du plagiaire de lui-même qu'il n'innove pas davantage ?

La pensée et le portefeuille peuvent-ils reconnaître une valeur inestimable au *Jardin d'Auvers* peint par Van Gogh, cependant qu'ils n'en accorderaient aucune au même tableau, témoignant de la même matière, de la même touche, du même travail, du même charme intrinsèque, de la même part d'invention propre, s'il était l'œuvre d'un inconnu ? Et pour cette seule raison que celui-ci aurait appliqué une recette déjà exploitée. D'avoir fait en somme ce qu'aurait fait Van Gogh !

Cela serait éminemment absurde si l'on ne postulait que la recette est la *propriété* exclusive de son inventeur. Au sens physique, d'abord, comme le parfum est une propriété de la fleur. Et du même coup au sens légal, comme le revenu est celle de l'investisseur. Tant il est précieux à notre société marchande qu'un même vocable confonde l'intérêt du rentier et la nature des choses...

Si l'on admet qu'un style est la *propriété* de celui qui l'a le premier mis en œuvre, alors certes : le pasticheur de lui-même devient le légitime exploitant de son patrimoine et le pasticheur d'autrui un voleur, sinon un vampire. Et l'on négligera leur commune impuissance à renouveler les recettes.

Je dis bien : *si*...

Car peut-être convient-il de s'interroger sur cet axiome si opportun selon lequel *le style serait l'homme*, et qui confère incidemment à l'artiste moins un statut de chercheur que de détenteur du capital.

Les Maîtres nous l'ont *enseigné*, que l'on reconnaît vite à certains choix lexicaux et syntaxiques et à la typologie de leurs tropes, quand bien même les paragraphes prélevés auraient été rédigés à trente ans de distance. Ne nous étonnons pas que le *style*, par certain glissement métonymique déjà inscrit dans son histoire, de l'outil qu'il désignait jadis à la façon circonstancielle de l'utiliser, en soit venu à caractériser l'artisan lui-même.

L'idée est si communément reçue qu'elle est sans doute devenue dans l'inconscient collectif la première définition de notre vocable : le style serait ce qui permet d'emblée de reconnaître le *grand* écrivain (qui a le sien) du médiocre (qui ne l'a pas) et de distinguer les *grands* écrivains les uns des autres.

À défaut d'être l'homme tout entier, le style en serait le sceau. Et l'homme (entendons l'homme dans ce qu'il a de plus singulier et de plus précieux, et non bien sûr l'*espèce humaine* qu'y entendait Buffon), plus fidèlement qu'à ses obsessions, ses idées, ou ses intrigues, s'identifierait à lui.

Si communément admis qu'il soit, notons que ce postulat identitaire n'est d'ailleurs pas aussi clair qu'il y paraît. D'abord parce que la notion d'*identité*, tout comme celle de *propriété*, est équivoque : elle peut désigner aussi bien l'originalité spécifique et l'équivalence fidèle. Sans doute est-elle toujours ce qui se reconnaît. À ceci près que *reconnaître* n'est pas moins ambigu : on ne reconnaît, au terme de l'absence, que ce qu'on a déjà connu, mais l'estafette qui *reconnaît* le terrain explore ce qu'elle a jusqu'alors ignoré par la grâce du même verbe.

Rien de plus normal. Une croyance à vocation œcuménique se doit d'être floue dans ses divers énoncés. Tant mieux si le postulat identitaire regroupe ainsi sous sa bannière flottante des présupposés indépendants les uns des autres, et permet au fidèle d'y *reconnaître* les siens.

Quelle que soit l'ambiguïté de ses attendus, et si contestables soient-ils (nous y reviendrons), le succès d'une idée reçue a toujours des causes analysables. Avant même de la combattre, il n'est sans doute pas inutile de s'y attarder.

Contrairement à vous, je ne crois pas *ridicule* d'émettre l'hypothèse que l'homme agit et pense conformément à son intérêt, ou à ce qu'il croit l'être. L'écrivain bénéficie bel et bien d'un prestige et d'un pouvoir. Est-il absurde de soupçonner qu'il éprouve le besoin de les préserver, fût-ce inconsciemment, en pérennisant par son silence les croyances qui les fondent ?

Si l'on admet que de telles croyances sont d'abord l'effet de tels besoins, on comprendra vite que le postulat identitaire n'a pas force de loi par hasard. En vérité, il partage avec toutes les convictions éminemment discutables et que peu se risquent à discuter, que chacun y trouve son content : le lecteur, le critique, l'éditeur et l'écrivain lui-même...

Pour le lecteur méfiant, qui doit s'aventurer sans repères dans la jungle de la production romanesque, il représente à l'évidence une ultime sauvegarde : la garantie de retrouver pour l'essentiel dans le livre nouveau ce qu'il avait aimé dans le précédent. Ou, à l'inverse, une raison suffisante pour évincer sans autre examen ce qu'il y avait d'abord détesté. Le postulat identitaire permet à chacun d'estampiller d'emblée les valeurs et les non-valeurs sûres. Rien, dans notre monde pressé, n'est moins négligeable que ce gain de temps et d'argent. Au demeurant, je ne saurais reconnaître ma propre identité que chez celui qui ne s'acharne pas à contester la sienne : il n'est de bons modèles que ceux qui ne bougent pas. Et comment ne saurais-je pas gré, en un temps où tout change, à celui qui affiche sa pérennité ? Ainsi, l'écrivain qui ne change pas de style, quand bien même son visage se défigurerait au fil des ans et que je lui reconnaîtrais le droit de changer d'opinions (au nom de cet autre postulat, mais applicable aux seules idées, que seuls les imbéciles y demeurent fidèles), m'offre-t-il cette évidence infiniment rassurante que quelque chose en l'homme échappe du moins à l'usure du temps, quelque chose comme – telle qu'en elle-même l'éternité la reconduit – une empreinte digitale de son âme...

Au critique hebdomadaire, lecteur aussi mais *en reconnaissance*, et que l'étendue des textes à parcourir voue à l'inspection furtive, le postulat identitaire s'impose avec d'autant moins de résistance qu'il permet seul, en tout état de cause, de juger au coup d'œil et sur échantillon. Car, ne l'oublions pas, le style est ce qui se reconnaît vite. Qu'évaluerais-je, sinon le style, sur quelques carottes de texte prélevées au hasard ? Ou encore : qu'en serait-il de mon statut de goûteur professionnel si le *grand* cru ne se révélait en une lichette de phrasé ? Et sur quel autre critère, si celui du style n'était incontestable, m'autoriserais-je en conscience à passer à la trappe les neuf auteurs sur dix que je n'ai pas le temps de lire jusqu'au bout avec toute l'attention requise ? Le métier serait invivable à l'honnête homme. Quid du lecteur en reconnaissance, là où seulement *reconnaître* n'aurait plus la moindre pertinence ?

Pour l'éditeur, lecteur a fortiori et critique de surcroît, en première instance qui plus est, mais intéressé à n'être pas le seul, et qui sait d'expérience qu'un nouvel auteur n'atteint que rarement son public avant le troisième volume, le postulat identitaire n'est rien moins qu'un corollaire de la loi du marché. Qu'ai-je à faire de qui s'emploierait, en reniant son identité, à décevoir et décourager à chaque livraison les rares chalands appâtés par la précédente ? Quelle mise engager, fût-ce à long terme, sur qui, s'efforçant de n'être pas reconnaissable, s'expose à n'être jamais *reconnu* ?

Quant à l'écrivain que je veux être, que vous voulez être, Jean-Marie, est-il besoin d'énumérer les avantages qu'il cumulera en adhérant à la religion commune de l'éditeur, du critique et du lecteur, et les inconvénients d'être athée ? Pourquoi, dès lors qu'ils me reconnaîtraient *un style*, irais-je chercher plus loin ce qu'ils m'affirment d'emblée acquis ? Pourquoi leur offrirais-je autre chose que cette *confirmation* qu'ils attendent : cette saga rhétorique où chacun se rassure de retrouver d'un roman l'autre, à défaut des mêmes personnages dans le même château, la danse des mêmes figures dans la maison du maître ? Outre que je n'aurai jamais à me poser d'autres problèmes d'écriture que semblables à ceux que j'ai déjà résolus, outre que je ne me sentirai plus jamais seul et qu'un lectorat *reconnaissant* garantira au moins pour partie ma subsistance, je me verrai gratifié du double prestige de l'authenticité et de la fidélité à moi-même !

Décidément, le postulat identitaire a encore de beaux jours devant lui. Si tant est que vous y soyez attaché, rassurez-vous : ce n'est pas encore demain qu'on acceptera de l'écrivain – le *grand* bien entendu – qu'il change de *manière* aussi librement qu'il sait à l'occasion tourner le reste de sa veste.

Et on lui demandera encore longtemps de tenir le style pour essentiel, puis de ne plus s'en soucier dès lors qu'il a trouvé le sien ; de renverser les tabous, pourvu qu'il respecte celui-là ; de n'appliquer aucune recette, sinon celle qu'il a inventée ; de n'imiter personne, mais de s'imiter lui-même ; de faire du neuf, et d'y renoncer dès le second tome ; de transgresser les habitudes, sauf les siennes ; d'avancer sans masque, en restant fidèle à une effigie ; d'être libre, et de s'enfermer ; d'être un empêcheur de tourner en rond depuis le cercle magique dont il n'aurait garde de sortir...

La cause est à peu près jugée d'avance. Et si je ne faisais une entière confiance à votre bonne foi, ce peu d'âme et de conscience qui interdit à l'honnête juré de ne croire que ce qu'il a *besoin* de croire, c'est à peine si j'oserais parler des attendus de l'instruction. Ces présupposés auxquels il faut bien adhérer de surcroît, si l'on veut que le postulat identitaire ne soit pas simplement une consensuelle opinion de confort...

Ils ne manquent pourtant pas d'intérêt.

Le premier d'entre eux serait que les figures ou le lexique privilégiés – les *manies* que contient l'idée de *manière* – qui, par leur fréquence, définiront le style du grand homme, à défaut d'être inscrits dans ses gènes (ce que les plus audacieux n'oseraient affirmer) n'en entretiennent pas moins avec son patrimoine génétique certain rapport de dépendance nécessaire que l'étude et la lecture lui auraient seulement permis d'élucider, et dont aucun raisonnement objectif ne saurait contrarier les exigences.

Un autre de ces présupposés serait qu'il est plus pertinent – sinon plus valeureux – d'être *soi*, c'est-à-dire d'accepter et d'assumer cette dépendance, que de la combattre – fût-ce pour d'excellentes raisons – et de n'être plus *soi*.

Un autre enfin serait que cette dépendance doit se figer à son tour dans l'*identité*, qu'elle ne saurait programmer aucune évolution ou mutation brutale qui interdiraient d'en *reconnaître* les effets permanents, depuis le premier essai où le *grand* écrivain, à travers sans doute, mais toujours par-delà les modèles, aurait *trouvé son style* pour ne plus le perdre, jusqu'au chef-d'œuvre testamentaire. Tout au plus lui accordera-t-on ce droit à l'imperceptible vieillissement qui affine les *grands* crus.

Sans doute, ce triple acte de foi en la prédestination, l'intemporalité de l'être et la fidélité à une Écriture, n'atteste-t-il pas à vos yeux une conception de l'art qui puisse être qualifiée de *religieuse.* Peut-être même me direz-vous qu'il s'agit foutre moins là d'une *théorie* que de banales évidences.

Nul en tout cas ne sera surpris qu'y adhérant, on ne se condamne à une vision du progrès – même personnel, et *surtout* personnel – pour le moins minimaliste. Et nul ne s'étonnera que vous proposiez cette métaphore *œnologique* de l'écriture qui fixe à l'écrivain pour tout projet, une fois son unique vin tiré, de vieillir au secret de son chai, hors les lumières nocives de la raison et les fièvres de la remise en cause, en caressant l'idéal de prendre de la bouteille en même temps que son œuvre…

Et pourtant ! Et pourtant…

C'est oublier un peu vite que l'*enseignement* des maîtres et des Maîtres ne se limite pas aux prescriptions et aux modèles…

Peut-être avez-vous noté que je n'avais pas lu Proust par *goût* personnel mais parce qu'un professeur me l'avait conseillé. Sans celui-ci, et sans tous ces professeurs inconnus de mes manuels, dont les articles élogieux me faisaient un devoir de connaître le Grand-Œuvre, nul doute qu'à l'instar de Gide je n'en aurais parcouru plus de dix pages. Trop lent, trop tortueux, trop chichiteux, trop éloigné de ma vie, trop peu *vivant.*

Je me suis d'abord beaucoup ennuyé. Je me suis beaucoup débattu dans ces phrases labyrinthiques dont on perd le fil à chaque instant. Et j'imagine que je ne suis pas le seul à m'être ainsi *contraint.*

À la longue, cependant, force m'était d'admettre une transformation étrange : ce qui d'abord m'avait paru pénible me devenait facile, ce qui m'avait semblé ennuyeux me devenait délectable, le contingent me devenait nécessaire, le superflu indispensable, l'incompréhensible clair, l'artificiel naturel, le mortifère vital. Le laid s'avérait beau. Le mauvais s'avérait bon.

Vers la même époque, le hasard d'une deuxième face de microsillon m'avait imposé l'écoute de *La Mer*, cette nébuleuse de sons inaudibles pour qui ne jurait que par la ligne claire de Schumann et de Chopin. Il me fallut bien dix auditions, dictées toujours par le devoir, pour que chacune de ces sonorités aléatoires me devienne elle aussi d'une impérieuse nécessité.

Je venais de rencontrer l'*exaltation.* Non pas cette exaltation commune et un peu bête qui consiste à retrouver dans un livre ce qui nous eût enflammés dans la vie. C'est-à-dire à nous y retrouver tels qu'en nous-mêmes. Mais l'exaltation au sens propre du mot, celle qui nous hisse en dépit de nous-mêmes à un point de vue si différent que les mêmes objets n'y ont plus le même aspect, ni le même son, ni le même sens. Et qui nous métamorphose en métamorphosant notre paysage.

En quelques magistrales leçons, à défaut de leçons magistrales, Proust, Debussy et la contrainte venaient de changer mes goûts et mes opinions. *Je* était devenu un autre. Et *je* deviendrait encore beaucoup d'autres, au hasard de nouveaux Proust, de nouveaux Debussy, de nouvelles lectures et de nouvelles écoutes contraintes.

On venait de m'*enseigner* par l'exemple que les plus *formidables* jouissances procèdent moins de ce qui nous conforte dans nos habitudes d'oreille, de vue et de pensée, que de ce qui les transgresse et nous oblige à leur dépassement. Et que *je* n'existait vraiment qu'à travers ces dépassements.

On venait de m'*enseigner* dans le même temps que si le déterminisme avait d'une quelconque façon programmé mes opinions et mes goûts dès ma naissance, et avec eux ma plus ou moins formidable intuition, il avait *aussi* programmé cette aptitude non moins formidable à les remettre en cause à l'occasion.

En d'autres termes : on venait de m'*enseigner* que l'intemporalité de mon être était du pipeau. Que je n'en *trouverais* jamais l'image satisfaisante et définitive au terme d'aucun apprentissage – sauf à *décider*, par opportunisme ou par lassitude, que l'apprentissage était fini et que je l'avais trouvée. Sauf à *décider* de ne plus retenir désormais que ce qui me conforterait dans cette image, à l'exclusion de tout ce qui risquerait de l'*exalter* encore.

Est-il besoin de préciser que les présupposés du postulat identitaire ne s'avèrent alors admissibles que pour ceux qui préfèrent ce repos *œnologique* à la poursuite de l'aventure ? Et que le style n'est l'homme que si ce dernier est décidément si fatigué de ses métamorphoses qu'il le veut bien…

Mais l'exaltation n'est pas non plus le dernier *enseignement* des Maîtres.

Passé le temps de fascination pure qui succède au si radical changement d'altitude, et dont mes deux cents pages proustiennes furent un malencontreux effet, le constat s'impose que le nouveau point de vue n'est pas exclusif de tous les autres.

Sans doute quelques-uns de mes enthousiasmes précédents eurent-ils à souffrir de la comparaison, et *La Chronique des Pasquier*, qui avait enchanté mes quinze ans, perdit-elle après la *Recherche* beaucoup de son charme. Car prendre goût à ce qui rebutait peut rendre fade ce qui nous semblait bon. Mais tout ce qui nous semblait bon ne devient pas pour autant fade.

Ni *Les Dix Petits Nègres*, ni *Gargantua*, ni *Les Hauts de Hurlevent*, qui à des titres divers avaient jalonné mon apprentissage, n'avaient cédé de leur pouvoir. Chopin après Debussy n'en continuait pas moins de me ravir. M'y replongeant, j'oubliais *La Mer* et *La Recherche*, comme un peu plus tard j'oublierais *Le Sacre* et *Le Procès* en me replongeant dans la *Recherche* et *La Mer*.

Mieux même : si *proustiens* qu'étaient devenus mes goûts, il m'eût paru illégitime, sinon insupportable, de rencontrer dans mes anciens modèles quelqu'une des chères phrases « au long col sinueux » que les enjeux de *La Recherche* rendaient exigibles. Tout comme paraîtraient absurdes les inventaires ludiques d'un géant bâfreur de fouaces ou une logique à la Poirot parmi les dentelles du Pré Catelan.

C'est que de telles incongruités échapperaient à la cohérence interne de l'œuvre, cette cohérence qui me rend nécessaire ce qui hors d'elle me semblerait gratuit, et progressivement *naturel* ce qui d'emblée m'exaspère. Cette cohérence qui est capable, en somme, de me hisser à des points de vue qui excèdent mes goûts a priori, mes opinions, mes habitudes et mes attentes.

Or si les œuvres citées avaient chacune sa cohérence, et avaient su tour à tour m'*exalter*, leurs données en revanche n'étaient pas les mêmes. Et les univers qui s'étaient construits en toute rigueur sur ces bases différentes, comme les espaces d'Euclide et de Riemann, ne pouvaient se confondre. Les problèmes à résoudre ne s'y posaient pas dans les mêmes termes. Et les solutions de langage qui me comblaient dans l'une étaient irrecevables dans l'autre.

On venait de m'enseigner qu'il n'est pas plus de beauté *en soi* qu'il n'est de vérité *en soi*, mais des beautés et des vérités relatives à leurs espaces. Et que j'étais libre de changer d'espace, car tous me restaient ouverts.

Je me rappelle un professeur de philosophie qui nous sidérait. Étudiait-il Platon ? nul ne doutait qu'il fût platonicien. Était-ce Spinoza ? il était spinoziste. Hegel ? hégélien. Marx ? marxiste... Comme nous ne pouvions admettre qu'il pût adhérer sans invivables contradictions à des systèmes si exclusifs, force nous était de conclure qu'il se faisait, par souci pédagogique, excellent comédien.

C'était ignorer que la pensée philosophique ne saurait atteindre, en toute rigueur, d'autres vérités que les conséquences de ses prémisses. Que toutes ces vérités sont recevables tant qu'on ne l'oublie pas. Mais qu'on peut aussi changer de prémisses.

De même, lisant ou relisant tour à tour *Gargantua*, *Le Procès*, *La Recherche*, je peux devenir ou redevenir Proust, Kafka ou Rabelais. Ou du moins en avoir l'illusion suffisante pour m'y abandonner sans comédie. Même si leurs prémisses sont différentes, même si leurs *systèmes* (car la cohérence *fait* système) sont exclusifs les uns des autres. Tout comme je peux, demain, adhérer à quelque nouveau Maître, même si son propre système induit un univers rébarbatif où mon *moi* du moment ne se reconnaît pas encore. *Pourvu qu'une suffisante cohérence interne en vienne à me rendre peu à peu nécessaire ce qui m'est de prime lecture intolérable, et beau ce qui ne l'était pas.*

Non seulement le *moi* intemporel n'existe pas. Non seulement *je* est capable dans la durée d'innombrables métamorphoses. Mais il l'est aussi en cet instant, dans l'espace de sa bibliothèque : il lui suffit de changer de livre.

Et ceci a des conséquences.

Si mon expérience de lecteur m'*enseigne* que *je* est à chaque seconde, potentiellement, des êtres divers, que *je* est susceptible d'entrer dans des espaces incompatibles et d'y assumer des sensibilités contradictoires, qu'il peut aimer le laconisme quand il lit Beckett et l'enflure quand il lit Lautréamont, les stéréotypes dans Jules Verne et leurs contraires dans Blanchot, les grands sentiments avec Brontë et leur dérision avec Jarry, le léché selon Gracq et le craché selon Céline, qu'il n'est pas classique *ou* romantique, impressionniste *ou* expressionniste, réaliste *ou* surréaliste par tempérament, mais tout cela à la fois par culture… comment pourrait-il s'enfermer, en tant qu'écrivain, de livre en livre, sur la base de prémisses intangibles, dans un système définitif, sécrétant l'un de ces styles aussi machinaux que prévisibles qui voudraient témoigner d'une sensibilité monolithe, classable et estampillée une fois pour toutes, sans avoir le sentiment de s'amputer du plus *vivant* de lui-même ?

Voyez comme le temps passe…

Nous voici déjà le 14 janvier. Les moutons sont toujours là, le manoir, le cimetière, le Mont Rochard, la bétonnière…

Mais les pierres anciennes jetées en tas – je parle des vôtres Jean-Marie – pourvu qu'on les gratte un peu, qu'on les dispose dans le bon sens et qu'on leur redonne assise, commencent à reconstruire quelque chose…

S'il fallait tirer les leçons provisoires de cette *besogne* (arrêtez-moi si je vais trop vite), nous dirions que l'écrivain ne rattrape jamais la vie après laquelle il court, qu'il ne lui est jamais trop tard pour apprendre, et que le style n'est l'homme que s'il aime sa prison.

À quoi j'ajouterai le rôle non négligeable – et plutôt libérateur quant à lui – des contraintes. Celles du langage d'abord, qui ont permis de transformer la vie d'un dandy souffreteux et quelques autres, tout aussi vaines, en objets d'art. Celles que nous impose tout enseignement, sans lesquelles ces objets d'art n'existeraient pour aucun lecteur. Et celles que doit accepter le lecteur de surcroît, s'il souhaite que l'objet d'art ne lui renvoie pas seulement son image mais l'exalte.

Et bien sûr, cette redoutable question laissée en suspens : comment l'écrivain peut-il changer ses prémisses ?

Comment peut-il modifier la programmation qui le mutile ?

Oh, je sais ! Elle doit paraître bien saugrenue, cette question, à l'artiste viticulteur jaloux de sauvegarder les secrets de fabrication trouvés dans son berceau, et préoccupé jusqu'à sa mort des seuls risques de la tourne ou de la madérisation. Les goûteurs du *Masque et la plume* et autres académies œnophiliques – qui se demandent si le Château Modiano 97 sera plus charpenté que le 96, lui-même moins bouqueté que le 95 encore que… et s'en fichent au demeurant pourvu que cela ressemble à du Château Modiano – ne doivent guère lui trouver plus de pertinence.

Elle peut même sembler *nocive* à tous ceux qui ont compris depuis longtemps que les tranquillités conjointes du lecteur, du critique, de l'éditeur et d'eux-mêmes exigeaient qu'on ne se la pose pas.

Mais peut-être reste-t-il encore quelques anxieux pathologiques pour se demander s'il est bien utile de procéder à un nouveau soutirage de leur moût. Des scrupuleux maladifs qui ne parviennent pas à se dissimuler le douloureux constat. Sans doute, à leurs yeux, leurs romans n'ont-ils jamais procédé d'aucune recette, d'aucune réflexion rationnelle préalable, d'aucune construction théorique ou autre système nocif qui leur eût préexisté, reste qu'ils n'en témoignent pas moins, ces romans, d'une thématique, d'un ton et d'un style on ne peut plus étiquetables, on *ne peut plus systématiques.*

À supposer qu'ils trouvent encore quelque intérêt personnel à explorer « plus profondément, plus intimement » cet univers reconnaissable et reconnu à travers cinq ou six romans supplémentaires du même tonneau, peut-être leurs scrupules leur font-ils soupçonner que cela désormais, comme vous le dites fort bien vous-même, ne concerne plus qu'eux. Ils ne sauraient ignorer, en tout cas, que si leurs futures cuvées sont derechef capables de conforter le lecteur fidèle dans des goûts et opinions auxquels ils l'ont habitué, de lui plaire sinon de lui complaire, elles seront bien incapables, en revanche, de l'*exalter.* Et pour cela même qu'ils ne s'en exalteront pas davantage.

Passer le reste de son âge à surveiller sa cave, fût-ce en l'approfondissant, est un idéal qui exclut quelque peu les vertiges de nouvelles altitudes.

Peut-être alors se diront-ils que cela *ne saurait suffire* et de loin, et s'interrogeront-ils. Ont-ils eu raison de se fier en priorité à cette intuition qu'ils ont voulu croire formidable ? Ne serait-ce pas celle-ci qui leur suggère indéfiniment le même type de réponses au même type de questions témoignant des mêmes hantises ?

Qu'ils soient prêts ou non à reconnaître, dès lors, que l'intuition n'est pas un effet sans causes, qu'ils refusent encore de baptiser *système* ce prodigieux enchaînement qui la programme et que nul certes n'a jamais explicité, peu importe au fond, s'ils ont enfin compris qu'ils n'ont aucun pouvoir de le changer et que, de ce fait, l'intuition les enferme. S'ils ont enfin compris, longtemps après Queneau, que « cette inspiration qui consiste à obéir aveuglément à toute impulsion est en réalité un esclavage ».

Quand on sait qu'on est en prison, on peut à la rigueur ignorer qu'on est la victime d'un *système*, on peut aussi se dispenser d'en analyser les implacables mécanismes, mais il n'est pas interdit de se demander s'il n'existerait pas *raisonnablement* quelque méthode (pour ne pas dire *système)* qui permettrait d'en sortir...

Pour l'heure nos prisonniers ignorent encore ce qu'ils cherchent, tout comme Klee. Ils savent seulement ce qu'ils veulent fuir. Et si ce qu'ils ont *fait* jusqu'à présent les voue à retrouver ce qu'ils veulent fuir, c'est sans doute qu'il leur faut faire autrement pour trouver autre chose... Mais sur quelles bases *faire autrement* ?

Ils ignorent également si ce que cache le mur sera *mieux* que ce à quoi il les condamne. Ils éprouvent seulement le désir de changer d'espace, comme les maîtres et les Maîtres leur ont *enseigné* qu'ils en étaient capables. Mais comment faire tout seuls, sans les Maîtres ?

Comment se faire le propre agent de son *exaltation* ?

La vie étant le lapin qui les a guidés jusqu'ici, l'intuition étant ce qui les y a enfermés, les maîtres n'étant plus d'aucun secours, les Maîtres devenant rares et ne devant pas être imités, que leur reste-t-il dans leur bastille, sur quoi donc pourraient-ils compter de connu, à défaut d'opium, pour plonger une fois encore dans l'inconnu et risquer d'y trouver du nouveau ?

Il y aurait bien la contrainte...

S'ils ne sont pas des ingrats, ils se souviennent qu'elle n'a pas été étrangère, jadis, à l'ouverture de leurs horizons. Jusqu'à ce jour où l'intuition a occupé la place, les a convaincus sans trop de peine que l'écriture ne saurait être une *besogne*, et les a persuadés qu'ils avaient enfin trouvé *leur* style, *leur* univers, cependant que le chœur intéressé des éditeurs, des critiques et des lecteurs, les pressait d'y demeurer fidèles. Ce jour, si leur mémoire est bonne, où certains d'entre eux ont accepté d'occulter de leurs lectures tout ce qui ne les conforterait pas dans cette identité, acquise dans la contrainte mais scellée par l'intuition, et qui désormais les emprisonne.

Alors, si tant est qu'ils veulent aujourd'hui en sortir, pourquoi pas la contrainte ? Pourquoi ne tenteraient-ils pas d'opposer à nouveau les gênes aux gènes ?

Nous voici donc au pied du mur. Il y en eut déjà beaucoup, des murs, dans cette histoire, et vous devez vous dire que l'aventure annoncée ressemble à un parcours d'obstacles. Elle l'est sans doute. Mais s'il s'avère besogneux de les escalader, il suffit souvent de retourner la tête pour s'apercevoir que le nouveau point de vue en vaut la peine.

De cette altitude encore modeste, l'écrivain a certes pris un peu de recul sur ce qu'il est convenu d'appeler la vie, mais il a appris qu'il ne fut jamais si près d'elle qu'il le croyait et qu'elle ne manque, vue de plus loin, ni de drôlerie, ni de mystère, ni d'affriolantes tragédies. Il comprend aussi que le pré qu'il en voyait à hauteur de mouton s'inscrit dans un réseau complexe de voies, de haies et de clôtures, qui ont probablement toutes leurs raisons d'être et en déterminent les étroites limites. Et qu'il n'est de ces données rationnelles plus nocives que celles dont il ignorait qu'elles programment, depuis longtemps, le choix de son herbage et jusqu'à sa façon de brouter.

Le nouveau mur qu'il convient de franchir pour se libérer un peu plus suppose ce que René Daumal eût appelé une leçon d'alpinisme. Elle concerne cette stratégie des contraintes, initiée depuis belle lurette par l'Oulipo, et dont l'exposé, aujourd'hui, m'obligerait à abuser de votre patience. Aussi m'en tiendrai-je à quelques considérations générales qui dissiperont, j'espère, certaines de vos préventions.

Il me faut d'abord rappeler qu'il s'agit d'une méthode de *recherche*. Ce qui distingue la recherche, Jean-Marie, d'une séance de travaux pratiques où, sauf erreur de manipulation, l'enjeu de l'expérience est connu à l'avance, c'est précisément qu'elle ignore ce qu'elle est destinée à trouver. Si vous n'y voyez pas d'inconvénient, je réserverai plutôt l'appellation de *travaux pratiques* à des opérations qui consisteraient, par exemple, à refaire de façon « plus ou moins réussie » ce qu'ont déjà fait les Maîtres, en prenant la vie pour modèle et en appliquant les mille et un préceptes destinés à la restituer *vivante* sur du papier...

La méthode dont il s'agit a justement pour objet de permettre à l'écrivain d'affronter les problèmes d'écriture autrement qu'en termes de restitution. De se donner le choix de ces nouveaux problèmes. Et de les poser de façon telle qu'ils appellent nécessairement d'autres solutions que celles déjà trouvées par lui-même et par ses confrères, ou leurs moutures.

Est-il besoin (mais oui, il est toujours besoin...) de préciser qu'une méthode de recherche n'est pas en soi une recette... Elle ne saurait fournir à l'avance les solutions de problèmes d'écriture qui, par hypothèse, ne se sont encore posés à personne, et dont nul ne peut même prévoir s'ils ont des solutions dans le langage.

Si d'aventure, en revanche, elle permet de déboucher sur de *nouvelles* recettes, et savoureuses – dont les formules pourront être données sans fausse pudeur à qui les demanderait –, ce n'est certes pas pour que le demandeur les reprenne à son compte et refasse ce qui a été fait. Mais pour qu'il sache, au contraire, qu'il lui est méthodiquement possible de découvrir lui-même de tout autres recettes savoureuses, et cela sans risquer d'appliquer inconsciemment celles qui seraient déjà exploitées.

Reste que notre auteur, ainsi mis en situation de résoudre des problèmes inopinés, ne dispose quant à lui d'aucune recette pour les résoudre. Sans doute la stratégie mise en place l'aura-t-elle doté de procédures, de garde-fous et de moyens de contrôle, tels qu'en fournit à tout chercheur, pour mémoire, la méthode expérimentale. Mais c'est à lui, à chaque instant, et réduit à ses seules ressources, d'imaginer les meilleures hypothèses et d'en déduire les meilleurs choix.

Comme dans toute recherche, force au bout du compte sera de reconnaître ceux qui trouvent des solutions aux problèmes qu'ils se sont posés. Ceux qui font mieux même qu'en trouver, et dont les solutions s'ouvrent sur de nouvelles problématiques. Ceux qui se satisfont de solutions approximatives. Ceux enfin qui, ne trouvant aucune solution, seront passés à autre chose...

Et je vais vous faire le plaisir de votre vie. C'est l'*intuition* qui fait la différence.

L'intuition et avec elle cet immaîtrisable enchaînement de causes qui l'ont programmée, et font de chacun d'entre nous un être assurément unique, à défaut d'être condamné à l'identité...

Car mon propos n'a jamais été de récuser l'intuition, ce qui serait absurde. Ni surtout de prétendre balayer par le moyen d'une théorie le déterminisme dont je procède, ce qui serait idiot. Mais de les appréhender l'une et l'autre comme le physicien appréhende l'arc-en-ciel : avec le souci de se rendre *un peu plus* maîtrisable un mystère qu'il ne dissipera jamais. Et de se sentir d'autant plus libre vis-à-vis de lui.

Mon propos est de *contraindre* l'intuition à s'exercer *un peu plus* loin, là où elle ne risque plus de me suggérer des réponses toutes faites, ni d'ordre théorique ni d'ordre créatif, et qui seraient toujours les mêmes.

Il est aussi de permettre à l'écrivain d'écrire moins sur la base de ses prémices, qu'il ne saurait remettre en cause, que de *prémisses*, qu'il sera libre de changer.

Pour ce faire, la stratégie des contraintes lui suggère de placer un obstacle, le plus arbitraire possible, sur sa trajectoire prévisible. Une prémisse de langage, en somme, dont il devra tirer en toute rigueur, dans ce souci de cohérence interne seul susceptible de rendre nécessaires au lecteur aventureux les bizarreries d'un espace inconnu, toutes les conséquences romanesques.

Ainsi ont fait, il n'y a pas si longtemps, des Riemann ou des Lobatchevski, en se proposant des axiomes que seules autorisaient les conventions du langage mathématique et qui ne visaient plus à restituer ce que nos yeux voyaient du monde. Leurs espaces tout spéculatifs n'en ont pas moins rendu un peu plus lisible l'espace de notre vie.

L'obstacle, à lui seul, n'annihile certes pas le viatique dont le destin a personnellement doté l'écrivain : c'est lui, *et tel qu'il est déterminé*, qui devra résoudre les problèmes d'écriture posés par l'obstacle. De tels problèmes ont rarement une solution unique et il n'est pas deux écrivains qui les résoudront de la même façon.

Le *moi* peut être rassuré.

Reste que sa trajectoire aura été infléchie, ne serait-ce que le temps d'un livre.

Mais surtout, si du moins la perspective de l'exaltation chasse en lui l'appréhension de la besogne, il sait désormais qu'il lui est possible d'infléchir cette trajectoire *aussi souvent qu'il le voudra.*

Il lui suffira de s'imposer un obstacle différent, une nouvelle hypothèse de langage, et d'en induire le nouvel espace romanesque avec une égale rigueur, pour être sûr d'écrire un livre qui ne sera le clone du précédent ni par ses contenus, ni par sa construction, ni par son style, et qui sera pourtant de lui.

Ce n'est pas la Liberté, qui est un lapin aussi fuyant que la vie. Mais c'est l'opportunité de libérations successives, ce qui n'est déjà pas si mal. La stratégie des contraintes ne me délivrera pas de mes chaînes. Mais en m'offrant de les multiplier à l'infini, elle me permet au moins de zapper de l'une à l'autre...

Voilà ce qu'à peu près, Jean-Marie, vous auraient enseigné *La Vie mode d'emploi* et quelques autres livres, si l'amour ne vous avait rendu aveugle.

Certains ne s'y trompèrent pas, et Marcel Benabou écrivait, peu après la mort de Perec : « Tous ces interdits auxquels on se soumet apparaissent dans leur véritable sens [...]. Ce ne sont pas seulement des virtualités de langage que révèle la contrainte, ce sont aussi les virtualités de celui qui accepte de se soumettre à la contrainte ».

Mais l'aveuglement fut par ailleurs assez général, si cela peut vous consoler. À commencer par le mien, lorsque la perecomania qui suivit la disparition de l'auteur me fit croire un instant que la cause était entendue, que nous parlerions un peu moins des cavistes aux crus vieillissants, et un peu plus des ouvreurs d'espaces… C'est que je ne m'interrogeais pas assez, vous avez bien raison, sur ce *nous* que j'employais avec tant d'optimisme. Et surtout je n'entendais pas.

Car l'une des forces de cette écriture multiple, lorsque tant d'autres s'adressent à une chapelle unique de fidèles attentifs à la pérennité de la *grâce*, c'est qu'elle peut convoquer par sa diversité même de multiples publics. Au risque, et c'est sa faiblesse, que chacun n'en retienne que ce qui le conforte dans *son* attente et se batte l'œil, *littéralement*, de ce qui risquerait de l'exalter.

Il m'aurait fallu mieux écouter tel cacique du Goncourt sociologue dilettante (était-ce Nourissier ? Sabatier ?) soutenir que *Les Choses*, « comme souvent les premiers livres », était à coup sûr l'œuvre maîtresse. Tel contemporain de commune mémoire ne jurer que par *Je me souviens*. Tel autre trouver, dans *W ou le souvenir d'enfance*, la preuve que le *grand* écrivain ne parle jamais que de sa vie. Et prêter une attention moins distraite à certains diamants d'éloquence, comme cette notice de manuel scolaire que j'ai sous les yeux : « PEREC Georges (1936-1982) : écrivain réaliste, qui s'est surtout intéressé aux problèmes de société des grandes villes. »

De la singulière capacité de l'œuvre à se remettre en cause, il était clair que la belle unanimité se souciait peu. Pas plus qu'elle ne s'affolait de ce *progrès* qui l'avait fait passer du simple protocole d'écriture aux vertigineux édifices de contraintes. Quant au pouvoir d'*exaltation* propre de ces contraintes, dont chaque découverte bousculait la lecture précédente du texte, y réveillait de nouveaux réseaux de significations, investissait d'une nécessité accrue ce qui pouvait encore en paraître contingent ou anecdotique, en rendait exigibles les ultimes scories, conférait insensiblement à une prose de six cents pages cette *cohérence interne* qui nous fait dire parfois, de quelques rares poèmes, *qu'on ne saurait en changer un mot…* comment avais-je pu penser un seul instant que les moutons en feraient leur luzerne ?

Mieux valait pour la paix des familles que le bien-enterré n'eût écrit qu'un *grand* livre parmi tant d'autres et dont, loin de s'y dépasser, loin de s'y *exalter*, chacun pût dire *pour son bonheur* narcissique : « C'est *magnifique* : je me reconnais dans l'image que vous me renvoyez ».

Quant à tout ce qui n'est pas elle, si cela a pu l'aider, *lui*...

21 janvier.

Et tant mieux si le temps passe. Il en faudra encore beaucoup pour programmer quelques agneaux à distinguer – on peut rêver – le vif du leurre.

Du côté de Bourgon, un lapin vient de traverser le champ. Le manoir attend toujours sa renaissance, et le cimetière vos préjugés. Quant à notre mur, qui est moins un mur pour se retrancher que pour le bonheur de construire, il risque d'excéder la dimension franchissable. Je me dois de ranger ma bétonnière.

Je me souviens (sans doute entraîné par Perec) d'un couple de magiciens qui se produisaient à l'émission *36 chandelles* de Jean Nohain. Ils s'appelaient je crois Mir et Miroska, et terminaient toujours leur numéro de transmission de pensée par cette formule que je vous transmets : s'il n'y a pas de truc, c'est formidable, mais s'il y en a un, avouez que c'est encore plus formidable !

Peut-être voulaient-ils dire que le « truc » suppose l'intervention de l'homme, cependant que l'absence de « truc » le disqualifie. Et si le truc, c'était l'homme ? Et si dire le truc, c'était avouer l'homme ? Et si changer de truc, c'était renoncer au vieil homme ?...

Voici mes vœux les plus chers, Jean-Marie.

Je ne souhaite pas que l'année à venir vous apporte tout ce que vous en attendez. Je souhaite qu'elle vous apporte ce que vous n'en attendez surtout pas, ce que vous n'imagineriez pas même en attendre, et qu'il vous semblera pourtant avoir toujours désiré.

De tout cœur,

Jean

★

16

Tours, le 17 février 1997

Ai-je rêvé, ou aviez-vous promis de ne plus m'adresser que des lettres de moins de trente pages ? J'ai dû rêver, cela m'arrive assez souvent. En tout cas, le rappel aux dures réalités de la théorie, ou à la dure théorie de la réalité, est assez rugueux. Vous n'écrivez pas avec un ordinateur, mais avec un B 52 – chargé d'explosifs non conventionnels, bien sûr. C'est curieux, j'ai souvent l'impression que vous vous adressez à moi comme à un petit garçon. Moi qui croyais être peu ou prou de la même génération que vous... Déformation pédagogique, sans doute. Ou peut-être est-ce l'air des grandes cimes qui vous donne tant d'enthousiasme démonstratif ? Je connais ça. Mon frère aîné était un fameux grimpeur, les chênes les plus majestueux ne l'impressionnaient pas. Il m'appelait, juché sur une branchiole à quarante mètres du sol, il était gros à peu près comme un merle immature, et me faisait signe de le rejoindre. C'est qu'il en voyait, des choses, de là-haut. Des choses que je ne pouvais pas imaginer. Et il m'exhortait à vaincre, pour une fois, ma mollesse et ma poltronnerie. Moi, je mangeais des glands, assis au pied du chêne. Ou je regardais les fourmis qui s'agitaient entre mes pieds ; sans en tirer le moindre enseignement, inutile de le préciser. Je regardais les fourmis, point. C'est que la vie ne m'a jamais rien appris, à moi. Je suis une sorte de friche ambulante, voyez-vous, un trou sans fond, une chambre noire, un quark de dimensions modestes, assez peu visible à l'œil nu.

Une taupe qui ne se pose pas de questions sur le remembrement.

Ou pas assez. Ou pas les bonnes.

Mais tout de même, tout de même...

Il faut bien que je résiste un peu... Dois-je laisser bousiller mes galeries par le premier oulipien venu, avec ses grosses pompes analytiques ? Quelques étais, donc, posés dans le désordre, avant de retourner à mes humbles excavations.

Connaissez-vous l'un des sens premiers du mot *recette*, cher favori des pics ? C'est « l'endroit où l'on se retire, où l'on se met à l'abri ».

Je vous laisse savourer ce petit délice étymologique.

De nous deux, suis-je vraiment celui qui cherche le plus à se protéger ou à se défendre ? Peut-être bien, remarquez. Mais avec vos jets d'encre prolifiques, vous me faites penser à une seiche de ma connaissance, qui avait trouvé une bonne recette. (Elle a mal fini, je dois vous le dire.)

Quelques étais. Je parcours vos pages dans le désordre... Mais où ai-je fourré ma réserve de bois sec ? Pardonnez ma myopie, un instant... Incroyable, tout de même, dès que je tourne le dos, on me barbote mes concepts ! Jusqu'où faudra-t-il que je creuse, pour avoir la paix ? j'aurais bien des choses à répondre... Mais non, rien à faire. Je crois que je vais renoncer à lutter sur le terrain que vous avez choisi. C'est que je ne sais pas par quel bout la prendre, votre lettre, mon cher Jean, elle en a tellement !

Je sais bien que, concernant *La Vie mode d'emploi*, par exemple, mes arguments étaient très faibles. Le lob un peu mou a autorisé votre smash percutant : Nathanaël amoureux de l'automate, me voilà habillé pour l'hiver. Vous avez en partie raison, d'ailleurs. Mais pour vous répondre, il me faudrait une énergie que je ne trouve plus. Le flot de votre rhétorique m'accable, je vous le dis tout net. Il y a, dans votre rationalité, quelque chose de faussé, de vicieux. Un exemple parmi d'autres, pour en finir avec les recettes : le paragraphe qui semble jouer un rôle de charnière dans votre démonstration, en haut de la page 75 : « *La pensée et le portefeuille peuvent-ils reconnaître une valeur inestimable au* Jardin d'Auvers *peint par Van Gogh, cependant qu'ils n'en accorderaient aucune au même tableau, témoignant de la même matière, de la même touche, du même travail, du même charme intrinsèque, de la même part d'invention propre, s'il était l'œuvre d'un inconnu ? Et pour cette simple raison que celui-ci aurait appliqué une recette déjà exploi-*

tée »... Vos raisonnements, qui abondent en remarques pertinentes, en observations pénétrantes, s'articulent ainsi sur des segments parfaitement ineptes, que vous énoncez avec l'impassibilité de qui dicte un axiome. Je me retrouve ainsi ligoté dans une pensée fermée, sans *jeu*, constituée de principes avec lesquels je ne suis pas toujours en désaccord, loin de là, mais dans le fonctionnement de laquelle je ne peux pas me reconnaître.

J'ai souligné dans votre lettre, en la lisant, un certain nombre de passages, mais dans le fond je n'ai aucun désir de faire la revue de détail. Le résultat de votre long cheminement, finalement, est assez déroutant de simplicité : ce qui différencie les écrivains de cave des écrivains de grands sommets, si je comprends bien, c'est que les uns (Perec, vous) sont conscients des systèmes qu'ils mettent en place, et que les autres ne le sont pas... Les uns pensent que leur intuition les libère, alors qu'elle les asservit ; les autres utilisent leur intuition pour mieux maîtriser la stratégie des contraintes qu'ils ont eux-mêmes mise en place. Étant entendu que dans les deux catégories, on peut trouver des génies et de modestes artisans. Eh bien je trouve la différence infime. C'est vous qui vous évertuez à y voir un abîme, en caricaturant l'attitude des uns, et en sublimant l'honnêteté et la lucidité visionnaire des autres. La recherche des uns et des autres est fondamentalement identique.

Reprocher à un Modiano d'écrire toujours le même livre, d'appliquer toujours les mêmes recettes (inconsciemment, bien sûr), est un mauvais procès. C'est lui reprocher, tout simplement, *d'être ce qu'il est* (un poncif, je sais, vous m'avez démontré que le style n'est pas l'homme, mais je vous ai lâché en cours de route). Perec aussi écrivait toujours le même livre, sa recette étant d'appliquer à chaque fois une combinaison de recettes différentes. (Je reprends à dessein, mais avec une répugnance inentamée, le terme qui est au cœur de notre désaccord). L'objectif essentiel de Modiano et de Perec est de même nature.

Ce sont toujours des reproches d'ordre moral que vous adressez à ceux qui n'ont ni la même conception ni la même pratique de la littérature que vous. Ils sont, en gros, paresseux et peureux, soucieux de leurs prérogatives, inconscients de la dette qu'ils ont contractée envers leurs grands aînés, aveuglés par les prestiges d'une prétendue inspiration qui n'est que la voix lénifiante de l'ordre social... Ces a priori, ces préjugés (qui valent bien les miens) disqualifient votre démonstration.

Je veux en venir à ceci : le problème de fond, c'est qu'il n'y a rien à démontrer. On démontre en faisant. Et les arguments réfutant vos thèses s'appellent *Le Voyage au bout de la nuit*, *Molloy*, *Le Procès*, *Belle du Seigneur*, *Lolita*... Des livres sans contraintes – du moins au sens où vous l'entendez, c'est-à-dire sans combinaisons complexes de règles ignorées du lecteur, sans intrusion des mathématiques dans la construction narrative, etc. – et pourtant des livres libres, et pourtant de grands livres.

Vous voulez me convaincre et c'est ce désir, justement, qui est absurde. Vous feignez de croire que la littérature peut et doit être entièrement soumise aux lois conjuguées de la réflexion et de la volonté, et que toute autre démarche procède de l'aveuglement volontaire, de la lâcheté intellectuelle, de la soumission aux habitudes et aux préjugés. Je suis convaincu que vous vous trompez. Cette conception, que vous pensez partager avec les grands « ouvreurs d'espaces » (lesquels, au fait, hormis Perec, Calvino ou Queneau ? Et si grands soient-ils, considérez-vous réellement ces trois écrivains comme les plus grands ouvreurs d'espaces de notre siècle ?), ne vous libère pas, contrairement à ce qu'affirme saint Benabou (« *Ce ne sont pas seulement des virtualités de langage que révèle la contrainte, ce sont aussi les virtualités de celui qui accepte de se soumettre à la contrainte* ». Words, words, words...), elle vous confine dans une expérimentation ésotérique, et vous condamne à la stérilité.

Un passage de votre lettre est fascinant : il commence au deuxième paragraphe de la page 64 (« Revenir à nos moutons signifierait... ») et se termine à la page 66. Vous prétendez y pourfendre mon affirmation ingénue et on ne peut plus commune, selon laquelle « l'écriture c'est la vie ». Or le résultat de votre démonstration sarcastique est exactement contraire au but que vous recherchez. Car on trouve en germe, dans ces lignes, tout ce qui fait le prix de la littérature. *Vous y parlez de vous*, vous rendez, oui, habitable pour votre hôte une maison de mots... Cette formule est juste, elle est belle (et ce qui la suit est parfaitement idiot : « cela s'apprend »... Mais encore une fois je renonce à débattre...), et elle définit bien le rôle et le pouvoir (j'allais dire la grandeur, pardon) de la littérature. Entre nous soit dit, votre grand-mère faisait peut-être bien les crêpes, mais vous ne devriez pas l'appeler à la rescousse pour vous fournir des théorèmes : « ce qu'on aime et ce qu'on souffre, il n'y a pas de mots pour le dire... » Voilà qui ouvre des espaces, en effet... Mettons donc à l'encan, dans cette foire aux vanités, la Bible et *Don Quichotte*, *L'Odyssée* et *Gargantua*, *La Recherche* et *Crime et châtiment.* Au rebut, les mots creux, les mots pour rien, les mots à côté ! Puisque notre vérité est indicible... Bref... Pour revenir au passage dont je parlais, il me laisse pensif, et nostalgique des livres que vous pourriez écrire si vous ne vous entêtiez pas à vous enfermer dans vos savants châteaux de cartes. Tout est là : singularité du ton, « profondeur de champ », ironie, présence immédiate des paysages, des objets et des gens... Comme je regrette de ne pouvoir les lire, ces « vingt pages », ces « quarante pages », ces « cent soixante pages » sur votre chien, votre mur ou votre voisin, dont vous me menacez ! Oh, je vous entends d'ici ricaner : je veux vous ramener, vous, le loup sans collier, vers la familière pâtée, vers la littérature à la niche, vers ces schémas si profondément enracinés en moi, inconsciemment et docilement appris, qui me rassurent ! Ne voudrais-je pas vous faire écrire un roman *comme les autres* ? Avec intrigues, rebondissements et descriptions à la papa (là où « un modeste polaroïd ferait bien mieux l'affaire »... Non, je rêve...), tous ces colifichets dont le menu peuple des écrivains et des lecteurs aime à s'égayer pour oublier la mort qui vient...

Il faut avoir du génie pour faire *aimer* au lecteur un automate... Faute de quoi, vous ne lui proposerez qu'une mécanique habile et inhabitable. Lequel de nous d'eux s'aveugle,

Jean ? Lequel de nous deux cherche refuge dans des constructions élégantes mais *sans risque* ? Lequel de nous deux s'aveugle à force de trop d'intelligence, de trop de désir de comprendre, et de trop peu de désir de dire et de se dire ?

Je vous laisse sur cette interrogation. En vous souhaitant à mon tour, et sincèrement, une année de bonheur d'écrire. Et en espérant voir bientôt les moutons de Montourtier, ou leurs cousins, batifoler *en toute liberté* dans les pages d'un de vos romans.

Bien amicalement,

Jean-Marie

P.S. Votre dernier coup de fil me confirme que, dans le fond, nous n'avons pas que des désaccords ![*]

★

17

Montourtier, le 22 février 1997

Cher taupinidé,

Non, bien sûr, nous n'avons pas que des désaccords. Et tout laisse à penser que nous aurons dans l'avenir proche à en témoigner. Si j'ai daté cette lettre du 22 février, alors que je la commence le 23, et que vous la lirez d'autant plus tard que j'aurai pris le temps de la faire plus brève, c'est que – je le sais – nous y marchions ensemble. À Paris ? à Tours ? peu importe où, si d'intelligence et de cœur.

Je savais déjà que vous aimiez les mots et que vous aviez assez d'humour pour supporter le mien. Je ne vous aurais d'ailleurs pas invité, si j'en avais douté, à poursuivre cette correspondance. En acceptant de la publier, vous m'avez prouvé

* La communication dont il est question concernait l'acceptation, par J.-M. Laclavetine, de publier cette correspondance et la pétition des écrivains contre la loi Debré sur l'immigration.

de surcroît que vous aviez le courage d'assumer vos jugements. Ce qui est rare.

Il m'est précieux que nous fassions aujourd'hui cause commune contre une opinion qu'on nous dit générale et qui pense endiguer la misère du monde par des barrages de mépris. Il m'est précieux de savoir qu'il en ira de même lorsque les démagogues, çà et là, menaceront d'un non moindre mépris notre culture.

Mais de quelle autorité pourront se prévaloir les *intellectuels* – puisque tels nous voici désignés – si leur opinion – *et de leur propre aveu* – ne procède d'aucune réflexion plus conséquente et mieux fondée que le commun de leurs semblables ? Et que répondront-ils quand le démagogue leur opposera, ce dont il ne se prive déjà pas, une opinion générale *qui vaut bien la leur* ?

Qu'en sera-t-il surtout, lorsque l'intellectuel, d'inconséquences en démissions, ne pensera plus que ce que l'opinion générale voudra qu'il pense ?

Ce n'est pas vous que je pilonne à travers vos si fragiles galeries, vous vous en doutez bien, mais l'idée même que nous puissions fonder la défense d'une culture digne de ce nom sur cette ligne Maginot en terre rebattue qui s'effrite de partout et que vous rafistolez sans y croire.

Vous reprochez à mes lettres d'être longues. Elles le sont en effet. C'est que rien n'est plus difficile à combattre que l'évidence d'autrui. Il lui suffit de s'énoncer pour se croire irréfutable, cependant que sa contestation exige le repli ordonné – via d'abstraits et scrupuleux détours – jusqu'à de très reculés et très problématiques axiomes communs.

Le démagogue ne l'ignore pas lorsqu'il assène sans état d'âme que l'inégalité des races est une évidence pour quiconque sait distinguer le blanc du noir et la vitalité occidentale du marasme africain. Quelle réfutation craindrait-il ? Que pourrait lui répondre en quelques mots qui font mouche l'honnête historien, l'honnête généticien convoqué sur un plateau médiatique ? À défaut d'une réflexion argumentée, qui ferait de l'auditeur un petit garçon et du magister un cuistre fieffé, outrepassant qui plus est son temps de parole, que pourra-t-il opposer à l'opinion du démagogue sinon son opinion contraire ? Laquelle aura d'autant moins l'éclat de l'évidence qu'elle s'affichera relative, comme toute honnête conclusion.

Par goût du concis, la télévision nous a ainsi programmés à préférer l'opinion à la démonstration – dont monsieur Jourdain redoute le brouillamini. Cependant que la vertu libérale nous convie à respecter toutes les opinions, y compris les plus simplistes, pourvu que chacun puisse y choisir d'emblée celles où il *se reconnaît*... Quant à la pensée, quant à l'idée même qu'une réflexion cohérente – mais lente, mais douloureuse – puisse raisonnablement prétendre faire changer d'opinion, elle relève ici de ce que monsieur Debré rêve paraît-il d'ajouter à la liste des délits, dans quelque loi nouvelle qui recueillerait paraît-il vos suffrages : le harcèlement intellectuel.

L'oralité, de toutes façons, ne s'y prête guère.

J'ai gardé le souvenir d'un *Apostrophes* où Jean Dutourd se trouvait confronté à Perec et Robbe-Grillet. Vous savez comme je suis vicieux : je jubilais par avance d'une probable mise à mal de la vacuité par l'intelligence. J'avais tort. La baudruche, à qui on ne saurait nier sa formidable intuition de la stratégie audiovisuelle, déclara ex abrupto que son dernier ouvrage lui avait été dicté par Dieu. Que répondre à l'autorité suprême ? que Dieu a décidément tout raté ? Pris de court, mes rationalistes jugèrent prudent de se taire. Peur sans doute que des ligues intégristes leur fassent procès de badiner avec la Création. Tout comme demeura coi le dessinateur Cabu, lorsque le même Dutourd lui eut lancé ce péremptoire « Ayez du talent ! », autre figure consacrée de l'indiscutable, mouture laïque de cette preuve par Dieu qui rend d'entrée de jeu inaudibles les raisons les mieux argumentées du monde.

Le petit écran s'avérant un cadre peu propice au cheminement de l'intellectuel, il lui restait l'écrit. Là au moins, se disait-il tant l'excès d'intelligence aveugle, la pensée conséquente reprendrait ses droits sur la salve d'opinions. Le cohérent sur l'emporte-pièce. L'écoute patiente sur la loi du plus sourd. Le sens critique sur la stratégie du plus-c'est-gros-mieux-ça-passe.

Le temps, le temps, le temps de la réflexion sur la promptitude à dégainer.

C'est en effet le terrain que j'avais choisi. Pardon.

Mais quel autre ?

Certes, il y aurait la solution expéditive de renoncer définitivement à toute pensée conséquente. L'intellectuel prolongerait alors dans l'écrit ce ballet d'opinions qui fait le charme de la société du spectacle. Simplement, il prendrait le soin d'opinions mieux troussées. Il dialoguerait sur la seule base de cette pensée aphoristique qui n'a que l'inconvénient d'interdire tout dialogue.

Cette pensée qui se réfute d'autant plus difficilement qu'elle récuse a priori toute démonstration (« il n'y a rien à démontrer »), qui se soucie d'autant moins de ses contradictions qu'elle s'inscrit par hypothèse hors du rationnel (« il y a dans votre rationalité quelque chose de faussé »), qui passe d'autant plus vite sur la légitimité de ses pratiques que celles-ci se justifient d'elles-mêmes (« on démontre en faisant »), et qui néglige d'expliciter ses oukases (c'est « vicieux », « inepte », « parfaitement idiot ») pour cause de lassitude…

Si l'on savait comment fonctionne un intellectuel, on se targuerait d'intellectualisme jusqu'à Vitrolles. Et nul doute que madame le Maire, à supposer qu'elle eût le sens de l'humour noir, s'empresserait d'inscrire en lettres d'or, en guise de *soyez bref* sur le bureau de l'adjoint délégué aux affaires culturelles, cette formule signée *Jean-Marie* :

« *Vous voulez me convaincre, et c'est ce désir, justement, qui est absurde.* »

Les pompes oulipiennes ne pouvant rivaliser avec les pompes cloutées, je m'incline. Je me résous à cette pensée fragmentaire où chacun se préoccupe *de dire et de se dire* plutôt que de convaincre. Je laisserai du jeu dans ma non-démonstration, et ménagerai des vides où chacun pourra *se reconnaître* entre deux opinions d'ascendance inconnue.

À votre tour, vous pourrez librement dire et vous dire dans vos réponses sans craindre désormais que j'aie *trop de désir de comprendre*. Promis, je ne m'aveuglerai plus. Je me contenterai d'être sourd.

Nous réfléchirons l'un et l'autre *dans notre solitude, sur notre solitude*.

Si j'ai regroupé mes maximes en les chapeautant d'un titre, ce n'est pas par souci pédagogique ou pour vous imposer mon ordre, mais pour vous permettre une lecture sélective. Pardonnez-moi s'il y subsiste un peu de cohérence, mais vous ne sauriez me reprocher d'*être ce que je suis*.

Quant aux questions conclusives, il va de soi qu'elles ne s'adressent qu'à moi.

Des préjugés moraux.

Quand un écrivain, étranger ou non à mes pratiques, m'affirme que l'acte de réfléchir lui coûte beaucoup et ne saurait avoir pour propos que de permettre son vieillissement, qu'il m'épingle comme laborieux, ou besogneux, et qu'il renonce à lutter faute d'énergie, je le crois sur parole et pose *a priori* qu'il se tient lui-même pour plus paresseux que moi.

La paresse de l'écrivain n'en est pas un péché pour autant : tout au plus témoigne-t-elle d'un manque de motivation pour ce qu'il fait. Si la morale ne saurait la lui reprocher, la raison peut à la rigueur lui conseiller de faire autre chose.

Quoi qu'il en advienne, je serais ravi de devoir changer d'a priori.

Quand il me déclare qu'écrire ne s'apprend pas, que les écrivains n'enseignent rien aux autres, que l'art n'est justiciable d'aucun repérage des acquis, et que toutes les données rationnelles qui pourraient préexister à son œuvre lui paraissent absurdes et nocives, je ne doute pas davantage de sa sincérité et *préjuge* qu'il est inconscient de la dette contractée envers ses grands aînés. Je *préjuge* de même qu'il accorde une grande confiance à son inspiration.

Je n'en serais pas moins ravi de renoncer à ces préjugés.

Quand il me parle par poncifs, je *crois* qu'il a tendance à se soumettre aux habitudes. Quand il refuse de s'expliquer, je *crois* qu'une certaine lâcheté le conseille. Quand il feint de ne pas voir que même les fourmis travaillent, je feins de croire qu'il s'aveugle volontairement.

Si je me trompe, c'est qu'il me trompe sur lui-même. Il va me détromper.

Mais en attendant il a raison de dire que mes a priori, mes préjugés, valent bien les siens : *ce sont* les siens.

<u>Du recours aux anciens.</u>

Il y a au moins deux façons de s'autoriser des maîtres du passé.

La première est de reconnaître qu'ils ont, somme toute, assez bien résolu les problèmes d'écriture qui se posaient à eux, de faire le bilan de leurs acquis et d'en tirer la leçon pour se pencher sur d'autres problèmes, faire d'autres hypothèses, se proposer d'autres enjeux – qui auraient été inconcevables sans leur héritage.

La seconde est de les installer hors l'Histoire, dans cette éternité sans progrès qui exclut le repérage des acquis. Et de se poser par fidélité les mêmes problèmes qu'eux, dans les mêmes termes, avec les mêmes enjeux.

On peut respecter les deux attitudes, mais *on ne peut pas* dire qu'elles induisent une recherche fondamentalement identique.

Quant à se tenir pour seul ayant droit de leur hoirie, et prendre leurs seuls noms à arguments pour disqualifier l'autre recherche, prouvant en cela qu'on ne la considère nullement comme identique, ce n'est plus le recours à la preuve par Dieu, c'est le recours à la preuve par l'Olympe au complet.

Dutourd est battu.

<u>Du rôle de la littérature.</u>

On me dit que ce qui fait tout le prix de la littérature est qu'on y parle de soi.

Oui. Pour les vedettes de l'actualité qui vendent leurs mémoires, comme pour ceux qui les leur achètent, ce que le livre révèle de l'existence de l'auteur en fait essentiellement le prix. Et *tout* le prix dans le pire des cas.

Homère et Shakespeare, quant à eux, se dispensaient si bien de parler d'eux-mêmes qu'on a pu douter de leur existence. Il faut croire que pour leurs lecteurs, l'intérêt du livre tient moins à ce qu'ils y apprennent de la vie d'autrui qu'à ce qu'il exalte dans la leur.

On me dit que ce qui définit bien la grandeur, le rôle et le pouvoir de la littérature, c'est de rendre habitable une maison de mots.

Les auteurs de la collection Harlequin savent tous rendre merveilleusement accueillantes leurs maisons de mots à leurs hôtes. Qu'ils l'aient appris ou qu'ils aient bénéficié d'une formidable intuition, cela fait toute la grandeur et définit parfaitement le pouvoir et le rôle de la littérature Harlequin.

On reproche à ma grand-mère de douter que les mots soient capables de dire l'indicible de notre vie, d'être la vie.

Ma grand-mère, c'est vrai, n'a qu'à moitié raison. Elle ne voit que la moitié vide de la carafe. Elle oublie que les mots sont capables, en revanche, quelquefois, par leur impertinence et par leur jeu propres, de dire un dicible qui n'avait jamais été dit et de convoquer des jouissances violentes, irréductibles à toute autre, que nous n'aurions jamais vécues sans eux.

C'est cela qui nous dispense de reléguer *Don Quichotte*, *Gargantua*, et quelques autres livres à la foire aux vanités, cependant que tout l'indicible de notre vie y a bientôt sa place.

Du tout et de son contraire.

On peut dire de l'écrivain du toujours-pareil et de l'écrivain du toujours-différent qu'ils avaient fondamentalement le même objectif, et tenir pour négligeable qu'ils en aient atteint d'opposés.

On peut dire qu'il faut du génie pour faire aimer un automate et penser qu'il n'en faut pas moins pour faire aimer un mannequin immobile. On peut même tenir pour infime différence que l'un progresse et l'autre pas.

On peut dire d'un écrivain qu'il a pour recette unique d'en changer à chaque fois.

On peut dire que le mouvement est de l'immobilité qui s'ignore.

Que le différent est du pareil qui s'oublie.

On peut dire aussi que l'être le plus inconséquent, et qui ne cesse de l'être, prouve ainsi qu'il est la conséquence même.

Sauf l'indicible, on peut tout dire.

Je ne reproche pas à Martin d'écrire toujours le même livre. Je ne lui reproche pas d'être ce qu'il est, quand ce ne serait que ce pour quoi il est programmé. Je ne lui reproche même pas d'ignorer qu'il peut intervenir dans cette programmation : personne ne l'a renseigné.

Je crains seulement qu'il s'ennuie, et m'ennuie.

De quelques questions absurdes que l'auteur se pose à lui-même.

Comment une pensée fermée peut-elle présenter de multiples bouts ?

Subsidiairement : comment une pensée qui s'articule sur des segments ineptes peut-elle être sans jeu ?

Est-il niais de se demander pourquoi le *même* objet n'a pas la *même* valeur selon qu'il est produit par César ou par Jules ?

Subsidiairement : une question, même niaise, peut-elle être un axiome ?

Comment puis-je affirmer qu'un roman n'est régi par aucune combinaison de règles complexes, dès lors que ces règles seraient par hypothèse ignorées de moi ?

Subsidiairement : est-il bien certain que les mathématiques soient absentes des constructions narratives de Vladimir Nabokov ?

Où diable ai-je écrit que mes propres règles devaient être ignorées du lecteur ?

Où diable ai-je écrit que l'écriture à contraintes devait exclure les descriptions, les intrigues et les rebondissements ?

Dois-je réellement considérer Queneau, Calvino et Perec comme confinés dans une expérimentation ésotérique et stérile ?

Si l'intellectuel parvient à convaincre la libre opinion que trop d'intelligence rend aveugle, que la rationalité peut être vicieuse, que le désir de comprendre est liberticide, que l'écriture ne s'apprend pas et que les écrivains n'ont rien à enseigner à personne, ne risque-t-elle pas à son tour – pour peu qu'elle soit victime d'une crise de cohérence inopinée – de fermer les écoles ?

Subsidiairement : l'intellectuel ne risque-t-il pas de me priver d'emploi après m'avoir, en tout état de cause, privé d'audience ?

Subsubsidiairement : y aura-t-il des anti-intellectuels pour s'alarmer ?

Je m'arrêterais bien là, remettant aux calendes – pour vous laisser souffler – d'aborder les *risques* réciproques auxquels nous exposent à coup sûr, l'un comme l'autre, nos conceptions si fraternellement adverses. Et cela au profit de conceptions beaucoup plus radicales qui nous réconcilieront sans doute contre elles, mais un peu tard.

On peut tout craindre d'intellectuels qui pensent, mais plus encore lorsqu'ils y renoncent et préfèrent attendre, en s'égayant à s'égailler, la mort qui vient.

Reste que votre bel enthousiasme pour ma pastorale ne saurait me laisser insensible. Je ne suis pas surpris, mais tout de même flatté, que vous puissiez y sentir la présence immédiate des paysages, des objets et des gens. Dussiez-vous y trouver la preuve que vie et littérature se confondent, et que j'aurais un talent fou si j'acceptais de le croire, comment résister à votre désir d'en savoir plus...

C'est à vrai dire l'écran vierge de mon ordinateur, avant que d'y inscrire le premier mot de ma copie, qui m'a donné l'idée assez banale d'une prairie glacée vue d'une fenêtre. Votre « je reviens à nos moutons » l'ayant investie d'ovidés, son décor s'est ensuite enrichi, au fil des pages, de leurs divers contenus métaphorisés.

Je ne crois pas avoir caché que les très vieilles pierres entassées n'étaient autres que ces adages polis par les ans que vous aviez lancés dans mon jardin.

Le mur destiné à défendre mon potager, ce trop long raisonnement où je plaide pour mes productions attaquées.

Lesquelles sont figurées par des échalotes, que les moutons dédaignent en effet, sans doute parce qu'il faut en arracher les multiples peaux, ou que leur goût est trop acide.

Les poireaux seraient plutôt un souvenir de ma tante Agatha qui m'enseigna, quand j'étais un agneau, à distinguer le vif du leurre. Elle se piquait de littérature, mais son mépris pour les intrigues et son goût des constructions mathématiques l'ont vouée à l'ésotérisme et à la stérilité. Quoique je parle d'elle dans ma lettre, vous ne pouviez la reconnaître.

Les lapins sont ceux que nous poursuivons tous : la vie, la liberté... Là vous ne pouviez pas vous tromper.

Je n'ai jamais parlé de *mon* voisin, mais *du* voisin. Le vôtre en fait, rue Sébastien-Bottin. Ce K, récente victime d'une combinatoire complexe de règles ignorées de lui, mais qui répugne à comprendre et aime si peu barguigner qu'il renonça, l'année dernière, à m'écouter justifier mes bulbes pour aller s'occuper d'autres légumes.

Le manoir, que ne rénove guère le rejeton de la famille de G., vous pouviez tout de même vous douter que c'était cette chère maison Gallimard – un instant convoitée. Je la savais peuplée de *grands* fantômes et soupçonnais bien qu'il y avait des taupinières sous la moquette, mais vous ne m'auriez pas cru si j'avais prétendu les apercevoir de mon bureau.

Quant à mon corniaud héritier de cent races et *grand* chasseur de lapins, cet autre K qui ignore la langue de Descartes, le maniement de la boussole et jusqu'à son propre nom, qui ne franchit pas les *grands* obstacles mais part dans toutes les directions dès qu'il juge la voie libre, et que j'ai bien tort de perdre mon temps à poursuivre tant il revient facilement de lui-même à la niche et à la familière pâtée, est-il vraiment besoin des vingt pages que vous me demandez avec une ferveur qui me touche pour mieux connaître son pedigree ?

À défaut de vos préjugés, le cimetière de Montourtier accueillera toujours, quoi qu'il en soit, les fascinations qui en découlent.

Pardonnez au petit bois de ma croisée d'être aussi sec, Jean-Marie : c'était histoire de vous montrer qu'un polaroïd, s'il témoigne mieux que les mots d'un véritable paysage, est en revanche incapable de pareilles infamies. Il ne saurait avoir cette duplicité de la page d'écriture qui me transforme moi-même, à l'occasion, en merle immature, en seiche prolifique et cependant stérile, en loup sans collier ou en bombardier géant…

Au demeurant j'ai bien un chien que j'adore, mais afin que vous ne vous laissiez plus abuser par les charmes équivoques du langage, apprenez que c'est un setter irlandais.

Il sait dire *words, words, words*, et rêve d'adapter *Finnegans Wake* pour les caniches.

Ne m'en veuillez pas si je vous sens mal préparé aux combats communs qui nous attendent. À défaut de vous convaincre, puisque ce désir est absurde, puissé-je vous aguerrir par mes bombardements. Sans doute seront-ils d'autant plus brutaux qu'ils seront brefs, mais ils sont de mots, eux aussi, et ne feront jamais que simuler le pire.

Oserai-je vous en souhaiter bonne réception ?

B 52

⋆

La lettre précédente n'a reçu aucune réponse.

⋆

18

Montourtier, le 22 août 1997

Cher Jean-Marie,

Voici maintenant plus de six mois que je suis sans nouvelles de vous. J'espère d'abord que rien de fâcheux ne vous a empêché de m'écrire. Rien de plus fâcheux en tout cas que ma dernière lettre elle-même... Et je ne sais quelle hypothèse est la plus propre à me désoler.

C'est vrai. J'ai cogné fort la dernière fois. Plus fort assurément que je ne le souhaitais et je vous prie de me le pardonner. Mais vous m'aviez demandé d'être expéditif... Et oseriez-vous sincèrement me redire en face, tout en maintenant votre garde au niveau du nombril, que ma démarche est *sans risque* ?

Ce qui m'étonne le plus, relisant notre correspondance, c'est l'incroyable malentendu dans lequel elle s'est enferrée.

L'enjeu, du moins dans mon esprit, n'en était nullement polémique. Il était de nous aider mutuellement à réfléchir sur notre propre travail d'écrivains. Sans doute avez-vous raison et ai-je eu tort de vous engager malgré vous dans un débat auquel vous n'étiez pas préparé. Qu'il en aille de mon exigence excessive ou de votre peu d'entrain pour la marche à reculons, force est de constater que cette trajectoire d'écrevisses vers nos postulats fondateurs nous a bel et bien fait perdre de vue la réalité de nos pratiques réciproques. Il n'est besoin pour cela que du regard dépassionné qu'autorise la distance :

Quiconque lirait notre dernier courrier sans avoir ouvert aucun de nos livres conclurait, selon toute vraisemblance, que les miens présentent l'opacité radicale d'un avant-gardisme pur et dur, où le langage atomise d'emblée l'illusion représentative, évacue l'idée même d'intrigue, de personnage, de séduction, et où l'humour minimaliste et l'émotion exsangue s'arrachent au forceps à hauteur du troisième degré.

Il penserait non moins vraisemblablement que les vôtres sont les récits à la première personne de quelque égotiste partisan du stylo-vérité (*Mon enfance*, *Mon père*, *Ma mère*, *Mes amours*, *Mon vague-aux-pieds*, *Mes cors-à-l'âme*...), chez qui la seule idée de calcul provoque des engorgements de viscères et le gros mot d'expérimentation de discrètes rougeurs.

Et il aurait tout faux.

C'est que vos romans – cela dût-il, à vous croire, faire le prix de la littérature – ne s'emploient pas vraiment à parler de vous. En tout cas, ils n'imposent de vous aucune *présence immédiate.* Ceux que j'ai lus sont écrits à la troisième personne. Sauf à supposer qu'une vie antérieure vous a vu peindre des Olympias néolithiques en suçant des jarrets de ptérodactyle, que vous avez assassiné votre compagne en la poussant dans un ravin ou que vous avez vécu dans un camion dix ans de tête-à-tête avec un perroquet atrabilaire, j'imagine que ces tierces personnes ne sont pas vous. Pas *immédiatement* vous.

Vos romans ne me parlent pas de Jean-Marie, sinon peut-être au sens où Kundera définit le personnage de fiction comme ego *expérimental*... Quelqu'un, j'imagine, qui répondrait à des curiosités du genre : que ferais-je, *si* le hasard m'exposait à des circonstances différentes ? Ou encore : qui serais-je, *si* l'une des passions qui me constituent et me motivent n'était là pour en combattre une autre ? Don Quichotte, par exemple, si aucun sens commun ne bridait mon héroïsme – ou Sancho, si au contraire aucun héroïsme ne transcendait mon sens commun...

Ainsi le chercheur soumet-il l'objet de l'expérience à de nouveaux réactifs ou en isole-t-il les composantes.

Sans doute pourrait-on objecter à Kundera que l'expérience conditionnelle, en matière d'ego, demeure fictive, et que ses résultats se limitent par la force des choses aux préjugés qu'en a l'objet-sujet. Aux questions : comment me comporterais-je si d'autres causes me déterminaient ? que penserais-je si je pensais autrement ? que ferais-je si je faisais autre chose ? nulle réponse qu'arbitraire. Aucune ne sera jamais concluante, et toutes le seront. Restera cependant la fiction de cette expérience. Et peu importe, à y bien réfléchir, qu'elle n'offre aucune réponse décisive à la question posée, si elle nous entraîne dans un cheminement exaltant que nous n'aurions jamais suivi si la question ne s'était posée à personne...

Peu importe... sous réserve d'admettre que l'enjeu de l'expérimentation romanesque est prioritairement cette exaltation du cheminement, et non une éventuelle révélation sur la vie réelle ou virtuelle de l'auteur.

Non seulement vos fictions, mais la plupart de celles que vous citez en renfort, mais la plupart des fictions – car c'est leur raison d'être – ne sont rien d'autre a priori que ces châteaux de cartes fondés sur des hypothèses gratuites. Gratuites en ce qu'elles n'ont fait l'objet d'aucune expérience effective et qu'aucun contrôle ne saurait en garantir les conséquences nécessaires. Que ce soit l'hypothèse d'un moi extrapolé, ou altéré, ou amputé, plongé dans des événements qu'il n'a pas vécus, sinon de loin, voire dans un espace-temps régi par d'autres lois que le sien, comme y convient le conte, le roman fantastique ou l'anticipation, il n'est que de ces *si* qui mettraient Paris en bouteille...

Oui, mais parfois, quelles bouteilles ! et quels châteaux de cartes !

Ainsi les cathédrales se sont-elles élevées sur la base probable d'un rêve. Sans doute n'accréditeront-elles jamais pour moi la foi qui les fonde, mais elles m'en présentent l'exploit. Et elles m'éclairent aussi sur l'extraordinaire puissance de ce rêve que je fais moi-même – et dont certains font un Dieu – de donner à ma contingence à la fois forme et nécessité. C'est en quoi elles m'exaltent.

La fermeté de l'assise n'est pas davantage, du moins dans son contrat, le point fort du roman. La divine liberté que son statut accorde au romancier est aussi ce qui m'interdit d'emblée d'accorder foi à l'il-était-une-fois qui ouvre son histoire.

Ce qui par convention y entraîne ma curiosité, ce n'est ni l'authenticité d'un vécu de l'auteur que rien n'atteste ni la fiabilité d'un quelconque de ses ego expérimentaux dont le comportement sera toujours guidé par son bon plaisir, mais d'abord, d'abord, le souci qu'a ce bon plaisir d'être partagé : la seule promesse du roman n'est pas d'une vérité mais d'une jouissance.

Ce qui de surcroît, et hors convention cette fois, y autorisera mes vertiges, c'est le choix que fait aussi ce bon plaisir, à chaque palier, de l'issue qui offre des regards toujours plus plongeants, plus pénétrants, sur ses données fragiles. Et si le romancier me parle authentiquement de lui-même sans doute est-ce à travers ce choix, parmi tous les parcours offerts, de celui qui nous éclaire l'un et l'autre sur son origine.

Peu importe alors que les ego spéculatifs du roman n'aient d'expérimental que le nom et que les questions qu'ils soulèvent n'aient d'autre pertinence que d'ouvrir la voie à d'autres plaisirs et à d'autres exaltations. Si Kundera a raison, je veux dire : s'il est vrai que les fictionnaires du passé se sont posé de semblables questions, force est de constater que bien des hypothèses gratuites ont permis d'édifier des cathédrales de mots.

Aussi n'entre-t-il nullement dans mes intentions de reprocher à Kundera, ni à vous-même – si toutefois vous vous reconnaissez dans cette démarche – ni a quiconque, de perpétuer l'expérimentation romanesque sur la base de tels questionnements.

Et cela d'autant moins que l'hypothèse formelle en découle – j'allais dire : naturellement.

Expérimentation pour expérimentation, gratuité pour gratuité, château de cartes pour château de cartes, il n'est que de décaler l'objet de l'expérience en passant cette fois de l'ego au discours. Comment ce glissement ne serait-il pas légitime puisque assurément l'ego, expérimental ou pas, ne se communiquera jamais au lecteur *que* par le moyen du discours ?...

Alors, au lieu de me demander ce que serait ma vie si elle était programmée autrement, puis de me demander comment transmettre l'illusion de cette autre vie à mon lecteur par les conventions du langage, je me demanderai directement de quelle vie parlerait mon langage si lui-même était programmé autrement.

Et de quels plaisirs, et de quelles exaltations...

Croyez bien que je ne creuse aucun *abîme* entre les deux démarches : j'espère même vous avoir montré qu'elles procèdent l'une et l'autre d'un commun souci de libérer l'ego en lui ouvrant des destins qui l'excèdent, et que la seconde naît de la première en toute logique. Mais je ferais preuve de complaisance si je ne voyais entre elles que d'infimes différences. Car il en est au moins une essentielle :

C'est que l'expérimentation sur l'ego confond à l'évidence l'expérimentateur et l'objet de son étude, cependant que l'expérimentation sur le langage les sépare. Outre que cette séparation ne peut que limiter la subjectivité des résultats en même temps qu'elle ouvre la perspective de leur contrôle, elle facilite aussi la mise en œuvre et le renouvellement des expériences mêmes. Gageons qu'il est plus facile de modifier les paramètres de ce qui existe hors de nous que de ce qui nous constitue...

Ainsi coupé l'ombilic, *je* fera l'authentique expérience de la fiction au lieu de faire indéfiniment la fiction d'expériences imaginaires. Et ce n'est pas la même chose.

Reste que l'opportunité de définir les conditions d'une expérience avec plus d'objectivité n'implique pas qu'elle réussisse mieux. À plus forte raison lorsque la réussite privilégie l'effet, on ne peut plus subjectif, de plaisir...

Des kilomètres de cadavres exquis, de S + 7 ou autres lipogrammes, qu'ils soient élaborés de façon artisanale ou – plus objectivement encore – à l'ordinateur, sur la base de principes aussi rigoureux qu'assurément formels, peuvent bien convoquer çà et là quelques réjouissants effets de sens, ou qui du moins me semblent tels, tout laisse craindre qu'ils soient rares...

D'abord parce que le seul principe formel induit un sens hasardeux et que le hasard témoigne rarement de générosité. Ensuite parce qu'un sens hasardeux fait vite règle de l'incongruité, et que dans l'incongruité devenue règle il n'est plus que la banalité pour créer la surprise. Enfin, et surtout, parce que l'incongruité systématique interdit au lecteur de prévoir aucune suite, de construire sa propre attente et de s'y impliquer. Autant dire qu'elle disqualifie d'emblée toutes ses stratégies de lecture. Si chacun est bien à même d'y contrôler l'application de la règle, personne en revanche n'est en mesure de vraiment *lire* de tels ouvrages. Et personne, de fait, ne les lira.

En somme, et c'est presque un truisme, il ne suffit pas de produire du texte, fût-il expérimental, libre désormais des complaisances de l'ego et rigoureusement original. Il faut aussi sélectionner ce qui en est recevable, si quelque chose en est recevable pour l'enjeu de jouissance et d'exaltation qui est le nôtre... Combien d'expériences de laboratoire n'ont ainsi d'autre résultat que d'attester leurs insuffisances ?

Mais qui dit sélection dit implicitement critères de sélection.

Sans doute peuvent-ils se réduire là aussi au bon plaisir du sélectionneur, lequel choisira quelques coudées exquises parmi les kilomètres de cadavres, tout comme il choisissait en dernier ressort un ego expérimental à sa convenance. Soit en toute subjectivité, et l'ego resurgit en force. Soit, pour autant que l'expérience vise à le dépasser, en s'associant à d'autres expérimentateurs, à d'autres sélectionneurs pour garantir un semblant d'objectivité à l'échantillonnage des perles.

Surréalistes et oulipiens ont publié de tels recueils et produit d'incontestables joyaux. Au risque toutefois qu'aucune nécessité ne les constitue alors en collier, si ce n'est celle de valider la règle opératoire en dissimulant ses faillites derrière quelque enchaînement fortuit...

Or, sans cette nécessité interne qui autorise son anticipation, le lecteur ne sera pas mieux placé pour imaginer une suite au texte – et y engager son désir – qu'il ne l'était devant une succession d'incongruités systématiques.

N'ayant rien à prévoir, de quoi serait-il surpris ?

Quelles merveilles pourront encore l'émerveiller ?

C'est qu'aucune stratégie de lecture ne peut se construire dans un florilège qui n'obéirait lui-même à aucune règle de construction. Au mieux notre lecteur s'y promènera-t-il complaisamment. Et s'il s'ennuie moins vite parmi les merveilles que parmi les monstres, il finira toujours par s'ennuyer dès lors que rien ne l'implique.

Ainsi le chercheur de laboratoire ne tiendra-t-il jamais pour satisfaisant de témoigner de quelques effets spectaculaires en occultant les mille échecs de sa procédure. Lui aussi a besoin d'inscrire de tels effets dans une nécessité qui en confère la maîtrise à autrui. La formule approximative que valide une expérience sur cent, il le sait, n'est ni pour lui ni pour l'autre la meilleure possible. À tout le moins se doit-il de l'amender.

De ses succès comme de ses insuccès, il devra dégager les conditions qui favorisent les premiers et réduisent les seconds. Il devra prendre en compte des paramètres occultés dont le rôle s'avère capital, et neutraliser ceux qui, en revanche, vouaient l'expérience au contingent. Il devra en induire tantôt une remise en question radicale de la règle originelle ou des modifications de détail, tantôt des règles corollaires qui en limitent le champ d'application, ou l'étendent...

Et recommencer l'expérience.

Et accepter que de nouveaux échecs suscitent de nouveaux amendements de la formule.

L'écrivain chercheur, pour autant qu'il se lasse de passer au tamis la boue systématique d'un discours qui le submerge, suivra le même cheminement. Il ne lui suffira plus qu'une hypothèse de langage produise du sens, ce qu'elle fera toujours, abondamment, pour le meilleur et pour le pire. Il ne lui suffira pas non plus d'éliminer ce qu'il juge intuitivement le pire. Il lui faudra de surcroît que le sens retenu relève d'une nécessité interne telle qu'il autorise l'anticipation de celui qui lit, convoque ses propres hypothèses et ses propres attentes, l'engage dans une recherche parallèle où la surprise n'est plus interdite, et l'implique ainsi dans ce qui se joue.

Telle est en vérité la double signification de l'*intrigue*. À la fois « machination (je cite Larousse), série de combinaisons, jeu de pratiques secrètes pour obtenir quelque avantage » – ce sera l'intrigue selon l'écrivain chercheur – et « succession de faits qui laissent en suspens sur le dénouement qu'amènera l'auteur » – ce sera l'intrigue selon son lecteur et partenaire obligé. Étant entendu, puisqu'il s'agit des deux approches du même jeu, que le dénouement conduit par l'auteur devra du même coup révéler au lecteur, pour son exaltation, l'avantage que le premier visait en secret jusqu'alors...

Non seulement le roman expérimental dont nous parlons n'exclut pas l'intrigue, ni ses rebondissements, ni aucun des *colifichets* qui la permettent, mais il lui restitue son rôle constitutif du genre : *une rigoureuse machination destinée à rendre inéluctable le merveilleux du discours.*

Ainsi se dessine le programme de l'écrivain chercheur : d'un côté une hypothèse de langage arbitraire, et qu'il sait arbitraire : la contrainte formelle. De l'autre une intrigue, dont le dénouement se doit d'impliquer la nécessité interne de cette hypothèse et qui par le fait canalise d'emblée les débords du sens. Enfin les colifichets qui permettent à cette intrigue de fonctionner, à commencer par les personnages, qui seront rien moins que des ego expérimentaux de l'auteur puisque leur comportement est d'avance déterminé par l'intrigue, et que leur psychologie toute spéculative a pour premier enjeu de rendre recevables au lecteur les errances nécessaires de ce comportement...

Une fois constitué ce premier cahier des charges, l'écrivain chercheur rédigera, ou commencera de rédiger, la première version d'un texte qui en respecte les consignes. Puis il la relira, devenant ainsi son premier lecteur. Et sans doute la relira-t-il – ce n'est pas indifférent de le noter – avec d'autant plus de distance et de sérénité que le caractère arbitraire de son initial parti pris le protégera des complaisances de l'ego...

Sauf miracle du hasard ou du génie, ce qui revient au même, force alors lui sera de constater les méfaits du programme tant dans sa mise en œuvre que dans ses effets : ses difficultés, ses pesanteurs, ses écueils, ses lacunes… Mais il en découvrira aussi – sauf à imaginer une hypothèse originelle si stérile qu'il conviendrait aussitôt d'y renoncer – quelques bienfaits inattendus : récurrences troublantes, symétries singulières, réjouissantes ambiguïtés et autres mailles de réseaux de sens qui n'étaient pas prévues au programme.

Forts des constats de cette première expérience, il ne s'entêtera pas.

Sa démarche ne consiste nullement à appliquer contre vents et marées quelque précepte que ce soit. Elle n'a pas davantage l'exploit pour enjeu. L'exécution de son programme initial ne s'y apparente pas à quelque mission sacrée qui exigerait de passer en force les obstacles insurmontables en s'interdisant toute remise en question. Au contraire. Il sait que son hypothèse fondatrice est arbitraire. Il sait que si cette hypothèse mène à des blocages, il lui revient de la réviser. Et ce d'autant, à l'évidence, que des enjeux plus profitables se dessinent.

L'écrivain chercheur reviendra donc sur son programme. De ses règles originelles, il évincera sans états d'âme ce qui vouait leur application à la béance ou à l'impasse. Soit en y réglant des licences, soit en en modifiant les champs d'application. À charge pour lui de compenser l'éventuelle perte de rigueur par de nouvelles contraintes, induites des ambiguïtés, des récurrences, des symétries apparues. Et de constituer en réseaux de sens ce qui n'en était que les mailles.

Et de réformer l'intrigue en conséquence. Et le comportement des personnages. Et le pourquoi de leur psyché…

De ce programme revisité naîtra la seconde rédaction du texte, souvent très différente de la première, mais non moins inconséquente. Derechef, des écueils s'y révéleront, mais aussi de nouvelles résonances inopinées. Derechef, il faudra réviser le jeu des règles formelles, et l'intrigue. Une troisième rédaction s'ensuivra, un peu moins différente de la précédente que celle-ci ne l'était de la première…

Et ainsi de suite jusqu'à atteindre une coïncidence satisfaisante entre les exigences du programme et celles de l'écrit, telle par exemple qu'il devient impossible de modifier les règles sans nuire aux effets qu'elles suscitent, ou de modifier les effets sans nuire à la rigueur qui les sous-tend.

Le roman se termine, et l'écrivain chercheur peut alors en formuler la recette définitive. Non plus cette recette a priori dont la rédaction du texte n'eût été que l'application plus ou moins bête et plus ou moins disciplinée, mais une recette tout autre, élaborée dans la dynamique de l'écriture et sans commune mesure avec ses prémisses.

Le roman se termine et sans doute aura-t-il permis d'obtenir quelques-uns des avantages visés par l'intrigue.

Dire qu'il satisfait aux exigences de l'écrit, cela revient à dire qu'il nous propose à vivre par les mots de ces plaisirs, de ces exaltations du sens que seules les conventions et les règles propres du langage autorisent, et que nous n'aurions jamais vécus – ni même fait vivre à aucun ego spéculatif – si le langage n'existait pas.

Dire qu'il satisfait aux exigences du programme, c'est dire qu'il inscrit ces réjouissances dans une nécessité interne dont l'intérêt n'est pas moindre :

Celui, à coup sûr prioritaire, de permettre au lecteur d'anticiper, de construire sa propre lecture, d'élaborer ses propres hypothèses, d'engager son propre désir dans une recherche qui l'expose à son tour à d'éventuelles surprises.

Celui aussi d'accorder au texte même, et non au seul gré de l'auteur, de participer à la production des critères qui sélectionnent les surprises et de les exhiber.

Celui enfin, et du même coup – si tant est que le lecteur n'est pas un simple consommateur ou un simple croyant, si tant est qu'il ne joue pas seulement pour que le jeu conforte ses attentes, et qu'il s'y implique assez pour ne pas accepter davantage d'être surpris, sans règles ni raisons, par les cartes gagnantes qu'un auteur démiurge tirerait à loisir de ses manches –, de lui donner accès aux raisons mêmes de ses surprises.

C'est que le postulat générateur de l'intrigue n'est plus celui d'*ego expérimentaux* constitués en personnages et dont l'auteur serait seul garant. Son développement ne procède plus qu'en apparence de leur psychologie démiurgique. Son dénouement ne saurait se limiter à leur destin, fût-il lié à quelque révélation, que seul l'auteur peut faire, de leurs machinations et pratiques secrètes...

Fondée sur une hypothèse de langage, c'est le langage qui prioritairement la détermine. Le langage encore qui, à travers elle, destine les personnages et décide de leur psychologie. De sorte que le dénouement, s'il se doit de rendre le destin des héros à la nécessité, ne peut le faire, en toute rigueur, qu'en dénonçant les pratiques secrètes et la machination de celui qui n'a jamais cessé de manipuler tous les autres et s'avère alors un protagoniste essentiel : le langage sera toujours coupable des fascinations.

Au *Deus ex machina* que le bon plaisir de l'auteur ou de ses ego expérimentaux imposerait pour conclure, l'écrivain chercheur préférera l'accès aux machines. C'est sa façon d'éclairer le lecteur sur l'origine de son cheminement, et de l'exalter...

Nul doute que beaucoup de lecteurs, qui préfèrent la fascination à l'exaltation, lui en tiendront rigueur : c'est si décevant, les machines, quand on attendait un envoyé du ciel.

Nul doute qu'ils accuseront en chœur les machines de tourner à vide en négligeant l'intérêt qui les a guidés jusqu'alors. Mais ce sera tout comme, écartant d'un revers les jouissances de la vie, ils ont déclaré vide un univers sans Dieu.

Et l'ego, dans tout *ça* ? demanderait un métaphysicien célèbre.

J'aurais certes bien de la peine à soutenir qu'une procédure expérimentale, pour autant qu'elle vise à l'universalité de la règle et à la nécessité, ne s'emploie pas à disqualifier le sujet dans ce qu'il a de contingent et d'unique. Tout dans cette démarche tend à réduire son rôle.

Mais réduire n'est pas nier...

L'expérimentateur qui négligerait que son propre regard fait partie de ses donnes, et que son œil participe à ce qu'il découvre, risque fort de s'écarter le premier de l'objectivité à laquelle il prétend – si tant est qu'il y prétend. Et comment pourrais-je espérer me déterminer autrement si j'occultais ce qui d'abord me détermine ?

Peut-être un jour vous parlerai-je *vraiment* « de moi ». Je veux dire : sans autrement piéger mes descriptions, mes anecdotes, que ne m'y obligent les conventions d'un langage bien impuissant à restituer la *vraie* vie, en dépit que j'en aie. Peut-être vous parlerai-je à la façon d'Annie Ernaux, sans fioritures – sans *littérature* diront certains –, de *Mon enfance*, de *Mon père*, de *Ma mère*, de *Mes amours*... Ce serait pour témoigner alors que tout, vraiment tout, de solitudes en frustrations, d'incompréhensions en silences, d'interdits en révoltes, sans que mes gènes y aient grand mérite, me destinait à chercher dans l'écriture, et la recette assurément d'un refuge, et le moyen d'assouvir – soyez-en convaincu – le pressant besoin de dire et de me dire.

Et *pressant* est un euphémisme.

Si je vous parlais « de moi », ce serait pour illustrer d'un exemple démonstratif jusqu'à la caricature que la littérature est d'abord un fait de société, que certains comportements familiaux favoriseront toujours le désir de sa pratique, et que ceux-ci ne sont originaux le plus souvent que par le pittoresque du détail.

À supposer même que mon ego – un ego cette fois *expérimental* par la grâce de l'hypothèse... – eût franchi ses vingt premières années dans un écrin tendu de molleton, gageons que les vingt suivantes lui auraient vite enseigné le peu de cas que la société marchande faisait de sa particularité et de sa contingence. Hors la littérature et quelques autres artisanats de prestige, quel individu peut aujourd'hui se vanter, dès lors que la conjoncture et l'étude de marché décident de l'objet à produire et que celui-ci se reproduit en masse, de s'identifier à ce qu'il réalise ?

Qui peut encore affirmer que ce qu'il accomplit personne d'autre que lui ne l'accomplirait à sa place, et ne l'accomplirait à l'identique ?

Ainsi l'ego, que son irréductible différence interdit ici d'*existence* au sens philosophique du mot, se devrait-il d'accepter, pour prix de son émasculation, le salaire qui lui permettra d'acquérir en masse les simulacres du désir qu'il ne réalisera jamais lui-même. À condition d'ailleurs qu'on lui offre toujours un salaire, et que la conjoncture, en le privant de son emploi, ne lui rende pas son inexistence encore plus manifeste… Sauf à s'y résoudre sans révolte, comment ne chercherait-il pas à son tour dans l'écriture une ultime sauvegarde ?

Quand la rudesse des familles ne l'y retrancherait pas en désespoir de cause, c'est notre société tout entière qui constituerait la littérature en dernier bastion de l'ego. Comment celui-ci n'éprouverait-il pas un vital besoin de s'y dire, et sans que nul ait besoin de l'y convier, dès lors que tout lui interdit de se dire ailleurs et autrement ?

Cette situation et ce besoin vital me déterminent, Jean-Marie, comme ils vous déterminent, comme ils déterminent tous les autres. Non seulement tous ceux qui publient des romans, mais tous ceux, cent fois plus nombreux, qui voudraient en publier et dont les ego en perdition vous expédient des Save Our Soul plus ou moins conformes aux règles occultes du génie. Non seulement tous ceux-là, mais aussi tous ceux, cent fois plus nombreux encore, qui lisent des romans parce qu'il ne leur reste plus qu'à consommer ce que leur ego disqualifié ne réalisera pas – ou ce qui du moins y ressemble – et parce qu'ils ont un vital besoin de croire que cette ombre d'eux-mêmes dispose malgré tout, quelque part, même si elle est inaccessible, d'une terre d'accueil où on la magnifie.

Toute une population se trouve ainsi surdéterminée par l'impérieux désir de se dire dans des romans, ou à tout le moins d'y reconnaître ce qu'elle aurait voulu dire. Et vous devez savoir que la demande crée l'offre sans qu'il soit bien utile de l'y exhorter... Aussi longtemps que le productivisme marchand frustrera l'ego de son existence – et d'autant plus volontiers qu'il le frustrera – ne doutons pas qu'il lui vendra en masse la consolation de romans qui la lui restituent jusque dans ses particularités et ses contingences les plus insignifiantes.

Ne doutons pas davantage qu'il se trouvera des théoriciens pour consacrer un juste quota de tels romans. Des théoriciens derniers de l'espèce qui affirmeront que la littérature, exemples en masse à l'appui, n'est qu'une affaire d'individus s'adressant à d'autres individus, que ses débats sont voués aux querelles de personnes, que ses théories sont mortes, hors celle qui lui interdit désormais de se penser, et que l'idée même de progrès n'y fut jamais qu'une chimère servant de prétexte à des conflits d'ego. Et on les croira, parce que toute une population se trouve surdéterminée à les croire.

Ainsi navigueront au péril du courant les maisons d'édition à la façon des boat-people, sans cap ni boussole, sans autre principe que de se laisser guider par l'instinct et les dieux du voyage, ces bons génies dont elles entretiennent les autels, avec cette seule mauvaise conscience de savoir que les ego à la dérive qui veulent monter à bord ont à faire valoir les mêmes excellentes raisons que ceux qui s'y trouvent déjà, et que cette *boue fluviale* qu'il faut bien refouler parce qu'elle menace de faire sombrer l'esquif relève de la même exigence humaine que celle qui lui permet de flotter...

Il y a deux cents ans déjà, les théoriciens du romantisme offraient l'art à l'ego comme dernière planche de salut contre ce qui allait l'engloutir, et Géricault nous plaçait pour l'éternité dans le sillage de leur radeau exigu...

Je dis *nous* parce que je suis entraîné moi-même, bien entendu, par ce furieux courant qui vous entraîne et entraîne tous ceux qui nous liront : cela fait deux siècles, Jean-Marie, que je rêve de parler de moi dans des livres faute de mieux ! Deux siècles, et encore ! parce que j'ai une très mauvaise mémoire...

Ah ! ce ne sera pas le désir qui m'aura manqué...

J'étais si bien déterminé dans mes tentatives que j'en aurais été sourd aux lamentations des génies – mauvais ceux-là – qui doutaient du bon vouloir des mots à servir l'entreprise.

Il m'aura fallu deux siècles pour soupçonner que le langage m'obligerait toujours à dire autre chose que ce que je pensais lui faire dire de moi. Deux siècles pour comprendre que ce que le langage m'obligeait à dire malgré moi pouvait présenter, pour moi, plus d'intérêt que ce que je pensais lui faire dire...

Tout commença, si mon souvenir est bon, par un glissement pudique du *je* au *il*. Fiction minimaliste, sans doute, que cette première version de l'ego expérimental, mais significative. C'est que l'ego ordinaire – celui qui ne s'est pas autrement réalisé que par l'écriture – est au cœur du naufrage et en train de couler. En s'apitoyant sur la brasse désespérée d'un autre, il ne sera plus directement celui qui mendie sa survie et tend la main pour qu'on le recueille. Le triomphe du roman sur la confession directe doit sans doute beaucoup à ce qu'il épargne à l'ego cette humiliation de plus.

Mais l'amour-propre n'est pas la seule raison du glissement. Le scrupule y a aussi sa part. Dès lors qu'il reconnaît comme impossible, à l'évidence, de décrire un seul instant de son paysage sans que les mots l'engagent à travestir la vérité, et par défaut et par excès, l'ego sait qu'il ne peut plus dire *je* sans mentir. Alors qu'en parlant d'un autre, par convention fictif, il ne trompera plus que le lecteur oublieux lui-même des conventions.

C'est que le mensonge est du faux qui s'affiche comme vrai, cependant que la fiction est du faux qui s'affiche comme tel. En faisant une convention supplémentaire des travestissements auxquels le contraignent les conventions du langage, *la fiction offre à l'ego la seule opportunité de se dire* – encore qu'incidemment et sous réserve de ne jamais l'avouer – *sans mentir.*

En préférant le roman à la confession, l'ego a compris que ce n'est pas en occultant le caractère conventionnel du langage qu'il se dira avec le plus de pertinence et de probité, mais en adoptant le genre qui, par convention, en assume ouvertement toutes les conséquences. En signant le contrat de la fiction qui tolère que *je* soit un autre, il pourra même à nouveau dire *je* sans nécessairement tromper les autres et se tromper lui-même.

Ainsi, consciemment ou intuitivement, par pudeur ou par honnêteté, parce que d'autres nous ont montré l'exemple ou parce que nous savons désormais, par l'expérience ou par la raison, qu'il n'est pas de meilleur moyen pour *parler de nous*, avons-nous choisi tous deux d'écrire des livres – tel est le paradoxe des romanciers – *qui parlent d'autre chose.* Des livres où n'apparaissent de nous que des ego par convention dénaturés, échappant à nos strictes déterminations, dont aucun – que je sache – n'est lecteur de comité chez Gallimard ni professeur de collège en ZEP rurale, ni même romancier, et qui ne sont plus en vérité nos ego que par abus de langage.

Mais c'est tout de même à notre bon plaisir que revient de choisir cette autre chose dont le roman parle. Et notre bon plaisir, lui, parlera toujours de nous.

Tout dans la recherche que je préconise tend à réduire, c'est vrai, le rôle du sujet dans ce qu'il a de particulier et de contingent. Mais ce faisant, elle ne fait que tirer la leçon de cette découverte, qui n'est pas mince, et selon laquelle un romancier parle mieux de soi en s'imposant de n'en plus parler.

Sans doute renonce-t-elle, c'est vrai, à communiquer par le moyen du langage des émotions d'avant ce langage vécues ou imaginées par le sujet. Mais à quoi s'emploie-t-elle en s'attachant à débusquer avec méthode, et directement dans le langage, toutes les potentialités d'émerveillements qu'autorise sa combinatoire encore inexplorée, et que le sujet ne vivrait jamais sans lui ? Que vise-t-elle sinon d'ouvrir un choix plus vaste à ce bon plaisir qui est pour l'ego le meilleur moyen de se dire ?

Et que propose-t-elle en affectant à l'intrigue de rendre inéluctable le merveilleux du discours, sinon d'investir d'une nécessité – certes relative aux hypothèses de ce discours *mais au moins accessible au lecteur* – la contingence individuelle dont procède le bon plaisir qui en a choisi les merveilles ?

Car à chaque instant, n'en doutons pas, si attentif soit-il à évincer sa subjectivité de l'expérience romanesque, l'écrivain chercheur opère des choix tout personnels. Le langage peut bien les contester plus violemment et prendre une part plus conséquente à leur révision, il ne décide pas seul du texte...

À défaut de génie, la machine a son ingénieur.

Ce n'est pas lui, le langage, qui fixe la contrainte initiale sur quoi tout se construit. Et quand bien même il ferait de la résistance et suggérerait vite quelques réaménagements opportuns de cette règle génératrice, il ne contribuerait qu'à réorienter un mouvement qu'il n'a pas initié, et sans être juge lui-même de l'opportunité des changements qu'il suggère.

Ladite contrainte se veut certes arbitraire, la plus indépendante possible en tout cas des préoccupations de l'auteur – ne serait-ce que pour lui éviter de déboucher sur des problématiques obsessionnelles déjà exploitées. Mais celui-ci aura beau faire : qu'il invente quelque procédure hasardeuse pour s'en fournir à discrétion ou qu'il demande à des tiers amis de lui soumettre les leurs, il ne les exploitera jamais toutes. Et il ne se peut pas que dans cette sélection obligée de ses contraintes son inconscient, sinon son conscient, n'intervienne de quelque façon.

Peut-être un jour – car je crois au progrès – étudiera-t-on les règles formelles sous l'angle des affinités génétiques, et découvrira-t-on que celles de Lahougue ne sont pas de même rhésus que celles de Calvino, qui sont elles-mêmes d'une autre espèce que celles de Robbe-Grillet ou de Perec...

Peut-être en induira-t-on quelque nouvelle conception identitaire du style, qui sait ?...

Car la sélection de la contrainte initiale n'est pas seule en cause. À chaque phase de l'écriture de nouveaux choix se présentent.

Je soulignais dans une lettre antérieure qu'un problème de langage, si rigoureux soit le programme préalable qui en détermine les paramètres, n'a presque jamais de solution unique. Plusieurs se proposent, qui toutes satisfont aux consignes régulatrices, et parmi lesquelles il faut bien trancher – fût-ce à titre provisoire à seule fin de poursuivre l'expérience – sans qu'aucune nécessité objective aide à la décision.

Sans doute, puisqu'il est provisoire, ce choix subjectif s'offre-t-il à une révision ultérieure. Mais il ne sera réellement contesté que s'il mène à l'impasse, s'il s'avère impossible, par exemple, d'en induire les modifications du programme qui excluraient les autres solutions et lui conféreraient une nécessité a posteriori. Sinon il deviendra définitif, et avec lui les modifications du programme qu'il a contribué à rendre exigibles...

On n'en finirait pas d'énumérer les failles de la procédure par où le sujet s'engouffre inconsciemment. Et où cet inconscient du sujet s'engouffre avec d'autant plus de violence que son conscient, lui, se contraint.

On n'en finirait pas non plus de retrouver ces failles dans le texte, d'autant plus lisibles à qui sait lire, et révélatrices, qu'elles s'inscrivent dans une architecture lisiblement régulée.

Comment d'ailleurs en serait-il autrement dès lors que la recherche, loin de prétendre à l'objet parfait qui interdirait son dépassement, n'a d'autre enjeu que de renouveler indéfiniment les plaisirs offerts à notre bon plaisir par le moyen du langage, et qu'elle ne s'impose de rigueur et d'objectivité que pour parvenir plus efficacement, plus nécessairement, sans devoir compter sur la seule intuition et préjuger de son propre génie, à cette exaltation du sujet ?

Peut-être alors, l'impératif d'inscrire les surprises du texte dans une intrigue qui en révélerait la cohérence n'engage-t-il plus le seul intérêt du lecteur. Il serait aussi le moyen, pour l'auteur, de rendre à la raison ces surgissements de l'inconscient qui infléchissent à chaque instant et le texte et sa régulation. Ainsi, qui sait ? l'intrigue pourrait, dans sa machination même, permettre à l'ego de résoudre quelques-uns de ses propres mystères avant que d'autoriser autrui à résoudre les siens...

Il y a plusieurs décennies déjà, Robbe-Grillet nous rapportait comment, rédigeant une première version des *Gommes* sur la base d'un principe tout formel, il se surprit à y découvrir nombre d'analogies troublantes avec le mythe œdipien, et comment cette révélation d'une détermination inconsciente allait décider de la réécriture du roman. Peut-être un jour vous dirai-je en quoi, de la même façon, l'élaboration de *Non-lieu dans un paysage* et de *La Doublure de Magrite* fut pour moi l'occasion d'élucider un peu des causes, non moins refoulées, qui m'avaient fait choisir leurs hypothèses de langage parmi d'autres. Et peut-être vous dirai-je en quoi cela devait changer ma vie...

Peut-être... Mais comment mon ego ferait-il le projet de raconter sa vie consciente, au double risque de ne jamais se satisfaire – s'il est exigeant – d'une taxidermie verbale vouée à l'à-peu-près, ou d'en vivre la redondance si cet à-peu-près le contente, cependant que la recherche romanesque lui ouvre la perspective d'une autobiographie de découverte ?

Car dans le roman, où son bon plaisir parle seul de l'ego, comment l'exploration qui enjoint au langage de renouveler ce bon plaisir n'offrirait-elle pas de *se dire* – par le fait – à un ego renouvelé par la force des mots ?

Non seulement le roman expérimental répond autant qu'un autre à l'exigence fondatrice du sujet que *ça* parle de lui, mais il fait mieux. Il fait que *ça* parle d'un lui qui le voit de plus haut et l'exalte. À l'autobiographie du déjà-vu, du déjà-compris, du déjà-rêvé, aux prises avec les difficultés déjà connues de la langue et leur apportant les solutions déjà éprouvées d'un bon plaisir installé dans quelque style identitaire, il substitue celle d'une existence qui se découvre en s'écrivant, dans ces conflits avec des difficultés insolites que son exigence renouvelle à plaisir, de livre en livre, pour qu'ils renouvellent à plaisir son accomplissement.

Non, décidément, l'ego n'a rien à y perdre.

À vrai dire, je ne vous ai imposé cette longue réflexion sur lui que parce que vous sembliez craindre que le mien ne s'égare quand il ne cherche qu'à s'évader. Mais s'il est légitime que l'acte d'écrire accomplisse le désir, inhérent à tout ego, de laisser trace de ses irréductibles différences dans un espace-temps qui excède le sien, cela ne confère pas pour autant, fût-elle plus profondément fidèle, une quelconque valeur à cette trace. Il en est tant dont l'humanité se passerait sans dommage…

Ni *Hamlet*, ni *L'Iliade*, ni la Bible ne me démentiront. Ce qui fait la valeur du livre, ce n'est pas ce qu'il révèle de qui l'écrit mais ce qu'il apporte à l'autre.

Qu'ai-je à offrir, au fait, à mon lecteur ?

Le statut particulier du romancier, que rien n'engage à la vérité des actes qu'il rapporte, m'a fait dire que sa seule promesse était celle d'une jouissance à partager. Encore convient-il d'observer la gratuité d'une telle promesse.

Pour que les émotions de mon lecteur soient les mêmes que les miennes, son plaisir mon plaisir, sa douleur ma douleur, il faudrait d'abord que les mots soient capables de les transmettre sans les trahir, ni par excès ni par défaut. Ce qui ne sera jamais le cas, quoi que talent y fasse.

Reconnaissons au passage à mon roman expérimental qu'il présente au moins cet avantage de ne pas nécessiter un pari si désespéré. Ce qu'il propose à mon lecteur, ce n'est plus la traduction littérale de mon émotion, avec ce que traduire implique de trahison, mais directement l'objet de mots qui l'a provoquée. En somme, il abolit entre ma jouissance et celle d'autrui le seul obstacle qu'il est en mon pouvoir d'écrivain d'abolir – et qui n'est pas le moindre : celui du langage.

Il n'y a pourtant pas grand mérite. En vérité il ne m'oblige qu'à faire en toute conscience, et de façon programmée, ce que font bien d'autres sans forcément l'admettre. Si celui qui me parle du douloureux bordel qui l'habite voulait vraiment me le communiquer tel qu'en lui-même, avouons qu'il serait un franc salaud !… Fort heureusement, il ne me communique le plus souvent que l'éblouissement de ce que les mots l'ont conduit à en dire par leurs trahisons mêmes et qui, question jouissance, vaut cent fois mieux qu'un douloureux bordel.

Quoi qu'il en soit, même aboli l'écran du langage, la communication de la jouissance n'en demeure pas moins aléatoire. C'est que le langage n'est pas le seul obstacle : il y a aussi tout ce qui chez mon lecteur le prédispose à refuser ou mépriser l'offrande. Et cela, de prime abord, ne dépend plus de moi.

Pour que les plaisirs du texte s'offrent à lui, pour que le livre lui soit seulement *lisible*, il ne lui suffit pas que les mots s'en avèrent assez connus, ou la syntaxe familière, il faut aussi que les promesses de sa jaquette et de ses premières pages répondent un tant soit peu à ses propres attentes, et que les enchaînements du discours se conforment suffisamment à ses propres habitudes pour ne pas dissuader son désir de poursuivre. Quant à prétendre, au bout du compte, que les gourmandises proposées auront pour lui la même saveur que pour celui qui les propose, il faudrait admettre de surcroît qu'il est doté des mêmes papilles et que les mêmes mots ont convoqué en lui, surgis de quelque passé commun et d'une culture non moins commune, les mêmes échos et les mêmes connotations...

Autant dire que la lisibilité du texte, et l'accès aux merveilles, dépend du lecteur pour moitié. Qu'on ne communique jamais vraiment. Qu'il n'est pas de texte universellement lisible, ni universellement aimable. Qu'il serait naïf de croire que les plus belles pages d'Homère enchanteront n'importe qui. Et qu'il n'est de génies enchanteurs qui le sont pour tout le monde qu'autant qu'on en répand la foi et que tout le monde, en revanche, a besoin de croire en l'universalité des génies.

Ce qui n'est pas sans conséquences...

Dans l'hypothèse qui est la vôtre d'une écriture identitaire témoignant, par la double pérennité de ses références et de sa manière, de quelque sensibilité personnelle aussi décisive qu'innée, l'écrivain ne communiquera l'essentiel de ses enchantements – et ne sera pour l'essentiel *lisible* – qu'au lecteur partageant déjà, avant même que d'ouvrir le livre, tout ou partie de ces références et de cette sensibilité particulière. Il lui offrira ainsi, vous avez raison d'y insister, de quoi *se reconnaître*. Mais au risque d'être *illisible*, pour l'essentiel, à tous ceux qui, ne partageant rien de déterminations si personnelles, ne se reconnaîtront pas…

Ainsi chacun, auteur ou lecteur, appartiendrait-il sans en pouvoir mais à quelque *famille* de sensibilité et de culture, fermée aux autres, où force lui serait de faire valeur exclusive de ce qui lui ressemble pour toujours. À chaque lecteur ses grands hommes prédestinés. À chaque auteur son lectorat à tous égards fidèle, à la façon de ces publics ciblés auxquels s'adressent les collections spécialisées des bibliothèques de gares.

Répondant sans le savoir à une demande préexistant à son offre, l'écrivain de votre hypothèse aurait une clientèle attitrée comme en a le marchand. Et Sulitzer s'adresserait à une happy few, sans doute plus conséquente mais non moins irrémédiablement limitée par ses déterminations propres que celle de Pierre Michon. Si ce n'est la loi du nombre, ce qui décidera en définitive de la valeur ou non de l'écrivain, c'est le postulat par lequel son lectorat lui-même se confère ou non de la valeur… Autant dire que *l'universalité du génie d'un écrivain sera proportionnée au pouvoir que détiennent ses lecteurs d'imposer à l'opinion que leurs goûts sont forcément les meilleurs.*

Et s'ils perdent ce pouvoir magique, il n'y aura plus que la loi du nombre pour décider du génie de l'écrivain.

Cela, bien sûr, dans votre hypothèse…

Le roman expérimental tel que j'en ai formulé l'exigence présente l'originalité de poser le problème autrement.

C'est que l'écrivain chercheur, loin de fonder le texte sur des déterminations personnelles qui ne s'y révéleront qu'en ultime analyse – et encore, aux lecteurs les plus vigilants –, s'emploie tout au contraire à les contrarier. Ce ne sont ni sa vie, ni ses goûts, ni ses opinions qui décident prioritairement des formes et des contenus, mais une hypothèse de langage qui les ignore.

C'est elle qui impose à l'intrigue de l'impliquer en secret pour mieux la désigner en son dénouement comme responsable nécessaire. C'est elle encore, à travers les exigences de l'aventure ainsi programmée, qui impose aux personnages leur comportement...

C'est elle, si ce comportement est d'une cohérence mécaniste, qui convoquera les héros prévisibles et stéréotypés du roman populaire, de la promise évanescente au savant fou... Et c'est elle, si ce comportement témoigne au contraire de douloureuses contradictions, qui exigera d'en justifier l'errance auprès du lecteur en recourant aux spéculations les plus subtiles du roman d'analyse.

C'est elle qui, en toute conséquence, directement ou indirectement, sans que les opinions, les goûts et l'expérience personnelle de l'auteur interviennent autrement qu'en dépit de sa volonté, décidera du genre, de la philosophie et du style de la fiction.

Et c'est elle, en définitive, *qui déterminera le possible lectorat auquel la fiction s'adresse...*

Est-il besoin de recourir aux lois des probabilités pour soupçonner qu'il n'y aura pas a priori plus d'affinités entre ce lectorat et l'auteur du roman qu'entre deux parfaits étrangers qui se croisent – disons pour être honnête : dans une librairie – et s'y trouvent incidemment mêlés au même drame ?

Ainsi ma *Doublure de Magrite*, dont la contrainte génératrice a induit une enquête criminelle en tous points conforme à celles de Simenon, sera prioritairement lisible, au moins en son premier degré, aux inconditionnels d'un auteur qui ne me ressemble guère. Cependant qu'elle risque de m'aliéner ce qui serait en revanche mon public d'élection : Robbe-Grillet, selon Jérôme Lindon, aurait refusé d'en ouvrir le manuscrit par allergie au supposé modèle...

Mieux même. Non seulement le roman expérimental ne préjuge pas d'affinités électives particulières entre le romancier et son lecteur, il ne postule pas davantage l'identité de leur culture :

Quand l'hypothèse formelle du *Domaine d'Ana* m'a suggéré une intrigue d'anticipation qui s'apparentait à celle du *Voyage au centre de la Terre*, je ne connaissais du roman de Jules Verne que l'argument. En fait je n'avais *rien* lu de Jules Verne, mon adolescence m'ayant toujours fait fuir – elle est le temps des préjugés – la littérature que certains lui réservent. C'est l'écriture du *Domaine d'Ana* et elle seule qui m'a fait découvrir *L'Île mystérieuse* et *Le Château des Carpates*, et partager avec le lecteur à qui ma contrainte me destine un peu de cette culture qui est probablement la sienne et que je n'avais pas.

Nul doute que demain de nouvelles hypothèses de langage assigneront à l'écrivain chercheur de nouvelles sensibilités ou de nouveaux champs culturels. Et peut-être conduiront-elles son ego – qui peut prévoir en matière de recherche ? – à se frayer une nécessité dans les jardins d'Homère, d'Annie Ernaux, de Kundera ou de Laclavetine. Même Dostoïevski – dont j'accorde à Borges qu'il atteint, en matière d'ego expérimentaux, d'hypothèses supra-formelles et de psychologie combinatoire, des sommets spéculatifs difficilement dépassables – pourrait lui ouvrir son espace pour peu que contrainte y convie et le lui rende suffisamment exigible pour qu'il s'y sente à l'aise…

Alors des lecteurs qui ne sont pas aujourd'hui *ses* lecteurs pourront entrer dans son livre.

Par l'exigence de sa règle, l'ego chercheur ne s'adresse plus seulement au cercle limité de ses alter ego potentiels, mais potentiellement à n'importe qui d'autre. Ce qui ne veut pas dire, bien sûr, que chacun de ses livres sera « lisible par tous » : une telle prétention est absurde. Cela veut dire que, chacune de ses hypothèses déterminant un public différent, *le roman expérimental peut concerner un jour ou l'autre tous les publics.*

Ceux qui ont des goûts et des centres d'intérêt nobles, et ceux qui en ont de vulgaires…

Mais concerner ne suffit pas.

Si de tels romans se contentaient de tenir leurs promesses de jouissance en confortant chaque public dans ses attentes, ils ne feraient qu'atteindre l'objectif des collections ciblées. Ou encore celui, non moins ciblé, mais moins explicitement, des littératures de l'ego telles qu'elles fleurissent dans les collections blanches… Et cela en se compliquant singulièrement la tâche !…

C'est qu'en vérité ils ne satisferont jamais qu'en partie de telles attentes. Quand bien même formes et contenus sembleraient y souscrire, quand bien même chacun y retrouverait à tout moment ces repères culturels qui autorisent sa connivence et son implication dans le jeu, suffisamment en tout cas pour entretenir, si routinier soit-il, son plaisir de lire jusqu'au dénouement, *il y aurait le dénouement…*

Et ce dénouement, nous en avons fait notre impératif, dénonce une hypothèse formelle.

Une hypothèse formelle qui, loin de fleurir pour l'exploit le style d'un récit qui se passerait d'elle, en fonde l'intrigue et en fournit la clé. Une hypothèse qui a décidé des actes commis et destiné les personnages, déterminé leurs pensées, tendu leurs décors, et sans laquelle rien de ce qui est dit n'aurait de nécessité…

De tout cela, bien entendu, le dénouement ne rend pas compte. Il s'en tient à fournir la clé. Et encore, sans que rien la désigne comme telle à un lecteur qui n'est guère préparé à ce qu'une clause de style s'offre à résoudre son mystère. L'information s'en perd d'ailleurs parmi d'autres, sur les dernières péripéties de l'intrigue ou le sort des personnages, propres à détourner son attention. En somme, la clé de l'énigme est bien là, mais sous le paillasson de ses ultimes conséquences…

Notre lecteur, je l'admets, peut refermer le livre sans la voir. Mais alors le mystère ne se résout pas, ou si mal qu'il ne peut satisfaire son attente. La serrure ne s'est pas offerte, qu'il n'a eu de cesse de chercher nanti de ses clés coutumières.

Beaucoup, tant ils sont habitués à rencontrer de contingence dans les romans, se feront une raison de cette ultime désinvolture. Comment leur en voudrait-on ? Dans un genre où le seul contrat est la liberté absolue de l'auteur, pourquoi celui-ci ne se ferait-il pas un droit de préserver le secret des mystères qu'il suscite *ad libitum* ?...

Depuis Valéry, tant de lecteurs exigeants ont dû fuir les romans à force d'y subir la danse de cinq heures des marquises qu'il ne doit plus en rester un sur mille. Mettons : un sur cent... Et j'imagine amateur de polars plutôt que d'introspections goncourables...

À celui-là je ne demande presque rien. Je n'exige pas de lui qu'il soit né dans mes provinces, qu'il ait lu les mêmes livres que moi et fréquenté mes universités. Je ne lui impose pas davantage de partager mes goûts et opinions, ni qu'il appartienne à ce que Gracq appellerait ma « société secrète ». Je lui reconnais même le droit de s'endormir sur Proust, de conchier Mallarmé ou de tenir Jünger pour une marque de bière munichoise. Je le prends où il est pourvu qu'il soit lecteur.

Simplement, et quelle que soit la race de son âme, j'attends de lui ce réflexe de révolte devant l'arnaque par lequel un honnête homme se rue sur le contrat qui l'a grugé pour en relire tous les termes. Oserais-je appeler *dignité* du lecteur ce besoin si apparemment étrange, sinon de trouver gain de cause, en tout cas de *comprendre* ce qu'il a mal lu ?

Alors peut-être mon lecteur sur cent rouvrira-t-il mon dernier chapitre, et l'examinant à la loupe de son exigence y découvrira-t-il la clause perverse. S'il veut y croire, il soupçonnera même qu'elle lui offre un recours. Il ne lui faudra plus que le courage d'entamer la procédure.

Si je parle ici de courage, c'est qu'il convient d'en avoir, assurément, pour remettre en question sa propre lecture, pour admettre que mots et figures puissent avoir d'autres sens et d'autres fonctions que ceux reconnus, et relire sur la foi d'objectifs qui excèdent les habitudes. Tout apprentissage implique, en ce qu'il engage un dépassement de soi, outre le désir de comprendre, la nécessité d'un effort. Il n'est pas de progrès, même intime, qui n'exige quelque transpiration.

Encore devrez-vous reconnaître à ce souci pédagogique dont vous voulez bien m'honorer qu'il n'impose pas cet effort nécessaire au lecteur dès les premiers mots du livre – comme tant d'auteurs d'une tout autre modernité qu'il ne me semblerait pas impertinent de dire *ésotériques* et *stériles*. Ésotériques parce qu'ils préjugent d'attentes lectorales réservées à une classe culturelle initiée. Stériles parce qu'on n'autorise le dépassement d'aucune lecture préconçue par le moyen d'un texte qui la rend d'emblée impossible.

C'est qu'il ne s'agit plus ici de récuser les conventions de langue et de genre en leur substituant du non-convenu, mais au contraire de les employer toutes, et les plus convenues, intrigues et descriptions à la papa comprises, à parler de ce dont elles ne convenaient pas.

Aussi est-ce au moment du dénouement, où les conventions de l'intrigue portent conventionnellement l'intérêt du lecteur à exiger qu'il soit répondu aux questions, au moment à coup sûr où il est *le plus motivé pour le faire*, que lui est demandé l'effort initiatique.

Il lui suffira d'accepter l'information qui donne à l'univers où il s'est engagé une autre clé que les siennes.

S'il en use, il s'ouvrira un chemin concourant de celui que l'auteur a suivi. Peut-être y découvrira-t-il à son tour des récurrences troublantes, des symétries singulières, de réjouissantes ambiguïtés et autres mailles de réseaux de sens que sa première lecture avait ignorées. À son tour peut-être en induira-t-il de nouvelles clés de lecture…

Le livre exaltant n'est pas celui qu'on relit avec le même plaisir, mais celui qu'on relit avec un plaisir renouvelé.

Quand enfin le lecteur chercheur, devenu émérite, aura reconstitué le puzzle et rendu à sa nécessité ce que le dessin étrange de ses dernières pièces avait encore d'illégitime, peut-être sera-t-il déçu par l'absolue contingence de *ce qui reste* : ce filigrane d'autoportrait que l'inconscient de l'auteur, s'engouffrant dans tous les jeux du jeu, a imprimé malgré lui dans son cadre.

Ou peut-être *s'y reconnaîtra-t-il…*

Mais quel intérêt désormais ? L'enjeu compte moins ici que la partie, et d'autant moins que la partie fut belle. Le but atteint ne vaut que par le chemin parcouru.

Car ce qui importe, ce n'est pas une quelconque *signification* finale du texte, qui ne sera d'ailleurs jamais la même pour mon lecteur et pour moi, c'est ce qui n'a jamais cessé, depuis la première phrase, d'en infléchir, d'en subvertir et d'en renouveler toutes les significations, pour moi autant que pour lui.

La promesse de jouissance du roman n'engage plus ici à un partage du sens, ni de la sensation, tel qu'il ne peut se faire qu'entre deux complexions déjà fraternelles, mais à l'exaltation partagée, et du sens et de la sensation, de complexions qui, elles, ne le sont pas encore.

Ainsi ne sera-t-il ni d'écrivains des caves se réchauffant entre eux, ni d'écrivains des grands sommets s'adressant à leurs pairs, mais ceux qui, d'où qu'ils partent, et quels que soient leurs compagnons de fortune, leur proposent d'accomplir ensemble une ascension.

Il est des objets que leur statut ne destine pas à l'utilitaire, ni même à l'information, dont beaucoup pensent qu'ils n'ont d'autre usage que d'occuper le vide ou le temps, et dont certains d'ailleurs se passent.

Que diriez-vous d'appeler *objet de culture* celui dont l'économie interne a ce pouvoir de modifier le regard que nous avions d'abord sur ce qu'il nous présente, de nous donner à interpréter, à entendre et à voir autrement les mêmes concepts, les mêmes sons, les mêmes images ? Un objet dont la cohérence est capable, s'il transgresse a priori nos goûts et opinions, d'imposer la nécessité de cette transgression à qui éprouve simplement le besoin de comprendre et s'oblige à l'effort nécessaire. Et s'il semble au contraire nous conforter dans nos opinions et nos goûts, un objet qui nous conduit pour la même raison et aux mêmes conditions à des opinions et à des goûts qui les excèdent. Un objet qui nous invite au dépassement.

D'art ou d'analyse, un objet, toujours, de remise en cause.

Que diriez-vous d'appeler *objet de consommation* celui qui toujours nous donne à voir à l'identique ? Un objet dont les contingences, pour peu qu'elles s'adressent à d'autres natures et cultures que les nôtres, le voueront sans recours à notre indifférence ou à notre mépris. Et si au contraire elles se conforment à ce que nous aimons et pensons déjà de par nos déterminations propres, si elles répondent fidèlement à nos attentes, un objet dans lequel sans effort nous *nous reconnaîtrons.* Un objet qui nous consacre.

Un objet, délibérément ou inconsciemment, de complaisance.

À cette aune, en tout cas, et sans démagogie, on s'apercevrait vite qu'il est bien des œuvres d'*auteurs* que leur clientèle d'alter ego, fidélisée par la constance d'une griffe exceptionnelle, ne fera jamais que consommer, et quelques romans populaires *mal écrits* (ô ma chère Agatha !) qui cultiveraient, si elles faisaient l'effort d'en tirer les leçons, bien des élites.

Ne vous méprenez pas pour autant : je n'ai *rien* contre les objets de consommation. Ils sont de ces superflus nécessaires, et j'en use autant qu'un autre. Pour ne parler que de romans, outre qu'ils me reposent, ce sont eux qui renouvellent mon matériau. Comment reprocherais-je à Simenon d'avoir institué la contingence exemplaire de ses tranches de vies en convention, puisque c'est sur la convention que je travaille et que mon livre n'eût pas été possible sans Simenon ?

Entre consommation et culture il est d'ailleurs bien des romans de compromis.

Mais à fonctions qui se contrarient, *valeurs* qui se combattent.

À refuser d'afficher clairement les unes et les autres, à ressasser que la valeur littéraire est indiscutable, à laisser au jugement de chacun le droit d'en décider, ce n'est pas d'ouverture d'esprit qu'on fait preuve. Ni surtout d'impartialité. Dire que cette valeur est affaire de goûts et d'opinions et que tous les goûts et opinions sont respectables, c'est tout simplement revendiquer l'enjeu du *seul* objet de consommation.

*L'objet de culture, au contraire, affirme que les opinions et les goûts sont indéfiniment contestables. À commencer par ceux de l'*auteur...

En niant cette fonction spécifique de remise en question permanente et de progrès qui l'universalise, les élites culturelles renonceraient de fait à *la* culture au nom *des* cultures. Elles contribueraient à généraliser la constitution de ces ghettos dont les collections ciblées ne sont que les prototypes. Et où, sous couvert de liberté de pensée, de happy few en fan-club, de chapelle en catacombe, de *société secrète* en société toujours plus secrète, elles se réfugient et s'enferment elles-mêmes.

Il ne restera plus au totalitarisme marchand, ainsi protégé de ce qui seul pouvait le contester encore, qu'à verrouiller les grilles.

Ainsi la boucle de notre parcours commun se referme-t-elle aussi par ce retour à la question première.

J'ignore si notre échange vous aura permis cette exaltation du point de vue qui est l'objectif de toute discussion comme de toute culture. La contrainte que vous m'avez été, bien qu'assez peu formelle, m'aura révélé quant à moi bien des traits en filigrane de notre inconscient commun. Et si je n'ai su vous convaincre en retour, du moins puis-je croire vous avoir un peu ébranlé. Je vous avais demandé deux heures, je vous ai pris deux ans, mais après tout, je ne l'oublie pas, il m'a fallu moi-même deux siècles...

Je n'ignore pas non plus la puissance de cette inertie dont Bruno Mégret résuma fortement le principe, sur France-Inter, entre les deux tours des élections, exprimant tout haut et sans fausse pudeur ce que l'économie de marché conseille tout bas aux garants de notre pensée : « Il faut convaincre les gens que nous défendons leurs opinions (ajouterai-je : et leurs goûts ?) : c'est plus simple que de les convaincre de changer d'opinion. »

Qui nous lit, en somme, s'y reconnaisse...

Mon enfance, Mon père, Ma mère, Mes amours... La plongée de Narcisse dans son reflet le dispensera définitivement de réflexion.

Bouclée, la nôtre en est-elle achevée pour autant ?

Vous m'avez écrit certain jour qu'il était « relativement facile de se forger des opinions en matière de politique ». Peut-être, soit dit entre parenthèses, la survivance de théories et de programmes en ladite matière favorise-t-elle des choix que l'interdiction liminaire de théoriser et de programmer rend plus délicats en littérature… Quoi qu'il en soit, je me gardais pour plus tard de débattre avec vous du problème de l'engagement politique, tel du moins qu'il se pose au grand romancier selon votre cœur et au romancier chercheur selon le mien.

Bien sûr, là tout de même, avancerions-nous pas à pas, en commençant par sa donne. Nous évoquerions d'abord – puisque tel est le sens premier du politique – la place que lui assigne la cité. Avant que de stigmatiser de conserve les génocides, les intégrismes et la xénophobie, Staline, Pol Pot et Milosevic, avant que de fixer les priorités du troisième millénaire, et assurés que l'écrivain sera d'autant mieux armé pour aborder les grandes questions de l'univers qu'il aura su répondre aux petites qui s'imposent à lui, nous nous pencherions sur son contrat.

À défaut de ses devoirs qu'aucune clause ne stipule, nous examinerions ses droits. Sans négliger ces *droits d'auteur*, dont la cité unanime a naguère célébré l'avènement libérateur – vieux de deux siècles lui aussi… – et qui rendent sa subsistance de dignitaire plus tributaire cent fois de l'offre et de la demande que ne l'est celle d'un maquignon. Nous discuterions des inégalités, non pas encore celles qui se creusent entre le quart monde et les premiers, mais celles, plus modestement, de sa corporation. Nous parlerions de l'exclusion, non pas en général du métèque, du païen ou du faible, mais de celui, dans son propre canton, en qui *on ne se reconnaît pas.* Nous parlerions de la *propriété* littéraire, des prix de fin d'année, des médias, de l'édition… de tout ce que son statut bizarre, incontesté sinon incontestable, et ce que Bourdieu nomme les règles de l'art quand il ne s'agit pas encore de celles que l'art s'est fixées, font politiquement de lui avant qu'il ne songe à en faire, politiquement, autre chose.

Vous auriez cette fois le double avantage d'un terrain qui vous est aussi familier que facile, cependant que mon propre jugement ne s'y fonde en toute franchise *que* sur des préjugés.

Je souhaite vraiment que nous entamions ce second tome de notre correspondance. Mais je ne saurais abuser de cette promesse, par moi prise au pied de votre première lettre, par laquelle vous vous engagiez sans trop savoir à être toujours mon très attentif lecteur.

À vous d'en décider...

Un dernier mot, quoi qu'il s'ensuive.

J'avais un ami, ou plutôt non : j'avais *l'*ami, celui qui nous est à l'évidence plus cher que tout et dont on ne se console jamais de la perte.

Il avait à peu près les mêmes goûts et opinions que vous.

Nos nuits entières d'affrontement féroce abreuvées d'arabica et de whisky, je ne vous les raconterai pas plus que mon enfance...

Mais c'était mon ami.

Bien cordialement,

Jean

*

19

Tours, le mardi 26 août 1997

Cher Jean,

Rien de fâcheux n'explique ni n'excuse mon silence. Le contenu de votre dernière lettre n'en est pas la cause, ni le fait que vous ayez *cogné fort.* Je crois simplement que l'objet de nos lettres m'est apparu décidément trop flou, et que, mû sans doute par un sentiment d'à quoi bon assez fréquent chez moi, j'ai repoussé de jour en jour le moment de reprendre le dialogue, pour finalement y renoncer presque sans y penser.

Cette paresse (ou cette lâcheté : il me semble que vous employez les deux mots, aimable Jean) s'est conjuguée avec un réel manque de temps, diverses activités assez peu intelligentes m'ayant accaparé ces derniers mois – l'une de ces activités consistant à rester un nombre respectable d'heures, chaque jour, parfaitement immobile devant une feuille blanche, dans un état d'hébétude mêlé de terreur, semblable je pense à celui du mulot contemplant un serpent dressé devant lui. (Encore un poncif romantique, mais que voulez-vous, on ne se refait pas.)

La boucle est-elle vraiment bouclée, et sommes-nous allés au bout de ce qui nous oppose ? À relire vos lettres – ce qui n'est pas un mince travail – j'ai le sentiment que nous avons certes cheminé de façon circulaire, nous repoussant mutuellement autour d'un *noir* central, mais que le cercle n'est ni fermé ni vicieux : à la faveur de décrochements incessants, de dérapages, de glissements inconscients ou délibérés, il se tord nettement en forme de ressort...

Nos positions paraissent irréconciliables, c'est vrai. « Nous ne serons jamais d'accord », me disiez-vous l'autre jour au téléphone. Pourtant, ce n'est pas le sentiment que je retire de nos échanges, pour finir.

Bien sûr, nous abordons la pratique littéraire de façon diamétralement opposée. Mais la Pension Littérature est assez grande et biscornue pour loger tous ceux qui ont envie d'y vivre, n'est-ce pas ? Elle dispose de recoins sombres, de vastes galeries, de salons bourgeois et d'ateliers de peintres, de caves beckettiennes et de greniers gracquiens ; et les cloisons ne sont que des idées de cloisons. On peut y habiter seul ou en communauté, garder fenêtre ouverte ou volets clos. On peut avoir des idées précises, voire des théories structurées sur la façon dont il est souhaitable que la maison soit habitée et entretenue, ou refuser de lire le règlement de copropriété. On peut vouloir la transformer en temple ou en phare, en maison du peuple ou en club privé (bien que la porte d'entrée n'ait pas de serrure), en péage de douane ou en cabane de berger, en bibliothèque centrale ou en laboratoire.

Il arrive que le tagger de l'entresol se castagne avec l'oulipien du troisième, lequel a des envies de pendre le poète lyrique (selon lui indûment logé à l'étage noble) avec les tripes de l'auteur de best-sellers (que tout le monde déteste, mais qui paie les notes de chauffage). Malgré cela, une même certitude habite tous les pensionnaires : celle que ni la municipalité, ni le syndic, ni le marché, ni la police des mœurs, ni l'archevêque, le rabbin ou l'immam, ni la Pédagogie Nationale, ni le grand Conseil des Familles n'y ont le moindre droit de remontrance, suggestion, autorisation, sanction, admonestation, encouragement, consultation, juridiction. La Pension est un territoire libéré – le seul, à vrai dire, de toute la Cité. Ses portes sont ouvertes à tous et à tous vents. On ne peut lui reprocher d'être un lieu de désordre, puisque c'est sa raison d'être.

Cette liberté essentielle ne relève pas d'un état de fait, mais d'une conviction indéracinable qui, je le répète, constitue le point commun à tous les pensionnaires, qu'ils soient lecteurs, écrivains, ou les deux. La réalité, évidemment, se charge de mettre des poings sur le i de Rushdie ; mais la réalité n'a jamais le dernier mot.

Eh bien, cette conviction centrale, malgré nos innombrables et fondamentaux désaccords, je la retrouve à part égale dans nos lettres ; elle sous-tend nos échanges et en justifie à elle seule la longueur et l'intensité, alors même que nous semblons décidément ne pas parler de la même chose lorsque nous écrivons le mot *roman.*

Un exemple : la distinction que vous faites, dans votre dernière lettre, entre l'écriture expérimentale (celle qui cherche, qui creuse, qui escalade, qui ne se contente pas du bitume et des lignes droites, celle qui élabore des formules inouïes, celle qui force le lecteur à sortir de lui-même et de ses habitudes mentales, celle qui donc le respecte et concourt à son élévation : bref, votre écriture) et l'écriture « identitaire » (celle qui cherche la connivence avec le lecteur, sur des bases déjà connues ; celle qui se contente de la bouillie consensuelle des émotions communes, celle qui se soumet sans le savoir – et parfois en le sachant – aux diktats du totalitarisme marchand : me voilà démasqué) a de quoi me faire bondir. Je suis absolument convaincu que vous vous trompez, *du moins en ce qui concerne vos conceptions, votre pratique*. Et je le regrette, car j'ai le sentiment que vous limitez l'audience de votre œuvre à un cercle d'amateurs de rébus et de Meccano. *Comptine des Height* est un des premiers livres que m'ait donnés à lire Georges Lambrichs, lorsque je suis arrivé chez Gallimard. Le roman m'a paru étrange et beau, et j'en ai à mon tour conseillé la lecture dans mon entourage ; j'ignorais pourtant que l'auteur attendait bien autre chose de moi qu'une consommation passive (pour peu que la lecture puisse être passive), et que, loin de me raconter une histoire, il me proposait « une ascension ». J'ignore toujours, d'ailleurs, quelles étaient les règles du jeu auquel j'étais convié sans le savoir, règles connues de vous seul à ce jour ; comme j'ignorais, en lisant *Le Domaine d'Ana*, sur quel subtil et complexe échafaudage reposait la fiction que vous me proposiez : n'est pas Champollion qui veut.

L'idée selon laquelle le lecteur, une fois arrivé au dernier chapitre, va découvrir, grâce à je ne sais quelle imperceptible faille, que tout l'édifice romanesque qu'il a cru parcourir n'était qu'un trompe-l'œil, me paraît déjà déraisonnablement optimiste : s'il est parvenu au bout, c'est qu'il a été porté par un désir de récit, par une puissance rythmique des phrases, par un plaisir de connaître les personnages et de les accompagner jusqu'à leur fin, qui n'ont pas grand-chose à voir avec le sens. Avoir inventé une mirobolante et impeccable machinerie ne vous garantit pas, très loin de là, que vous réussirez à capturer le lecteur. La machine peut être belle, mais n'oublions pas que c'est du sang vermeil et chaud qui doit la parcourir, faute de quoi personne ne tentera d'en découvrir le mystère – personne même ne sera suffisamment mis en appétit pour déceler l'existence d'un mystère.

Quant à penser que ce lecteur plein de bonne volonté, ayant découvert son erreur, va accepter en chantant de repartir à zéro afin de reconstituer le puzzle (car il y avait puzzle, là où, pauvre naïf, il croyait avoir affaire à un roman !), voilà une bien étrange utopie. *Soit* il est arrivé à la fin du roman, et cela par la simple force du récit – et à quoi bon, dès lors, faire l'autopsie de ce plaisir qu'il vient de vivre ? A-t-on envie de disséquer le femme avec qui on vient de passer la nuit ? *Soit* la complexité et le poids des contraintes que s'est imposées l'auteur ont rendu son livre obscur et lourd, les personnages inexistants, les situations invraisemblables, et le lecteur l'a abandonné en cours de route. Si, par respect du travail fourni, il a poussé la bienveillance jusqu'à lire le livre de bout en bout ; si même il a, dans le dernier sursaut de lucidité qui précède l'assoupissement, décrypté le message à lui adressé par un écrivain fraternel et collant, on ne peut humainement attendre de cet homme ou de cette femme qu'il ou elle pousse l'abnégation jusqu'à reprendre son travail au bas de la côte. J'ai du mal, pour ma part, à imaginer Sisyphe heureux. Reste, bien sûr, la catégorie des amateurs de jeux de construction ; elle ne recoupe celle des amoureux de la littérature qu'en de très rares points, et vous en êtes une exceptionnelle illustration.

Et puis, votre présentation de la littérature « de recherche », encore une fois, est trop imprégnée de pédagogisme pour pouvoir me convaincre. Il s'agirait, selon vous, de proposer au lecteur « d'accomplir, *ensemble*, une ascension »... Le montagnard d'un jour suivant son guide en transpirant par les chemins abrupts... Allons donc. On est aussi seul quand on écrit que quand on lit, vous le savez, et c'est très bien.

Mais je pourrais continuer longtemps ainsi, relevant dans vos phrases telle ou telle proposition à mes yeux scandaleuses... Ce sont toujours les mêmes pierres, en définitive, sur lesquelles nous trébuchons l'un et l'autre depuis deux ans. N'empêche : à plus d'une reprise, c'est vrai, j'ai été ébranlé par vos arguments, par leur caractère implacable ; et si je n'ai jamais été tenté de jeter une bonne fois l'éponge, c'est que je ne crois pas aux vertus de la logique. Nous continuerons de cohabiter vaille que vaille dans la grande Pension, vous, à cheval sur le faîtage, moi creusant dans la cave humide (à proximité des bons crus), et de nous faire signe de temps à autre. Irréconciliables, certes, mais pourquoi chercherions-nous à nous réconcilier ? Ce qui nous unit est plus fort que ce qui nous divise. J'espère lire très bientôt un roman signé de vous. Ce serait une histoire de moutons et de murs. Une lame argentée cisaillerait le ciel : un avion passant à distance égale de Tours et de Montourtier ; et ce ne serait pas un B 52.

En attendant, je vous salue toujours très amicalement.

Jean-Marie

⋆

20

Montourtier, le 29 décembre 1997

Je dois avouer que si l'échange devait durer, cher Jean-Marie, c'est assurément moi qui jetterais l'éponge, les gants, le protège-dents, la culotte et sa coquille, avant que de basculer corps et biens dans le trou noir au bord duquel vous situez notre ring...

Comparaison n'étant pas raison, il est assez logique pour qui se défie de la logique d'accorder plein pouvoir aux métaphores. Mais les vôtres m'anéantissent.

Celle-ci, par exemple : « A-t-on envie de disséquer la femme avec qui on vient de passer la nuit ? »

Ah certes ! il est des romans et des compagnes d'un soir qu'on n'a guère souci d'approfondir une fois épuisé le plaisir du premier jet... Ma pesanteur didactique n'aurait jamais su formuler plus crûment, tant pour la femme que pour le livre, ce qu'est l'objet de consommation.

Quant à imaginer qu'il subsisterait toutefois, dans notre civilisation du tout-jetable, quelques bienveillantes bonnes volontés douées d'assez d'abnégation pour s'attacher aux livres et aux femmes dignes de relectures, autant croire – à vous écouter – que Sisyphe à la peine en redemande...

Dont acte. S'il est une leçon que je tire de notre correspondance, quant à moi, c'est qu'on n'est jamais assez raisonnablement pessimiste.

Ainsi supposais-je dans ma dernière lettre qu'un lecteur sur cent (sur mille, peut-être, en toute prudence...) attendait autre chose de l'écrivain qu'une histoire de plus, où il lui faudrait accompagner – pourvu qu'elle eût le sang chaud – quelque marquise de plus dans ses sorties aléatoires... Je m'aveuglais à l'évidence. J'étais persuadé que ce lecteur sur cent ou sur mille ne pouvait se satisfaire d'une lecture passive, ou qu'à tout le moins il ne s'en vanterait pas... J'étais un doux rêveur. Je pensais même que certains livres étaient écrits pour être relus... Je vivais sans télé dans mon alpage.

Vous avez décidément raison : l'écrivain est bien seul et ne méprisera jamais trop ses contemporains.

Une leçon de réalisme étant toujours bonne à prendre, je me serais contenté d'accuser le coup si une autre métaphore, surgie d'outre-terre, n'était venue m'asséner par-derrière un nouveau message, mais cette fois – illogisme oblige – d'abstraction pure.

La Littérature serait, si j'ai bien compris, une pension ouverte à tous, où aucune règle ne s'applique, où aucun pouvoir ne s'exerce, et dont l'espace réservé de liberté sans réserve a le désordre pour raison d'être...

Et vous auriez décrypté cette vision de phalanstère en apesanteur, si j'ai toujours bien compris, dans le non-dit de mes propres lettres après les avoir attentivement relues...

Champollion *out* !

J'hallucine.

Croyez bien que je suis touché des efforts que vous déployez pour nous découvrir des idéaux communs. Et non moins que vous je suis soucieux de signer la paix des braves sur la base d'un consensus honorable.

J'admets volontiers que nous aimons l'un et l'autre les grands crus de notre commune culture et que vous êtes aussi païen que moi lorsqu'il n'est pas question d'art. Je consens que nous soyons jadis tombés tous deux dans la potion magique du romantisme, même si, pour ma part, je me suis toujours soigné. Je vous suis en aveugle lorsque vous témoignez qu'on peut jouir d'un de mes livres* sans être un cryptologue ascensionniste. Je tombe aussi d'accord que nous devons éprouver la même viscérale inquiétude lorsqu'un chef de parti se réclame de pureté ethnique, lorsque Debré légifère ou lorsque Dutourd se met à penser.

Mais, de grâce, ne profitez pas de cette sympathie fondatrice pour *vous reconnaître* aujourd'hui dans tous mes interlignes !

De l'anarchie comme raison d'être, je vous ai déjà signalé ce qu'il fallait en craindre, et j'avais cru que vous m'aviez compris. Naïvement sans doute, mais il n'est hélas plus l'heure des redites...

De la liberté totale, si elle était concevable, je vous prouverais bien qu'elle mène à la non moins totale insignifiance. Mais il faudrait pour cela que vous tolériez les lenteurs d'un raisonnement, que votre religion ne vous interdise pas la logique, et que vous ne postuliez pas en la matière l'impertinence de toute démonstration.

Pour faire bref, et puisque vous préférez les métaphores, nous dirons qu'elle est un lapin sans père, ni mère, ni durée, ni désirs, ni apparence, et dont la vitesse de pointe est illimitée. Imaginez une compagnie batifolant dans la neige, et vous comprendrez pourquoi certains écrivains libres éprouvent parfois le vertige de la page blanche...

Fort heureusement nous ne vivons pas dans l'éther mais dans l'Histoire. L'absolue liberté des écrivains n'y est pas concevable, ni vis-à-vis d'eux-mêmes, ni vis-à-vis des règles du langage, ni vis-à-vis des lois de la Cité. Et si cela doit leur épargner l'insignifiance absolue, nous admettrons que ce n'est pas plus mal.

* Pour les règles de *Comptine des Height*, voir le n° 6 de la revue TEM (hiver 1986). Aucun mystère n'y est préservé.

Des portes généreusement ouvertes de la Pension Littérature, ne doutons pas qu'elles le soient aux acheteurs de livres, et le temps de passer à la caisse. Quant à l'accès des écrivains..., cela n'a pu qu'échapper à votre délicatesse, mais une malchance persistante veut depuis quelques années que je me présente aux heures de ménage...

Serais-je vulgaire en évoquant le pourcentage de libres manuscrits librement refusés ? et celui, fourni par vous-même, des publications librement vouées au silence avant d'être librement pilonnées ? Si je prétendais qu'un postulant sur mille trouve un accueil durable dans votre territoire libéré du réel, vous seriez le premier à me taxer d'optimisme déraisonnable.

Je ne vous le souhaite certes pas, Jean-Marie, mais allez savoir... Peut-être un jour découvrirez-vous par vous-même, en refusant un prix littéraire, par exemple, ou en vous interrogeant à voix haute sur certaines clauses du non-règlement qui vouent l'auberge aux courants d'air, que ses portes les plus librement ouvertes sont celles de la sortie...

Votre zone franche, ne vous en déplaise, est en ses créneaux jalousement protégée. Quoi de plus logique d'ailleurs ? Dans un monde productiviste où les individus n'ont de valeur qu'utilitaire, comment n'afflueraient-ils pas vers ce que vous leur présentez comme un paradis de la contingence ? Or la demeure n'est pas extensible à discrétion, si modulable et biscornue soit-elle. Xanadou même n'a que dix milles carrés de superficie.

Comme dirait Michel, ami de Jean-Louis : elle ne peut tout de même pas accueillir tous les douloureux bordels du monde...

Une sélection sévère devra s'opérer.

Mais comme il est toujours délicat de préciser les critères décidant des misères à exclure, on ne commettra pas en Littérature – commune libre – les mêmes erreurs qu'à l'Assemblée. Les règles n'y seront pas écrites. Aucune remontrance, suggestion, autorisation, sanction, admonestation ou juridiction d'où qu'elle vienne n'y sera préalablement débattue, amendée, et contresignée sur aucun papier permettant d'évacuer les sans-papiers.

La sélection s'y fera sans doute, et féroce par nécessité.

Mais *librement* féroce...

Bien sûr, à défaut d'une législation, il faudra qu'un pouvoir exerce cette rigueur... Au cas par cas, ses absolues et indéracinables convictions en guise de règlement très intérieur, il faudra tout de même que quelqu'un décide ou non du droit de séjour, de l'affectation dans la cave ou sur le toit, dans la suite ayant pignon sur les médias ou la cellule avec vue imprenable sur le mur d'en face.

Ce ne saurait être, dites-vous, ni le syndic, ni l'immam, ni la police.

Ni le prof, ni le critique, ni l'éditeur.

Ni vous, ni moi, ni personne de ceux qui sont déjà dans la place.

Et comme on ne saurait trop croire aux contes de Noël, ni même le bon plaisir du marché !

Soit. Je ne voudrais pas vous gâcher les fêtes de fin d'année.

Nous conviendrons qu'en son trou noir d'antimatière, l'exécutif et le législatif de la galaxie Littérature sont exclusivement assumés par le plus grand des hasards...

Que les constructions purement verbales vous soient suspectes, je le veux bien. Que vous ne croyiez guère aux vertus de la logique, je le soupçonnais depuis longtemps. Que vous récusiez aujourd'hui l'*état de fait* me surprend à peine. Que vous affirmiez de surcroît que *la réalité n'a jamais le dernier mot*... et vous concevrez, cher Jean-Marie, que je puisse me demander si l'astronef qui brille parfois dans mon ciel de tous les feux de sa rhétorique a encore un pilote.

D'où la question, sans nul doute repoussée à la faveur de décrochements incessants, de dérapages, de glissements inconscients ou délibérés qui lui font cisailler la nue en zigzags : l'ovni ne serait-il pas téléguidé ?

Ne serait-il pas en permanence branché sur les ondes qui diffusent le même message consensuel à qui – lecteurs, écrivains, ou les deux – ne vit pas en ermite sur sa montagne ?

« … Idéologies mortes, théories désamorcées, plus rien à craindre – stop – Histoire finie, rendez les armes – stop – progrès de l'art utopique, détendez-vous… La liberté ne sera plus jamais à conquérir : elle vous est acquise. Vos convictions et leurs contraires sont convivialement indépassables désormais. Votre pensée est imperfectible et votre sensibilité aiguisée à l'ultime. Nul ne volera jamais plus haut ni n'aura de plaisirs plus subtils. Stop vous dis-je ! Vous voici l'homme achevé d'un monde qui aboutit à vous. Coupez les gaz. Laissez planer… »

Évidemment, le message n'a guère à se préoccuper de *pédagogisme* pour être reçu cinq sur cinq. Et je comprends que vous renonciez au tome politique de notre correspondance. De quoi parlerions-nous en deux cents pages vouées à la nostalgie ?

Reste que…

Je vais vous faire une confidence qui me coûte parce que, justement, je répugne à la nostalgie. Je vais vous parler du petit *noir* de vécu personnel que j'ai tenté jusqu'ici d'occulter, bien qu'il ait à coup sûr décidé des glissements de nos évolutions abstraites. Si je niais ce qui me détermine après vous avoir reproché d'ignorer vos propres donnes, je ferais preuve de malhonnêteté.

Depuis certain refus, en 1980, du Médicis et du système des prix en général, Gallimard et quelques confrères de renom m'ont témoigné que les portes de la Pension Littérature ne m'étaient pas ouvertes à demeure. Je venais de renoncer à mon talent.

Je ne m'interdisais pas pour autant de défendre mes conceptions en public, mais aucun média ne m'a plus invité, ni pour parler des prix ni pour parler de mes livres. Même France-Culture a dû perdre mon adresse.

Hors Pierre Lepape et François Rivière, que j'en profite pour saluer, nul critique à ma connaissance n'a évoqué les deux ouvrages parus aux modestes *Impressions nouvelles.* Mon audience, dont vous n'avez pas tort de vous inquiéter, s'est trouvée divisée par vingt.

Entendons-nous : je n'en fais pas un fromage.

Je ne me sens nullement persécuté ni n'en veux à quiconque. Je n'ai jamais rien demandé si ce n'est, pour entreprendre *Le Domaine d'Ana*, une bourse d'un an d'ailleurs aussitôt accordée par le C.N.L. Je conçois que ma pratique désarçonne, et concède aux médiateurs que je suis un convive mal léché. N'ayant rien d'un écrivain d'*humeur*, je ne saurais reprocher aux critiques d'humeur de ne pas *se reconnaître* en mes écrits. Quant au public, il faudrait d'abord que ce que nous avons convenu d'appeler le plus grand des hasards lui signale que j'exerce encore…

Que mon humble lectorat m'interdise de vivre un jour de ma plume ne fait certes pas de ma personne une exception. Je puis le regretter de façon générale, et douter que l'écrivain soit libre tant qu'il n'a pas même la liberté de son temps. Mais je n'aurai connu ni la censure d'État, ni le goulag, ni les camps de rééducation, et je n'ai pas le profil famélique et l'âme torturée de l'artiste maudit.

Non. Mon seul vrai petit *noir* est de n'avoir jamais eu l'occasion, depuis bientôt vingt ans, d'opposer le moindre démenti personnel à ce message consensuel que tant de mes contemporains modulent avec le pédagogisme de Big Brother sur les ondes libérales. De n'avoir pu répondre un jour publiquement : non, la littérature n'est pas la vie. Non, le style n'est pas l'homme. Non, les choix d'écriture ne sont pas indiscutables. Non, le progrès de l'art n'est pas une utopie. Non, l'écrivain n'est pas libre. Non, le bon livre n'est pas celui où l'on se reconnaît. Non, nous n'avons pas atteint le point Oméga de la Culture. Non, les contradictions, les théories, les idéologies ne sont pas dépassées mais omniprésentes, et l'Histoire continue. En argumentant, bien sûr…

Il a fallu que cela tombe sur vous.

D'abord je n'ai pas cru qu'un seul et même esprit pouvait adhérer à tout ce que la mouvance postmoderne véhiculait d'affirmations téméraires. Puis j'ai douté qu'un tel esprit, passant à mon zénith et captant incidemment mon contre-message de radio-amateur, daigne m'écouter longtemps sans changer de fréquence. À chaque raillerie de ma part, à chaque nouveau coup porté, à chaque piège tendu – et le diable sait que je ne m'en suis pas privé – je me disais qu'il allait couper le contact sans recours. Qu'il ne pourrait durablement naviguer dans la turbulence d'orientations contradictoires sans finir par crasher. Qu'à tout le moins il sauterait en parachute sur le premier prétexte venu pour refuser de rendre public le dialogue enregistré dans la boîte noire. N'importe quel esprit soucieux de sa carrière l'aurait fait à sa place, poliment mais sans appel, en vertu de son absolue liberté.

J'avais tort : l'esprit a tenu tous ses engagements et son improbable cap.

J'en conclus que le plus grand des hasards m'a fait connaître un esprit têtu, mais un chic type d'esprit.

Notre intérêt commun se doit de lui souhaiter, en cette année nouvelle, que notre livre se vende assez pour le mettre en son vol à l'abri des trous d'air.

Bien ascensionnellement,

Jean

CLÉS DU DOMAINE

de Jean Lahougue

Avertissement au lecteur

Les pages qui suivent proposent une liste assez complète des contraintes utilisées dans mon roman *Le Domaine d'Ana*. Ce qu'on appellera son cahier des charges, bien que je n'aime guère l'expression…

Ces règles, pour la plupart, n'étaient pas destinées à la publication. J'ai même beaucoup à craindre de leur mise en lumière.

C'est que la contrainte, si *ébaubissante* en soit la révélation, n'est pas une fin en soi.

Des raisons de la contrainte…

Sa fonction prioritaire est génératrice.

Sans jamais remplacer ce qu'il convient d'appeler l'*imagination*, elle lui enjoint de ne plus s'autosatisfaire en la défiant de construire, et d'une manière qui ne relève plus de ses habitudes, une illusion qui ne procède plus de sa fantaisie.

Elle a pour premier objectif, à défaut de pouvoir l'en délivrer, d'infléchir en cela les déterminations inconscientes qui programment tout imaginaire et le vouent si souvent à la rengaine et au lectorat d'affinité.

Pour ce faire, elle pourrait fort bien rester secrète.

Une autre fonction de la contrainte est de substituer à l'inaccessible nécessité *intérieure* de l'artiste – laquelle risquera toujours de passer pour contingence pure à qui n'en partage pas d'emblée les arcanes – une nécessité *interne* au volume dont elle devient la loi fédératrice.

Sans doute la loi paraîtra-t-elle tout aussi contingente au lecteur, mais omniprésente en ses conséquences du moins pourra-t-elle lui rendre accessible la relative cohérence qu'elle sous-tend. Et lui permettre à chaque instant de sa lecture une relative implication.

C'est alors la perception de cette cohérence qui importe, et non la contrainte.

Enfin, et surtout, la nécessité interne du roman ne saurait être envisagée par l'auteur lui-même qu'au terme de ce long conflit où s'opposent la forme et le fond, et où la mise en œuvre de la règle induit des contenus non programmés susceptibles d'induire à leur tour des révisions de la règle...

La contrainte initie cette dynamique.

Elle est ce qui permet à l'auteur le premier de dévoiler et d'assumer, d'écriture en récriture, l'inconscient de son code. Elle est aussi ce qui peut permettre au lecteur d'appréhender, de lecture en relecture, les successifs réseaux de sens que l'élucidation progressive de ce code lui dévoile.

Ainsi s'offre-t-elle, tant pour l'un que pour l'autre, à rendre le texte *vivant*.. Non plus seulement au sens où il restituerait l'illusion de la vie, mais où il travaillerait lui-même à renouveler ses significations et ses apparences.

Des raisons qu'on aurait de n'en pas parler...

Qu'elle ait pour enjeu de libérer l'auteur de ses routines, d'ouvrir l'accès aux exigences du texte ou d'en exalter le sens, il demeure que la contrainte n'est jamais qu'un moyen.

Et si ses deux dernières fonctions au moins suggèrent que ce moyen doit être mis à portée du lecteur, ce ne peut être que dans l'élan de sa propre lecture, au sein même du roman. Et non, bien sûr, en appendice.

Les clés, j'y insiste, ne sauraient être à chercher ailleurs que sous le paillasson.

Outre que la publication séparée d'un cahier des charges s'avère dès lors inutile, elle présente certains risques non négligeables.

Celui d'abord que mon convive juge grossier, voire inquiétant, que je lui signale en aparté les vertus de mon intendance : ma grand-mère ne vantait jamais tant l'excellence de ses recettes que lorsque le rôti avait brûlé...

Celui de lui offrir, en lui ouvrant mes comptes après l'avoir alerté, le moyen d'y découvrir à coup sûr mes expédients, mes tricheries, mes erreurs.

Celui aussi d'accréditer l'idée que *Le Domaine d'Ana*, sinon tout roman à contraintes, appartiendrait de l'aveu même de l'auteur à la redoutable catégorie de ces productions absconses dont le maniement exige un mode d'emploi.

Celui, surtout, d'induire une lecture des contraintes préalable à celle du roman. Ce qui reviendrait à s'enquérir des ressorts de l'intrigue avant que d'être intrigué. À s'interdire d'emblée les surprises du jeu en court-circuitant ses mystères, pour en conclure de bonne foi que ce jeu sans mystère ni surprises n'engendre aucun plaisir.

Le risque, en somme, de transformer mon lecteur en contrôleur des écritures et l'aventure initiatique en tournée d'inspection.

Il m'en voudrait, et je peux le comprendre.

Le voici donc prévenu. Il n'est pas encore trop tard, et rien ne l'oblige à poursuivre...

Des raisons qui m'en font parler cependant...

Je fume la pipe depuis que j'ai entrepris, dans *La Doublure de Magrite*, d'imiter Georges Simenon.

Mais j'ai dû la laisser choir d'hébétude, ce jour de février 96 où j'énonçais à Jean-Marie les règles ci-jointes, lorsqu'il m'objecta, sur la raison qu'il ne les avait pas soupçonnées lui-même, que nul à l'évidence ne pourrait jamais les soupçonner.

J'eus beau pointer les passages du manuscrit qui en rendaient l'exigence flagrante, j'eus beau protester contre ce que le pronostic pouvait avoir de subjectif, rien n'y fit. Et je ne doute plus aujourd'hui que mon interlocuteur n'ait été aussi sincère qu'on peut l'être.

C'est que je sous-évaluais ce handicap de toute lecture – qu'un pédagogue en littérature se doit de ne jamais négliger – qui nous fait sélectionner du texte ce qui répond prioritairement à nos attentes à l'exclusion du reste.

J'avais pourtant déjà rencontré semblable déconvenue avec *La Doublure de Magrite*... Mon hypothèse de langage – et clé de toute l'énigme – s'y trouvait tout aussi lisiblement formulée. Mais comment aurais-je ignoré qu'aucun de mes amis, à commencer par le cher Georges Lambrichs, ne l'avait de lui-même repérée comme telle...

Ne les avais-je pas engagés à suivre une enquête inédite de Maigret ? Et suit-on une enquête de Maigret dans l'attente qu'une hypothèse formelle en dénoue l'intrigue ? Ils avaient tout simplement sauté le passage, comme on saute une digression, une description pesante ou un vocable inconnu. Comme j'aurais sauté moi-même n'importe quel passage en rupture avec la stratégie de lecture mise en place...

Car tel est l'obstacle à la lisibilité – des contraintes comme de tout ce qui transgresse une habitude – qu'il ne suffit pas que les choses soient dites, et clairement. Il faut encore qu'autrui soit préparé à l'écoute.

Tirant leçon de la mésaventure je m'étais efforcé, dans *Le Domaine d'Ana*, de longuement mettre en garde contre la perversité des mots, et de faciliter l'accès aux règles génératrices en les dévoilant de façon plus progressive et plus explicite.

Du moins me semblait-il...

La réaction de Jean-Marie me prouvait qu'en ce qui le concernait en tout cas de telles précautions n'avaient pas suffi. Et s'il ne péchait pas par présomption, s'il avait raison de s'identifier par avance à l'ensemble des lecteurs conviés par sa pochette à entrer dans mon livre, si aucun d'eux décidément ne devait y découvrir les clés qui s'y trouvaient, force m'était de les leur fournir en dehors – quand ce serait de ma part un aveu d'échec – tout comme je le faisais pour Jean-Marie.

À toute cause échec étant bon, la publication de la *recette* pourrait au moins servir d'illustration à la théorie, que d'aucuns auront jugée bien abstraite faute d'exemples.

Peut-être même m'aidera-t-elle à dissiper quelques préjugés coriaces.

À ceux qui croiraient encore que la recette est un carcan, je prendrai le temps de préciser, par mes notes, quelques-uns des problèmes qu'elle a engendrés. J'expliquerai comment leur résolution a suscité de nouveaux problèmes, et comment ces nouveaux problèmes ont à leur tour infléchi les enjeux programmés...

Sans doute alors reconnaîtront-ils avec moi que *cahier des charges* ne vaut guère mieux que *recette* pour désigner une procédure qui s'expose en permanence à la révision – et ne saurait se formuler au bout du compte que lorsque les charges n'en sont plus pour personne.

À ceux qui soupçonnent la recette de viser à l'illusoire perfection du bel objet, je proposerai de confronter ses promesses à ses pratiques. Et d'y constater qu'en bien des cas, nécessairement, l'auteur étant faillible, la solution qu'il a choisie n'est pas la meilleure possible au problème que lui-même s'est posé.

Peut-être alors admettront-ils, s'ils sont de bonne foi, que l'œuvre régulée ne saurait prétendre à plus de perfection qu'une autre ; qu'elle prend même le risque, en affichant ses règles, d'afficher ses imperfections ; et que c'est en revanche l'œuvre sans règles décidables ni défauts avérés qui s'offre comme indépassable à ses thuriféraires.

À ceux qui reprocheraient à la recette d'ignorer le monde *réel*, je demanderai d'abord d'ouvrir les yeux. Et d'oser soutenir que le monde *réel* dont ils se réclament n'est pas fondé lui-même, désormais, sur les règles on ne peut plus artificielles et complexes d'un jeu planétaire on ne peut plus spéculatif, où fictif et virtuel décident sans états d'âme des heurs et malheurs les plus humblement quotidiens...

S'ils sont conséquents, et s'ils souhaitent rendre compte honnêtement de ce monde-là, nul doute qu'ils choisiront avec moi d'y promener un outil romanesque à même d'en restituer la machinerie et d'en élucider les faux-semblants, plutôt qu'un stylo-caméra ou un rétroviseur.

De la raison qui n'en balaiera pas moins toutes les précédentes...

Je peux toujours fanfaronner... Si Jean-Marie s'avère le parangon de lecteur qu'il pense être – et je n'ai pas lieu d'en douter –, je ne saurais me faire beaucoup d'illusions sur l'effet de mon argumentaire. À cet égard, sa correspondance m'a mûri d'un demi-siècle en quelques mois.

Mon propos n'était pourtant que de défendre mon travail, d'expliquer et de justifier mes choix.

J'oubliais qu'en formulant la raison d'un choix, on récuse la raison des choix contraires. Ne serait-ce qu'implicitement. Et dans un domaine où le choix relève moins de la raison que de la nécessité intérieure, c'est la personne elle-même que la raison remet en cause. Risquer des justifications impersonnelles à des choix d'écriture devient polémique en dépit qu'on en ait.

C'est que l'art n'est pas seulement cet ersatz de religion où la personne se veut libre d'adorer des dieux à son image, il est aussi cette aristocratie pour tous où elle s'autorise, en vertu du discernement naturel que ses pairs en finesse lui accorderont toujours, à trancher sans raisons.

Or, chez qui la clairvoyance est immanente, se justifier est une impertinence.

Là où il n'est pas raisonnable de l'être, expliquer est une provocation.

Et le travail est vulgaire où la valeur est innée.

En cette haute cour sans code civil où le génie du lignage fait jurisprudence, j'ai eu la chance qu'un juré, négligeant ce que discuter lui conteste jusqu'à oublier d'être susceptible ou rancunier, accepte d'écouter mes arguments et y réponde.

Si je n'ai pas su convaincre ce lecteur à tous égards modèle, comment pourrais-je entretenir l'espoir d'en convaincre aucun qui ne soit déjà convaincu ?

Je peux bien ressasser que le seul enjeu est le plaisir. Je peux bien rappeler que la raison, comme la règle, n'est ici que le moyen de mieux maîtriser les causes du plaisir pour mieux l'exalter et le renouveler. Cela ne fera jamais plaisir à qui veut croire que l'art n'a pas plus de causes que Dieu, et n'entendre parler ni de raisons ni de règles.

On m'objectera que la bandaison ne se commande pas.

On me dira, par exemple, après avoir lu le livre et son cahier des charges sans en éprouver aucune jouissance, qu'on ne voit pas qui pourrait en éprouver.

Et tombe la pipe.

Plus je me barderai de raisons en la matière, plus je prouverai – par là même – que j'ai tort.

Quinze règles cryptogrammatiques*

RÈGLE 1[1]

La lecture, dans l'ordre, des lettres centrales (médiales) des mots du huitième chapitre du roman (lui-même chapitre central)[2] permettra la reconstitution d'un nouveau texte (sous-texte ou texte dérivé) que nous appellerons par commodité *chapitre 8'*.

Ce chapitre 8', en l'occurrence, est le suivant[3] :

> Merlin refit cent fois en vain le trajet allant de la porte égyptienne à la sortie de la cité reconstruite dans un état de complet abattement. Récupérer le jeu de clés semé en chemin, Dieu savait où, au milieu de la presse bavarde, serait en réalité un miracle, se disait-il...
>
> Cette recherche prenant des airs de rébus, il devrait plutôt réfléchir pour bien jouer, peser ses souvenirs, obstinément, sans rien omettre. Il devrait répéter en tous points ses gestes, au risque d'en percer les motifs obscurs : ses projets cachés, aspirations secrètes et autres sources d'angoisse, reconnaître de pair la ville et le promeneur, se marcher dans le cœur... Ainsi, plus pénétrant, il réitérerait ses dires et agissements, sans méconnaître certains impairs naïfs et autres bêtes reparties, révélateurs d'appétits clandestins.
>
> Ce sont ici les jalons de chemins enfouis. En remontant d'impair en impair, il déjouerait les ruses et les souricières du domaine troublant et trouverait la clé des champs.

* Les nombres en appel renvoient aux notes intitulées « Clés des clés », p. 199.

RÈGLE 2

Le chapitre 8' obéira à la même règle des médiales. Celle-ci permettra la reconstitution d'un nouveau sous-texte dérivé que nous appellerons *chapitre 8"*.

Le chapitre 8", en l'occurrence, est le suivant :

Frappe à la ténébreuse entrée de ce jardin,
Le centre renaîtra de ce monde sécable.

RÈGLE 3

Le chapitre 8" obéira à la même règle des médiales que les chapitres 8 et 8'. Le texte ainsi dérivé se réduira au mot :

Ana

RÈGLE 4[4]

La lecture dans l'ordre inverse (en partant de la dernière phrase du dernier chapitre et en remontant jusqu'à la première du chapitre initial) des mots centraux (médiaux)[5] de toutes les phrases du roman permettra la reconstitution d'un nouveau texte (sous-texte ou texte dérivé) que nous appellerons par commodité le *roman'*.

On entendra par *phrases* tout énoncé se terminant par une ponctuation suivie d'une majuscule.

Ce roman' est, en l'occurrence, le suivant :

Nous l'avions guetté plusieurs heures devant la sépulture, celui qui nous ramènerait vers le passé radieux : mon cher Jonas disparu pour nous sauver. Lors, du réseau de souterrains étroits et enchevêtrés, au plus fort du silence, monta un étrange écho. Il se fit un impétueux mouvement sous la caillasse, et l'ardente toison du barbet surgit soudain, encore toute encrée de terre.

Les retrouvailles furent justement fêtées. J'aurais bien pu étouffer le fier chasseur sous mes caresses. Mais il jappa doucement pour tirer le cher oncle de sa somnolence. Il faut croire que le lexicographe le plus infusible, pourvu qu'on le flatte au saut d'un lit avec la langue et assez de complaisance, discuterait vite en dialecte chien ! Jonas et le chercheur dégagèrent incontinent les faux cailloux pour le premier, le marbre funeste et cependant libérateur pour le second.

Cette fois, l'entrée était suffisante.

En suivant mon chien fidèle dans le tréfonds du texte, nous accédâmes en peu de temps à un lacis de noires galeries dont la pierre clignotait dans le branle de la lanterne. Nous marchions bien entendu parmi les strates volcaniques où le domaine littéral s'implantait. Puis apparurent de lourds blocs erratiques aux dessins insolites, figurant tantôt des bâtiments démâtés pris dans la ponce, tantôt, entre des arcades somptueuses d'obsidienne, des monstres antédiluviens ou de méchantes momies.

Plus loin encore, en minces couches blanchâtres, ce furent des sédiments pétrifiés, lisibles souvenances des mers anciennes. Le savant jeta au palimpseste finement gravé de follicules en forme de caractères un regard néanmoins fugitif. L'intérêt qu'il vouait au manuscrit de la nature, d'évidence inabouti, était limité sinon dérisoire. Et était-ce déjà la nature, en vérité, ou toujours le monde truqué de notre Belzébuth ?

Confusément au départ, puis de plus en plus distinctement, nous entendions courir près de nous l'onde fuyante de je ne sais quel torrent impétueux. Les eaux mugissantes nous précédaient derrière la muraille, circulant parfois tout autour de la galerie, au-dessus de la voûte et sous la pierre du chemin. Çà et là, j'écoutais le mouvement tumultueux, la joue contre la roche. Tantôt il se rapprochait puis, comme désavouant ma stupide ingérence, déclinait aussi vite.

Nous remarquâmes que ce va-et-vient éveillait l'intérêt du brave chasseur. Au bout de quelques lieues, le barbet parvint à atteindre un recoin de notre souterrain d'où cet obscur grondement se faisait alors entendre avec plus de force qu'alentour. Cela ressemblait maintenant à un tonnerre éloigné et au froissement de charpie des feuilles dans la tempête. Je frôlai la paroi froide et noire, mais aucune fissure ne permettait l'écoulement des eaux ni du vent.

Le désarroi succéda au fol et ultime espoir que nous conservions encore. Sortirions-nous jamais de la fosse diabolique ? Allions-nous finir le voyage entre ces murs infernaux ?...

Or, au moment même où la voix caverneuse du héros abattu laissait échapper un immonde flot de jurons, un fracas épouvantable retentit. Manquant m'assommer, un éboulement venait de répondre au mécréant.

Je bondis de joie : dans un étonnement de la pierre, au milieu de la muraille transpercée, le sillon de ciel rose qui nous apparaissait signifiait pour nous la délivrance...

Le même élan d'espoir nous jeta sur la fente salvatrice. Un indicible bonheur pénétra la cavée avec le vent du soir. Tout proche, un orage grondait. Quelque rafale secoua les feuillages, nous livrant des odeurs de mousse et de bois humide. Derrière la coque fissurée qui nous séparait encore de la liberté, parmi les accès furieux du vent et du déluge, nous entendions battre vantaux et portes contre d'invisibles murs. Mais quels tumultes, en vérité, eussent excédé notre propre rage de sapeurs !

Le temps de chercher de simples mots pour le dire, ou presque, nous avions dégagé la voie...

Respect à part, le raisonneur aurait bien figuré un échassier juste né, le bec mollet, la face glaiseuse et le plumage effrangé... Assurément, nos mines de déterrés eussent fait détaler de male épouvante le diable même.

On ne renaît pas au monde sans jeter la perturbation, et nous avions bel et bien ressuscité !

Personne ne nous attendait dans notre vieil abri hivernal sinon, abandonné au milieu du chaos, le marbre de la pauvre Vénus. Pour notre stupeur, la cheminée souterraine débouchait sous son embase, au centre du jardin. Nous étions enfin de retour, et le crépuscule éclairait pour la circonstance notre chère Bourgon de lueurs d'incendie.

Dire que nous avions pris pour une noble rivière, puis pour des arbres dans la tornade, le parterre de vieilles revues qu'arrachaient les furies du vent ! Dire que nous avions cru respirer des senteurs de sous-bois où ne nous enivraient que de subtiles décompositions de texte...

Le verre jonchait malicieusement la remise de ses éclats trompeurs. Le rougeoiement du ciel dévoilé s'insinuait dans les allées, et l'orchestre monumental jouait crescendo, pour couronner le tout, de cent instruments domestiques à la fois.

La vie ! pensai-je.

Mais la maison se révéla vide, et cette déception ranimait mon angoisse et ma crainte. Ana vivait-elle encore sous notre toit ? Le tendre objet de mes tourments et la chère Marge, justement désespérés de notre disparition, auraient certes pu se résoudre au départ !... En moi-même, je redoutais qu'un nouveau propriétaire nous apparût derrière chaque cloison. Aussi ouvris-je paralysé d'appréhension la lourde armoire où Ana rangeait toutes choses...

C'est peu de dire que je me sentis soulagé par le flot de couleurs et le doux parfum ! Je pressai chaque robe sur ma joue avec le sentiment qu'un divin arc-en-ciel me traversait le cœur... Les femmes rentreraient bientôt du marché, et la chaude existence parmi romans et romances de chevalerie coulerait derechef comme un libre ruisseau !

Mais l'eau, pour le moment, émanait surtout de nous : de l'eau noirâtre en souvenir de la mine... Le récit de nos évolutions figurait ainsi en caractères délictueux partout dans la demeure.

Estimant que nous ne pouvions laisser les lieux en cette souillure, nous prîmes soin de nettoyer le fâcheux et trop lisible parcours. Puis, lorsque tout nous sembla propre, nous quittâmes nos simulacres de complets et de chemises pour enfiler, après le bain indispensable, un habit de meilleur aloi.

Alors, aussitôt qu'il eût rallumé le feu et couvert frileusement ses jambes inertes, le raisonneur épuisé s'endormit dans le grand fauteuil. Je résistai davantage, mais sentis bien vite ma conscience me quitter et mes yeux se fermer insensiblement.

RÈGLE 5

La lecture, dans l'ordre, des médiales[6] du roman' permettra la reconstitution d'un nouveau texte (sous-texte ou texte dérivé) que nous appellerons par commodité le *roman*".

Ce roman" est, en l'occurrence, le suivant :

L'illusion provenait-elle du rêve ? Je perçus distinctement la voix de ma chère Ana sous le manteau de la cheminée, parmi les dansantes clartés du feu. Je compris qu'elle avait désormais repris le cours interrompu d'un chevaleresque récit des temps passés.

Mon savant, entendant profiter d'un bienheureux repos, ne l'écoutait point…

Je me retrouvais donc seul à suivre en tremblant la conteuse et l'histoire bouleversante.

RÈGLE 6

La lecture, dans l'ordre, des médiales du roman" permettra la reconstitution d'un nouveau texte (sous-texte ou texte dérivé) que nous appellerons par commodité *roman'"*.

Le roman'" se réduit au texte suivant :

Le centre a reparu de ce monde pliable

RÈGLE 7

La lecture des médiales du roman'" permettra la reconstitution d'un nouveau texte se limitant au mot :

Ana

RÈGLE 8

La lecture, dans l'ordre inverse (du chapitre 15 au chapitre 1), des médiales des intertitres placés en chapeau[7] permettra la reconstitution du sous-texte suivant :

Grâce au dévoilement des mystères du texte.[8]

Lequel complète le sens du roman'" issu de la règle 6.

RÈGLE 9

La lecture des médiales du texte issu de la règle 8 permettra de reconstituer le mot :

Alex

RÈGLE 10

La légende accompagnant l'illustration de chaque chapitre utilisera tout ou partie de la phrase centrale de celui-ci[9]. Lues à la suite dans l'ordre des chapitres, ces légendes permettront la reconstitution du texte suivant :

« Le fond suit la forme, et cela dans toutes les langues : le vocable engendre le sens, le verbe produit ses contenus et ses images... »

Ainsi rabâchait le raisonneur dès qu'on abordait un sujet propre à le remettre en question.

Disons qu'il conciliait la force d'un esprit logique hors pair et la furieuse obstination d'un vrai Brideuil. Tout en partageant avec le frère de maudite engeance la science infuse et la myopie intérieure, infirmité caractéristique de la race, il se montrait du moins lucide devant les idéogrammes les plus inintelligibles et autres libellés à amphigouris dont il savait seul tirer du plaisir.

Ce qu'il fallait déchiffrer, en la circonstance, présentait l'aspect de ces décors tourmentés de l'iconographie romantique, dont les contours brumeux sous la nuée tournoyante atteignent sans effort au terrifiant. En vérité, malgré le flou du propos, cela illustrait on ne peut plus clairement ce qu'un réalisme élémentaire et médiocrement imaginatif permettait d'entrevoir sans qu'il soit besoin de dessin. Nous nous étions déjà offert trop de mystères en un seul soir !

Après de telles mésaventures, convenait-il de se torturer pour une nouvelle et si futile énigme ? Nobles demeures à croisillons et entretoises au pittoresque lithographique pouvaient bien se succéder, je ne reconnaissais rien dans ce labyrinthe qui me permît de comprendre...

Devais-je, pour m'en prémunir, me défendre en priorité contre la rage investigatrice du furieux vivant ou contre la folie illustrative du furieux mort ?

Mais quel savant se trouve jamais si dépourvu qu'il ne découvre au bout du compte la solution du problème bien posé : un vulgaire croisillon de fenêtre lui servit de cadre au raisonnement le plus fumeux auquel on soumît jamais parterre de malheureuses images.

Un détail de vêtement, ou un ornement incongru qui d'abord m'avait simplement intrigué, me jetait maintenant dans un abîme de perplexité. Chaque figure, semblait-il, se creusait de motifs indéfiniment reproduits : je me sentis bientôt aspiré dans des gouffres sans fond.

RÈGLE 11

La lecture, dans l'ordre, des médiales du texte issu de la règle 10 permettra de reconstituer le sous-texte suivant :

Regarde en ce jardin de derrière la grille,
Le monde renaîtra au milieu du domaine.

RÈGLE 12

La lecture des médiales du sous-texte issu de la règle 11 permettra de reconstituer le mot :

Ana

RÈGLE 13

Les alinéas de tout le roman commenceront au centre de la ligne. La lecture verticale de leurs initiales, selon l'axe de chaque page, permettra de reconstituer en acrostiche un nouveau texte[10].

Ce texte, en l'occurrence, est le suivant :

Le sombre escalier fut franchi avec précaution, mais le bouton des portes résistait. C'était peut-être un simulacre en semi-pétrification, tel qu'on en trouvait dans la retraite de Morel... Impossible de fuir mon tombeau !

Or quelqu'un s'approchait, provoquant un grincement de marches derrière le mur...

Je me hissai dans un énorme vase de brocatelle en forme de calice sans qu'on me surprît. Ce vase était en fait un lampadaire. Haletant, je me contractai contre sa paroi doucie pour épargner la délicate ampoule, persuadé que je faisais un de ces stupides cauchemars nourris des lectures de la veille. Je voulus en chasser la pensée et dormis vite pour de bon.

Un bavardage lointain, dont me parvinrent de faibles bribes, me rendit mes esprits. Il était urgent que je fuie cette crypte... Je me redressai sans force, en essayant de protéger la lampe et appréhendant qu'on vît poindre ma tête à l'orée de la vasque.

Hors d'elle, je titubai, perclus de mon trop long séjour dans une si mauvaise posture. Les tentures où je voulus agripper mes doigts gourds leur opposèrent une rigidité de marbre...

Ma faim s'étant éveillée, je rêvai des civets de Marge et du beau pain probant de la chère civilisation qui eussent un peu ranimé mes forces déclinantes. En cette occurrence, rire me rendit courage.

Mais parviendrais-je à atteindre l'entrée de l'escalier où je devais descendre encore ?

Il conviendra de décrypter cet acrostiche en commençant, non par le premier paragraphe du premier chapitre, mais par le centre du livre.

RÈGLE 14

La lecture, dans l'ordre, des médiales du texte en acrostiche issu de la règle 13 permettra la reconstitution d'un nouveau texte.

Celui-ci, en l'occurrence, est le suivant :

Un escalier obscur par où se résorber
Au terminal du conte en sa verbeuse entraille...

RÈGLE 15

La lecture des médiales du texte issu de la règle 14 permettra de reconstituer le mot :

Ana[11]

Trois règles de contenus

RÈGLE 16[12]

Le texte du roman sera surdéterminé à chaque page par une métatextualisation de sa propre construction, de ses règles, du contenu de ses cryptogrammes et/ou par des références aux hypotextes convoqués (en particulier le *Voyage au centre de la Terre* de Jules Verne et *L'Invention de Morel* d'Adolfo Bioy Casares).

RÈGLE 17

Le texte du roman' se présentera, tant par les étapes de son récit que par sa thématique explicite et implicite, comme une réécriture du chapitre central du *Voyage au centre de la Terre*[13].

Ce chapitre central est le suivant (édition du *Livre de poche*) :

XXIII

PENDANT une heure, j'imaginai dans mon cerveau en délire toutes les raisons qui avaient pu faire agir le tranquille chasseur. Les idées les plus absurdes s'enchevêtrèrent dans ma tête. Je crus que j'allais devenir fou !

Mais enfin un bruit de pas se produisit dans les profondeurs du gouffre. Hans remontait. La lumière incertaine commençait à glisser sur les parois, puis elle déboucha par l'orifice du couloir. Hans parut.

Il s'approcha de mon oncle, lui mit la main sur l'épaule et l'éveilla doucement. Mon oncle se leva.

« Qu'est-ce donc ? fit-il.

– « Vatten », répondit le chasseur.

Il faut croire que, sous l'inspiration de violentes douleurs, chacun devient polyglotte. Je ne savais pas un seul mot de danois, et cependant je compris d'instinct le mot de notre guide.

« De l'eau ! de l'eau ! m'écriai-je, battant des mains, gesticulant comme un insensé.

– De l'eau ! répétait mon oncle. « Hvar ? » demanda-t-il à l'Islandais.

– « Nedat », répondit Hans.

Où ? En bas ! Je comprenais tout. J'avais saisi les mains du chasseur, et je les pressais, tandis qu'il me regardait avec calme.

Les préparatifs du départ ne furent pas longs, et bientôt nous cheminions dans un couloir dont la pente atteignait deux pieds par toise.

Une heure plus tard, nous avions fait mille toises environ et descendu deux mille pieds.

En ce moment, j'entendis distinctement un son inaccoutumé courir dans les flancs de la muraille granitique, une sorte de mugissement sourd, comme un tonnerre éloigné. Pendant cette première demi-heure de marche, ne rencontrant point la source annoncée, je sentais les angoisses me reprendre ; mais alors mon oncle m'apprit l'origine des bruits qui se produisaient.

« Hans ne s'est pas trompé, dit-il, ce que tu entends là, c'est le mugissement d'un torrent.

— Un torrent ? m'écriai-je.

– Il n'y a pas à en douter. Un fleuve souterrain circule autour de nous ! »

Nous hâtâmes le pas, surexcités par l'espérance. Je ne sentais plus ma fatigue. Ce bruit d'une eau murmurante me rafraîchissait déjà. Il augmentait sensiblement. Le torrent, après s'être longtemps soutenu au-dessus de notre tête, courait maintenant dans la paroi de gauche, mugissant et bondissant. Je passais fréquemment ma main sur le roc, espérant y trouver des traces de suintement ou d'humidité. Mais en vain.

Une demi-heure s'écoula encore. Une demi-lieue fut encore franchie.

Il devint alors évident que le chasseur, pendant mon absence, n'avait pu prolonger ses recherches au-delà. Guidé par un instinct particulier aux montagnards, aux hydroscopes, il « sentit » ce torrent à travers le roc, mais certainement il n'avait point vu le précieux liquide ; il ne s'y était pas désaltéré.

Bientôt même il fut constant que, si notre marche continuait, nous nous éloignerions du courant dont le murmure tendait à diminuer.

On rebroussa chemin. Hans s'arrêta à l'endroit précis où le torrent semblait être le plus rapproché.

Je m'assis près de la muraille, tandis que les eaux couraient à deux pieds de moi avec une violence extrême. Mais un mur de granit nous en séparait encore.

Sans réfléchir, sans me demander si quelque moyen n'existait pas de se procurer cette eau, je me laissai aller à un premier moment de désespoir.

Hans me regarda, et je crus voir un sourire apparaître sur ses lèvres.

Il se leva et prit la lampe. Je le suivis. Il se dirigea vers la muraille. Je le regardai faire. Il colla son oreille sur la pierre sèche, et la promena lentement en écoutant avec grand soin. Je compris qu'il cherchait le point précis où le torrent se faisait entendre plus bruyamment. Ce point, il le rencontra dans la paroi latérale de gauche, à trois pieds au-dessus du sol.

Combien j'étais ému ! Je n'osais deviner ce que voulait faire le chasseur ! Mais il fallut bien le comprendre et l'applaudir, et le presser de mes caresses, quand je le vis saisir son pic pour attaquer la roche elle-même.

« Sauvés ! m'écriai-je.

– Oui, répétait mon oncle avec frénésie, Hans a raison ! Ah ! le brave chasseur ! Nous n'aurions pas trouvé cela ! »

Je le crois bien ! Un pareil moyen, quelque simple qu'il fût, ne nous serait pas venu à l'esprit. Rien de plus dangereux que de donner un coup de pioche dans cette charpente du globe. Et si quelque éboulement allait se produire qui nous écraserait ! Et si le torrent, se faisant jour à travers le roc, allait nous envahir ! Ces dangers n'avaient rien de chimérique ; mais alors les craintes d'éboulement ou d'inondation ne pouvaient nous arrêter, et notre soif était si intense que pour l'apaiser nous eussions creusé au lit même de l'Océan.

Hans se mit à ce travail, que ni mon oncle ni moi nous n'eussions accompli. L'impatience emportant notre main, la roche eût volé en éclats sous ses coups précipités. Le guide, au contraire, calme et modéré, usa peu à peu le rocher par une série de petits coups répétés, creusant une ouverture large de six pouces. J'entendais le bruit du torrent s'accroître, et je croyais déjà sentir l'eau bienfaisante rejaillir sur mes lèvres.

Bientôt le pic s'enfonça de deux pieds dans la muraille de granit. Le travail durait depuis plus d'une heure. Je me tordais d'impatience ! Mon oncle voulait employer les grands moyens. J'eus de la peine à l'arrêter, et déjà il saisissait son pic, quand soudain un sifflement se fit entendre. Un jet d'eau s'élança de la muraille et vint se briser sur la paroi opposée.

Hans, à demi renversé par le choc, ne put retenir un cri de douleur. Je le compris lorsque, plongeant mes mains dans le jet liquide, je poussai à mon tour une violente exclamation. La source était bouillante.

« De l'eau à cent degrés ! m'écriai-je.

– Eh bien, elle refroidira », répondit mon oncle.

Le couloir s'emplissait de vapeurs, tandis qu'un ruisseau se formait et allait se perdre dans les sinuosités souterraines ; bientôt nous y puisions notre première gorgée.

Ah ! quelle jouissance ! Quelle incomparable volupté ! Qu'était cette eau ? D'où venait-elle ? Peu importait. C'était de l'eau, et, quoique chaude encore, elle ramenait au cœur la vie prête à s'échapper. Je buvais sans m'arrêter, sans goûter même.

Ce ne fut qu'après une minute de délectation que je m'écriai :

« Mais c'est de l'eau ferrugineuse !

– Excellente pour l'estomac, répliqua mon oncle, et d'une haute minéralisation ! Voilà un voyage qui vaudra celui de Spa ou de Toeplitz !

– Ah ! que c'est bon !

– Je le crois bien, une eau puisée à deux lieues sous terre ! Elle a un goût d'encre qui n'a rien de désagréable. Une fameuse ressource que Hans nous a procurée là ! Aussi je propose de donner son nom à ce ruisseau salutaire.

– Bien ! » m'écriai-je.

Et le nom de « Hans-bach » fut aussitôt adopté.

Hans n'en fut pas plus fier. Après s'être modérément rafraîchi, il s'accota dans un coin avec son calme accoutumé.

« Maintenant, dis-je, il ne faudrait pas laisser perdre cette eau.

– À quoi bon ? répondit mon oncle, je soupçonne la source d'être intarissable.

– Qu'importe ! remplissons l'outre et les gourdes, puis nous essaierons de boucher l'ouverture. »

Mon conseil fut suivi. Hans, au moyen d'éclats de granit et d'étoupe, essaya d'obstruer l'entaille faite à la paroi. Ce ne fut pas chose facile. On se brûlait les mains sans y parvenir ; la pression était trop considérable, et nos efforts demeurèrent infructueux.

« Il est évident, dis-je, que les nappes supérieures de ce cours d'eau sont situées à une grande hauteur, à en juger par la force du jet.

– Cela n'est pas douteux, répliqua mon oncle ; il y a là mille atmosphères de pression, si cette colonne d'eau a trente-deux mille pieds de hauteur. Mais il me vient une idée.

– Laquelle ?

– Pourquoi nous entêter à boucher cette ouverture ?

– Mais, parce que... »

J'aurais été embarrassé de trouver une raison.

« Quand nos gourdes seront vides, sommes-nous assurés de pouvoir les remplir ?

– Non, évidemment.

– Eh bien, laissons couler cette eau ! Elle descendra naturellement et guidera ceux qu'elle rafraîchira en route !

– Voilà qui est bien imaginé ! m'écriai-je, et avec ce ruisseau pour compagnon, il n'y a plus aucune raison pour ne pas réussir dans nos projets.

– Ah ! tu y viens, mon garçon, dit le professeur en riant.

– Je fais mieux que d'y venir, j'y suis.

– Un instant ! Commençons par prendre quelques heures de repos. »

J'oubliais vraiment qu'il fît nuit. Le chronomètre se chargea de me l'apprendre. Bientôt chacun de nous, suffisamment restauré et rafraîchi, s'endormit d'un profond sommeil.

RÈGLE 18

Le texte en acrostiche issu de la règle 13 sera une réécriture d'un passage central du roman d'Adolfo Bioy Casares *L'Invention de Morel*[14]. La traduction de ce passage par Armand Pierhal (chez *Robert Laffont*, pp. 78-79) est la suivante :

> Dans l'obscurité, je descendis l'escalier avec précaution. Je parvins à une porte et voulus l'ouvrir ; ce me fut impossible ; je ne pus même pas arriver à faire tourner le bec-de-cane (je connaissais ces serrures qui bloquent la poignée ; mais je ne comprends pas le système des fenêtres : elles n'ont pas d'espagnolette et les clavettes sont bloquées). Je me persuadais de mon impossibilité à sortir de là, mon agitation augmentait et – peut-être à cause de cela et aussi de l'état d'infériorité où me mettait le manque de lumière – je m'aperçus que les portes intérieures elles-mêmes refusaient de s'ouvrir. Des pas, dans l'escalier de service, mirent le comble à ma précipitation. Je ne sus comment quitter la pièce. J'avançai sans bruit, guidé par un mur, jusqu'à l'une des énormes coupes d'albâtre ; à grand-peine, et malgré le danger, je réussis à me glisser dedans.
>
> Je demeurai aux aguets, longtemps, coincé entre la surface glissante de l'albâtre et la fragilité de l'ampoule. Je me demandai si Faustine était restée seule avec Alec ou si l'un des deux était sorti avec Dora, ou bien avant ou après elle.
>
> Ce matin j'ai été réveillé par le bruit d'une conversation (j'étais trop faible et engourdi de sommeil pour écouter). Un peu plus tard, tout bruit avait cessé.
>
> Je voulus m'en aller de ce musée. Je me dressai, tremblant de glisser et de réduire en miettes l'énorme ampoule, et à l'idée que quelqu'un pouvait voir surgir ma tête. Complètement épuisé, laborieusement, je descendis de ma vasque d'albâtre. Pour donner à mes nerfs le temps de se refaire, je me réfugiai derrière les rideaux. J'étais si faible que je ne pouvais les remuer ; ils me paraissaient aussi rigides et lourds que ces rideaux de pierre qui ornent certains tombeaux. Mon imagination évoquait, douloureusement, le beau pain blanc et d'autres nourritures propres au monde civilisé : je les trouverais sans doute dans l'office. Je passai par de légers évanouissements, des envies de rire ; intrépide, j'avançai jusqu'à l'entrée de l'escalier.

Cinq règles numériques[15]

RÈGLE 19

Le roman sera divisé en 15 chapitres de 15 pages[16].

RÈGLE 20[17]

Les différents cryptogrammes du roman aboutiront à un ensemble de 8 alexandrins couplés en distiques de 15 mots chacun :

Frappe à la ténébreuse entrée de ce jardin,
Le centre renaîtra de ce monde sécable.
Le centre a reparu de ce monde pliable
Grâce au dévoilement des mystères du texte.
Regarde en ce jardin de derrière la grille,
Le monde renaîtra au milieu du domaine.
Un escalier obscur par où se résorber
Au terminal du conte en sa verbeuse entraille…

RÈGLE 21

Le chapitre central du roman (chapitre 8) contiendra 15 fois 15 phrases.

RÈGLE 22[18]

Le nombre moyen de phrases des 15 chapitres du roman, si

on y inclut leur épilogue crypté (roman' et roman"), est de 185 (soit 8 au centre de 15).

RÈGLE 23

Les 15 chapitres seront coupés en leur centre par un dessin figuratif illustrant la phrase centrale du chapitre. Ce dessin, dans un rapport de 5 sur 3, permettra sa décomposition en 15 carrés égaux.

Quinze règles graphiques[19]

RÈGLE 24

Chaque illustration présentera au moins un effet de miroir[20].

RÈGLE 25[21]

Les carrés de la grille imposée par la règle 23 étant ordonnés, dans chaque illustration, de gauche à droite et de haut en bas, le carré d'ordre de cette illustration présentera le même graphisme que le carré de même ordre dans l'illustration centrale (celle du chapitre 8).

Exemple : le carré d'ordre 2 de l'illustration du chapitre 2 se retrouvera à l'identique et à la même place dans l'illustration du chapitre 8.

RÈGLE 26

Chaque illustration présentera figurativement, de face ou en perspective, une grille rectangulaire de 15 quadrilatères égaux. La case d'ordre du chapitre (impliquée par la règle 25) y sera désignée par le médius d'un personnage.

Exemple : la case d'ordre 1 de l'illustration du chapitre 1, figurée en l'occurrence par un casier de bibliothèque, est ainsi indiquée par le professeur Brideuil.

RÈGLE 27

Le graphisme de la même case d'ordre de chaque illustration sera repris à plus petite échelle (de face ou en perspective) dans la même illustration.

Exemple : illustration n° 3.

RÈGLE 28

Le carré central de chaque illustration présentera le même graphisme que le carré d'ordre correspondant de l'illustration centrale, la grille étant ordonnée cette fois de droite à gauche et de bas en haut.

Exemple : la case centrale de l'illustration n° 4 se retrouve à l'identique dans la case 4 de l'illustration centrale ainsi ordonnée.

Remarque : le même graphisme se retrouvera également dans la case 12 de l'illustration n° 12, conformément à la règle 25.

RÈGLE 29

Le graphisme du carré central de chaque illustration sera repris à plus petite échelle, de face ou en perspective et diversement orienté, dans la même illustration.

Exemple : illustration du chapitre 5.

RÈGLE 30

Chaque illustration présentera au moins une torsade (symbolique de la molécule d'A.D.N.)[22] dont le nombre de spires correspondra au numéro d'ordre du chapitre.

Exemples : illustrations des chapitres 6 et 7.

RÈGLE 31

Chaque illustration présentera simultanément une autre torsade, dont le nombre de spires correspondra au numéro d'ordre inverse du chapitre.

Exemples : 10 et 9 spires respectivement pour les illustrations des chapitres 6 et 7.

RÈGLE 32

Dans chaque illustration figurera de façon ostensible le graphisme de la lettre *m* (soit *n* ou *M* en écriture manuscrite)[23].

Exemples : illustrations des chapitres 10 et 11.

RÈGLE 33

Dans chaque illustration, les éléments de même nature seront représentés par groupes de 8 ou de 15[24].

Exemple : 8 rapaces et 15 fragments de vitres dans l'illustration du chapitre 12.

RÈGLE 34

L'illustration du roman', laquelle figure en tête du roman, sera figurée à petite échelle dans chaque illustration.

Exemple : illustration du chapitre 13.

RÈGLE 35

Disposées côte à côte en trois rangées de 5, les illustrations des 15 chapitres reconstituent un carré. Celui-ci proposera une anamorphose de l'illustration du roman' telle qu'elle est présentée au début du volume[25].

RÈGLE 36

Chaque illustration présentera figurativement, de face ou en perspective, une grille rectangulaire de 15 cases (qui pourra se confondre avec la grille imposée par la règle 26) où le médius d'un personnage désignera la case d'ordre de l'illustration telle qu'elle figure dans le carré de la règle 35.

Exemple : illustration du chapitre 15.

RÈGLE 37

La case centrale de l'illustration du chapitre central offrira une anamorphose de l'illustration du roman'[26].

RÈGLE 38

L'illustration du roman', présentée au début du volume, reprise en anamorphose dans la case centrale de l'illustration N° 8 et représentée en abîme dans toutes les illustrations, aura l'apparence d'un sexe féminin[27].

Clés des clés

1.

Contrainte génératrice de tout le roman, cette règle des médiales devait initialement s'appliquer à l'ensemble des chapitres.

Des implications directes de la règle génératrice...

Elle a logiquement imposé son application aux sous-textes dérivés (règles 2 et 3) pour conférer à l'ensemble sa structure « en pyramide inversée ».

Elle a imposé de même les grandes lignes de l'intrigue. Sa révélation au lecteur devant nécessairement convier celui-ci à une sorte de voyage au centre du langage (signifiant d'abord, puis signifié), le roman de Jules Verne ne pouvait manquer de devenir ma principale référence.

Enfin, comme toute contrainte excluant à chaque instant des pans importants du lexique, elle exigeait le recours permanent aux substituts rhétoriques (périphrases, métonymies, métaphores, euphémismes...) constitutifs d'une prose *fleurie.* Celle de son époque, à défaut d'être en propre celle de Jules Verne. Si la première lettre de Jean-Marie me valut tout de même quelque satisfaction, ce fut bien que le style suscité par une pratique héritée de l'iconoclastie surréaliste y fût reconnu *digne d'Anatole France...*

2.

Cette limitation de la règle initiale tient à quelques effets pervers de sa mise en œuvre.

Des risques d'une contrainte forte...

La règle des médiales est une contrainte relativement « forte ». Relativement, car elle est modulable : dès lors qu'on s'autorise la licence de mots sans médiale (au nombre pair de lettres) sa difficulté se trouve évidemment proportionnée à la fréquence des mots qui en ont une. Mais modulée ou non, elle n'en posait pas moins quelques problèmes.

C'est qu'une contrainte n'est pas seulement forte en soi. Sa difficulté provient aussi de sa coexistence avec les autres impératifs de la stratégie : celui qui lui impose de surdéterminer le contenu du texte, et l'exigence, surtout, que la contrainte et la surdétermination qu'elle induit *n'en soient pas moins occultées le plus longtemps possible.*

Insistons sur ce point. Un style et des effets de sens trop immédiatement transgressifs, trop décalés par rapport à ses propres habitudes de lecture et à ses propres centres d'intérêt, placent le lecteur dans une alternative :

Ou il ne soupçonne pas la règle qui – à défaut de le justifier – expliquerait du moins l'étrangeté du langage. À la difficulté de lecture s'ajoute le sentiment de l'arbitraire absolu du texte. Celui-ci lui devenant illisible le livre lui tombera des mains.

Ou il « sent » la contrainte. Il soupçonne la règle et cherche à l'élucider. Outre que la poursuite de sa lecture se trouve subordonnée à l'intérêt a priori qu'il porte à ce genre de recherche, il est clair que cette lecture ne sera plus naïve... Peut-être y trouvera-t-il du plaisir mais à coup sûr, qu'il parvienne ou non à ses nouvelles fins, l'effet ultime de bouleversement et d'exaltation du sens qui constitue notre enjeu fondateur sera considérablement atténué. C'est qu'on ne saurait renverser une illusion sans l'avoir préalablement construite. On ne saurait bouleverser ou exalter le sens que de ce qui présente un sens premier...

Tel est le handicap d'un roman comme *La Disparition* qu'il n'offre guère d'issue, du moins me semble-t-il, entre l'incompréhension totale et ce que j'ai pu appeler la *tournée d'inspection.* Handicap résorbé dans *La Vie mode d'emploi*, où la contrainte forte fait place à un réseau de contraintes plus faibles et plus discrètes – mais non moins vertigineuses en leur imbrication.

Mes essais liminaires avec la règle des médiales témoignaient à l'évidence du danger : le style en était trop visiblement contraint pour ne pas m'engager à en limiter le champ d'application au strict nécessaire. La logique centripète de mon hypothèse génératrice allait vite désigner le chapitre central du roman, suffisamment éloigné des premières pages pour que la dynamique de l'intrigue n'en rende plus la rhétorique rédhibitoire. Il me resterait alors à compenser la rigueur perdue des autres chapitres par une batterie de règles plus souples liées aux nécessaires modifications du récit.

Pour ne citer qu'un exemple des obstacles rencontrés, le syntagme *mon oncle* – convention issue de Jules Verne et du genre littéraire convoqué – imposait à mon texte dérivé l'occurrence *oc* relativement rare dans la langue. On peut constater qu'elle n'apparaît nulle part dans le chapitre 8', forcément rédigé *avant* le chapitre 8 et lui-même issu, dans l'ordre des rédactions, de son propre sous-texte. Force me fut d'exclure le syntagme, si nécessairement récurrent par ailleurs, de tout le chapitre 8. Il me fallut lui substituer des périphrases acrobatiques dont l'usage aurait été insupportable sur l'ensemble du volume et m'aurait contraint à renoncer. Mais comment aurais-je renoncé à *mon oncle* !...

Reste que la chapitre 8, le plus contraint de tous, s'avère aussi le moins conforme aux us du *beau* langage, en d'autres termes : le plus difficile à *avaler.* Je reconnais volontiers qu'il est, à mon propre goût, *le moins bon* des chapitres. Mais cela ne saurait condamner le principe même de sa contrainte que si l'on conteste au fruit la nécessité d'un noyau, certes moins comestible, mais sans lequel il ne serait pas...

3.
Les espaces et la ponctuation des différents cryptogrammes sont évidemment surajoutés, et n'ont d'autre légitimité que de faciliter ici la lecture de textes suffisamment sibyllins.

4.
Le lecteur d'un roman s'intéresse plutôt – sinon exclusivement – au *signifié* du langage. Si je voulais conduire le mien au centre du *signifiant*, comme l'impliquait ma contrainte fondatrice, il s'avérait impératif de l'y préparer en l'accompagnant d'abord, et explicitement, dans ce qui serait le « centre » de ce signifié : celui d'un Domaine analogue qui en représenterait – avec la subjectivité qui s'impose à toute représentation – concepts et figures.

La mise en place romanesque de cet espace virtuel devait convoquer de nouvelles références : outre Lewis Carroll, pour cette plongée dans le miroir que signifierait le franchissement du chapitre médian, *Le Mont Analogue* de René Daumal, et surtout *L'Invention de Morel* d'Adolfo Bioy Casares.

Où le remaniement du récit induit de nouvelles règles...

Telle se présentait alors la deuxième version de l'intrigue : Alex et son oncle, ayant pénétré dans cette matérialisation décalée de leur propre histoire, se trouvaient condamnés à n'en plus ressortir et finissaient par s'y installer.

Ce scénario, séduisant par sa réflexivité, offrait toutefois l'inconvénient d'être fort peu *exaltant*, et cela à double titre. Le retour conforme et progressif qu'il prévoyait, en ses derniers chapitres, à la banalisation du sort des héros en faisait retomber l'intérêt comme un soufflé dès la première lecture. Pis encore : ce dénouement, aussi décevant que prévisible, ne proposait aucun renversement de situation susceptible d'impliquer explicitement une quelconque règle formelle. Ainsi m'interdisais-je d'ouvrir à mon lecteur le moindre accès à cette exploration du signifiant qui constituait pourtant l'objectif obligé de ma démarche.

L'épilogue du *Voyage au centre de la Terre*, assurément plus romanesque, suggérait quant à lui une évasion spectaculaire du piège. Et qui plus est par un chemin judicieusement symétrique – une *cheminée* analogue – au chemin d'entrée...

Il était clair que je devais modifier mon récit dans ce sens. Alex et son oncle s'évaderaient, eux aussi, du Domaine. Et par un moyen comparable au cryptogramme qui les y avait engagés.

Mais pour que son cheminement souterrain soit accessible, le nouveau cryptogramme qui permettrait à mes protagonistes de franchir en sens inverse le miroir du chapitre 8 se devait d'être ouvertement mis en place par le narrateur lui-même. Avec cette conséquence que le tapuscrit d'Alex jouerait alors pour son lecteur le rôle que le volume truqué de *La Pyramide analogue* avait joué pour lui et son oncle. Et Alex assumerait clairement pour ce lecteur le rôle du démiurge manipulateur qui avait initié l'aventure...

Ce qu'il n'avait jamais cessé d'être, à vrai dire, et justifiait enfin que son propre chapitre central fût crypté...

Non seulement ce remaniement, qui bouleversait au passage le rapport entre les personnages et leurs hypothétiques motivations, revigorait l'intrigue en ses ultimes péripéties, mais il lui conférait une logique circulaire on ne peut plus cohérente.

Il présentait aussi cet avantage d'impliquer, par l'exigence d'un cryptogramme, la nécessité d'une nouvelle règle opératoire. Plus souple et portant sur l'ensemble du roman, celle-ci contribuerait à compenser, avec ses corollaires (règles 5, 6 et 7), la perte de rigueur liée à la réduction du champ d'application de la règle initiale.

Restait à définir cette nouvelle règle opératoire.

5.

Sauf à supposer une lecture palindromique des cryptogrammes successivement dérivés, cette règle de sortie du Domaine ne pouvait à l'évidence être la même que sa règle d'entrée. Plus souple que celle-ci pour pouvoir s'appliquer à l'ensemble du roman, elle devait toutefois lui ressembler assez pour en être le pendant convaincant de l'autre côté du *miroir* – celui-ci fût-il postulé déformant...

La solution qui consistait à remplacer la lettre médiale du mot par le mot médial de la phrase répondait à de telles exigences. Elle se présentait même comme une incidence remarquable de cette thématique du décalage, ou de l'*écart*, qui investissait peu à peu mon propos (écarts entre le reflet et le modèle, entre le langage et son référent, entre la dérivée et sa primitive, entre le parcours d'Alex et celui de Théo, entre le récit de mon narrateur et *La Pyramide analogue*, entre mon propre texte et celui de Jules Verne...) et lui imposait une trajectoire d'hélicoïde autour de son axe, bien plutôt que de cercle autour du centre originel...

Sans doute la coexistence de cette nouvelle règle et de ses corollaires avec les règles précédentes, dans l'espace du chapitre 8, présentait-elle de sérieuses difficultés, mais aucune n'était insurmontable. C'est que la contrainte est en vérité assez faible, et modulable elle-même puisqu'elle autorise la licence de phrases contenant un nombre pair de mots.

Le *roman'* et sa suite, le *roman''* (voir règle 5), constituaient le nouveau dénouement du *Domaine d'Ana*. Il était donc nécessaire d'en permettre l'accès effectif. Alex en énonçait bien la règle d'élucidation dans le dernier chapitre mais cela – Jean-Marie ne me démentira pas – risquait de ne pas suffire. À supposer que mon lecteur ait bien appréhendé la procédure, et même vérifié son application sur un échantillon du texte, je n'ignorais pas qu'un décryptage complet aurait exigé de sa part un décompte systématique de tous les mots de toutes les phrases du volume... Aussi me semblait-il envisageable, exceptionnellement, et m'autorisant de son statut d'épilogue, de publier le texte du cryptogramme à la suite du chapitre 15. J'en aurais rappelé, plus explicitement encore, le principe de codage et profité, peut-être, pour suggérer la présence d'autres jeux formels dans le roman.

Cela, bien sûr, avant que ma correspondance avec Jean-Marie ne m'incite à publier l'ensemble des règles...

6.

Il aurait sans doute été plus conséquent que le texte dérivé d'un cryptogramme procède ici (comme précédemment) de la même règle que sa primitive. Mais le repérage du mot médial d'une phrase suppose l'existence d'une ponctuation. Or celle du *roman'* ne pouvait apparaître dans son strict décodage : elle a été surajoutée pour les raisons de commodité déjà exposées dans la note 3. Et ce choix a posteriori d'une ponctuation était trop aléatoire pour fonder la règle du sous-texte. Le principe initial des lettres médiales a donc été repris dans les règles 5, 6 et 7. Ce sera encore le cas, et pour des raisons semblables, dans les corollaires des règles 10 et 13.

À noter qu'on a l'exemple ici d'un blocage qui suscite un renforcement de la contrainte, et non son allègement.

7.

Lorsque cette règle a été décidée les chapitres du roman n'étaient coiffés d'aucun titre. Par contre, le principe était fixé (voir règle 20) selon lequel le nom d'Ana serait crypté, au *sommet* de chaque série de sous-textes, dans les 15 mots d'un distique d'alexandrins susceptibles de désigner Alex comme leur possible auteur.

Or le *roman'''* issu de la règle 6 se réduisait à un seul alexandrin. Et sauf à augmenter de façon drastique la fréquence des mots à médiale dans le *roman''* et le *roman'*, ou celle des phrases à médial dans le roman proprement dit, il n'était guère envisageable d'en doubler la longueur.

L'idée de crypter le vers manquant dans des intertitres placés en chapeau s'est autorisée de plusieurs raisons :

D'abord de tels chapeaux, à défaut de figurer dans *Le Voyage au centre de la Terre*, étaient on ne peut plus fréquents chez Jules Verne et dans les feuilletons contemporains qui appartenaient au *genre* convoqué. Ils existaient aussi, et non sans saveur parodique, dans *Le Mont Analogue*. Caractéristiques du roman populaire, on peut penser qu'ils procèdent à leur façon de ce *pédagogisme* dont Jean-Marie se méfie tant : désir d'exciter la curiosité par des raccourcis énigmatiques, souci de ménager au lecteur de possibles étapes à l'intérieur du chapitre ou d'en jalonner les passages délicats...

Tout à la fois messages sibyllins, jalons initiatiques et mise en abîme du texte qu'ils inaugurent, les intertitres s'inscrivaient naturellement dans une thématique constitutive de mon dispositif. À l'instar des illustrations, dont l'opportunité m'était apparue dans le même temps, ils dédoublaient visuellement le contenu de chaque chapitre, tout comme l'intrigue en miroir dédoublait son propre décor et faisait de la redondance, cette représentation du même sous une autre forme, sa figure emblématique.

Sans compter que les impératifs graphiques des règles 37 et 38 allaient incidemment conférer au chapeau (du professeur Brideuil, cette fois) une signification symbolique on ne peut plus déterminante...

Les chapeaux d'intertitres présentaient par ailleurs l'ambiguïté d'appartenir au texte sans véritablement faire corps avec lui. Comment cette appartenance à la fois manifeste et impossible n'en aurait-elle pas fait le domaine secret d'Alex (voir règle 9), cependant que le texte proprement dit resterait le domaine exclusif d'Ana ? Le nom même de mon narrateur lui affectait cette marge du langage...

8.

Que ce « dévoilement des mystères du texte », dont nous verrons qu'il concerne autant le lecteur que l'auteur, soit ici l'occasion d'une mise au point.

Du dévoilement contre le dépouillement, ou du roman comme strip-tease...

Les écrivains qui ont ambitionné de faire accéder le roman à l'ascèse de l'œuvre d'art se sont longtemps défié tant de l'énigme que de sa résolution. C'est que la poésie s'en passe, apparemment, qui est leur modèle. L'intrigue, qui « tourne comme un rébus autour d'un mirliton », fera toujours figure de complaisance à l'égard de ce lectorat traditionnel du genre, incurablement rationaliste et bourgeois, imperméable, comme on sait, à la *grâce*. Aujourd'hui encore, bien des critiques n'accordent au polar le statut de *littérature* que lorsque l'intrigue « n'y est qu'un prétexte » et qu'à l'évidence l'essentiel est ailleurs. Le véritable artiste n'en a cure par définition. Et qui daigne la juger « bien ficelée » n'en dénonce pas moins les ficelles.

Ainsi fut-elle la première victime de l'épuration.

La première, car le roman étant un genre composite, il ne fut plus une de ses composantes qui ne dût elle aussi paraître dérisoire, pesante et superflue.

Ainsi a-t-on pu tour à tour, et non sans excellentes raisons, le débarrasser de sa philosophie, de ses descriptions, de ses dialogues, de ses messages, de ses héros, de ses introspections, de sa psychologie, de ses fioritures rhétoriques... L'essentiel étant toujours ailleurs. Quitte, pour faire durer le plaisir de l'effeuillage ou soupçonnant qu'au bout du compte on ne dévoilerait qu'un fantôme, faire son essentiel de ce que l'école précédente avait cru bon de rejeter.

Pour cela sans doute, et parce que les lois propres de son marché n'y prêtaient guère, le roman n'a pas vraiment connu son dépouillement radical, quelque chose comme l'équivalent du ready made ou du carré blanc sur fond blanc. Tout au plus un string en pure fibre de texte entre deux absences de fesses. De quoi émouvoir les derniers tenants d'une modernité qui, dans cette quête fondamentaliste, enjoignait au progrès d'atteindre une vérité nue.

Le pire, évidemment, restait à venir : ce moment où l'effeuillée, faute de pouvoir se dénuder davantage, n'a rien de mieux à faire que d'aller se rhabiller en coulisse. De rajuster une à une ses conventions pour retrouver son apparence honnête d'avant l'exhibition. Et de regagner le bourgeois domicile comme si de rien n'avait été, dans quelque rassurant tailleur postmoderne, boutonné jusqu'au col pour préserver le mystère, et auquel ne manque plus une fleur de rhétorique…

Car à réduire le progrès d'un art au rejet de ses conventions, il n'est plus de progrès concevable lorsque toutes ont été rejetées. A fortiori dans un domaine où tout ne sera jamais que conventions…

Or, entre le roman nu jusqu'à l'os et le tout-vêtu à l'ancienne, le choix n'est pas à faire. Ce n'est ni l'habit ni la nudité qui exaltent mon désir, mais le déshabillage lui-même, le dépouillement *en acte*.

Rien du costume romanesque n'est superflu, ni pesant, ni risible qui s'offre au délaçage. Tout y est bon d'emblée que rien ne boucle à jamais. Le message, à condition qu'il se dérobe. Le héros, sous réserve qu'il tombe le masque. La psychologie, si elle se retrousse. L'histoire, si elle se dévoile. L'intrigue, si elle se dénoue. Le beau style, s'il se débride. Le décor, s'il bascule et s'écarte. La rhétorique pourvu – si l'on me permet – qu'elle ouvre ses fleurs…

Puis plus rien, oui. Mais comme après *la chose*.

9.

Cette règle procède d'une double dynamique.

D'abord celle des règles déjà décidées qui m'entraînaient, comme Noé Brideuil, à « viser à tout propos le centre du centre de toutes choses ». Elles concernaient jusqu'alors le centre du mot, le centre de la phrase et le centre du roman. Comment ne m'auraient-elles pas incité à me préoccuper du centre des autres instances du texte, à commencer par celui du chapitre ?

Mais ce nouveau centre serait-il le paragraphe central, la phrase centrale, le mot central ou la lettre centrale ? Voire, ce qui serait encore différent, la lettre, la phrase ou le mot centraux du paragraphe central ?… Et à supposer que mon lecteur ait été poussé par une logique parallèle, comment ne se serait-il pas heurté aux mêmes questions et trouvé du même coup, pour vérifier ses hypothèses, obligé de compter toutes les lettres, tous les mots, toutes les phrases et tous les paragraphes de chacun des chapitres ? Comment lui signaler mon propre choix pour lui épargner ce travail de bénédictin, dont rien par ailleurs ne garantissait l'enjeu ?

L'autre dynamique, et qui allait résoudre le problème, était celle des contenus. On a vu comment l'exemple du *Voyage au centre de la Terre*, ainsi que la double thématique du miroir et du décalage inhérente à mon projet, m'avaient intéressé aux illustrations qui jalonnent les romans d'aventures du siècle dernier. De telles images ne faisaient rien d'autre, en vérité, que de proposer au lecteur ce que la machine de Théo proposait à Alex : la représentation subjective d'un espace textuel, nécessairement décalée tant vis-à-vis de son propre imaginaire que de celui de l'auteur. À sa façon, le Domaine d'Ana *était* une illustration décalée du texte par lui-même.

Outre cette évidence, je dois bien avouer que je caressais depuis longtemps le désir d'appliquer aux arts visuels (que le culte de la libre expression individuelle voue quelque peu, et plus encore que l'art du roman, à la contingence et à la vacuité...) les principes contraignants qui m'apparaissaient si profitables à la pratique romanesque. L'occasion était rêvée...

Naturellement, je ne pouvais ignorer que de telles images étaient en général accompagnées d'une légende, reprise tronquée d'une phrase du texte ainsi mise en lumière, et qui en dédoublait la redondance. Il me suffisait de placer l'illustration au milieu du chapitre pour que mon lecteur puisse légitimement en induire que le fragment choisi se situait lui-même au centre du texte de référence. Quitte alors, mais alors seulement, à vérifier son hypothèse...

Il me parut légitime, puisque telle était la convention en vigueur dans mes modèles, que ma légende soit une phrase ou un fragment de phrase. Ainsi se trouvait définie l'unité textuelle qui représenterait le centre du chapitre. Peu importait par ailleurs l'arbitraire d'un tel choix, puisque la règle n'avait d'autre enjeu que de rendre accessibles les éléments de mon nouveau message et que ceux-ci se signalaient d'emblée par leur extraction du texte.

Tous les problèmes semblaient résolus. Et la licence du fragment me facilitait grandement le projet qui devait nécessairement s'ensuivre. Celui d'articuler ces phrases entre elles pour qu'elles constituent un nouveau cryptogramme cohérent destiné – en bonne logique – à convier mon lecteur à un décryptage des illustrations elles-mêmes.

Je devais me rendre compte un peu plus tard que ce choix de la phrase comme unité centrale du chapitre était une erreur.

10.

La mise en œuvre de la règle 10 et de ses corollaires allait témoigner de son inconséquence lorsque, passant à l'ultime étape d'extrapolation de ma règle génératrice, je m'intéressai au centre du paragraphe. Le double problème de la définition de ce centre et de son repérage par le lecteur, tel que j'avais cru le résoudre au niveau du chapitre, se représentait cette fois sans que je puisse lui trouver la moindre solution satisfaisante.

D'une erreur de méthode et de ses conséquences...

C'est que je n'avais pas pris soin, préalablement, d'établir une succession vraiment logique des unités textuelles : la lettre, le mot, la phrase, le paragraphe, le chapitre, le roman... Il me serait alors apparu que l'unité centrale d'un énoncé se devait d'être celle qui le précédait dans la liste : la lettre pour le mot, le mot pour la phrase, le chapitre pour le roman – et jusque-là tout allait bien – mais aussi la phrase pour le paragraphe et le paragraphe pour le chapitre...

Le fait d'avoir inconsidérément choisi la phrase comme centre du chapitre privait par contrecoup le choix suivant de toute pertinence.

Sans doute aurais-je modifié ma règle 10 en conséquence – quitte à refaire tout le travail – si un nouvel obstacle ne s'était présenté. C'est que le roman, conformément aux exigences *pédagogiques* du genre feuilletonesque convoqué, présentait de nombreux dialogues où les répliques se réduisaient souvent à une phrase. À strictement appliquer ma consigne, celle-ci deviendrait à l'évidence la phrase centrale du paragraphe qu'elle constituait à elle seule...

Mais comment espérer que des répliques de dialogue, souvent elliptiques, exclamatives ou interrogatives, qui plus est assorties d'une incise, puissent jamais s'intégrer dans la logique interne d'un nouveau message conséquent dès lors qu'on les sortirait de leur contexte ? La réalisation du cryptogramme assez médiocre de la règle 10 m'avait malheureusement prouvé qu'il était beaucoup plus difficile de reconstituer un énoncé cohérent sur la base de phrases déjà construites qu'à partir de simples mots ou de lettres...

Il y aurait bien eu la solution d'ajouter une seconde phrase à chacune des répliques pour en disqualifier le paragraphe. Mais leur intérêt tenait justement à leur vivacité ou à leur laconisme : quelques mots de plus les plombaient. La licence des énoncés « pairs », pour être légitime, se devait dans tous les cas d'alléger le texte et non de l'alourdir...

À vrai dire j'avais depuis longtemps renoncé à résoudre le problème et refusé, non sans mauvaise conscience, d'accorder toute pertinence au paragraphe, lorsque la nécessité de dactylographier le manuscrit dans sa version définitive me suggéra une solution de rattrapage qui ne manquait pas d'attraits.

Je n'avais guère eu à me soucier jusqu'alors de cette convention selon laquelle tout paragraphe commence par un alinéa. Ni surtout du fait qu'aucune convention, en revanche, ne précise la dimension du retrait qu'il suppose... Contingence pour contingence, pourquoi ne l'aurais-je pas repoussé jusqu'au centre de la ligne ?

Non seulement ce choix rendait une pertinence au paragraphe, mais il impliquait du même coup dans le processus de centralisation les unités typographiques jusqu'à cet instant négligées de la ligne et de la page. Comment ne pas voir que l'alignement des majuscules initiales suscitait autour de son axe un nouveau dédoublement du livre et invitait au cryptage d'un ultime chapitre central ?...

Mieux encore...

Toute l'aventure – tant celle que je racontais alors que celle de son élaboration telle que je la raconte aujourd'hui – conviait à une évidente confusion des notions de *centre* et d'*origine*. Le centre était bel et bien mon point de départ. Et n'invitais-je pas mon lecteur, au terme de son voyage symétrique au centre de mon langage, à y retrouver mes prémices ? L'épilogue crypté au centre des phrases du récit ramenait mes héros eux-mêmes aux prolégomènes de leur histoire. Et comment aurais-je ignoré que le voyage au centre de la Terre des héros de Jules Verne les conduisait, en sa matrice préhistorique, aux origines du monde ?

La providentielle règle 13, en accordant à des initiales de formuler un message central, assumait in extremis cette essentielle leçon du texte. Et la singularité remarquable des alinéas suffisait à en permettre l'accès au lecteur un tant soit peu perspicace.

On a beau dire, on finirait par croire aux coups de génie...

Il ne me restait plus qu'à tirer la conséquence paradoxale du paradoxe ainsi révélé en situant le commencement de ce message central fait d'initiales – symétrie oblige – au centre du roman plutôt qu'en son commencement.

11.

Outre la richesse connotative du préfixe homonyme et sa structure palindromique, le nom de mon héroïne offrait l'intérêt d'engager celui qui le lit à un voyage instantané du début de l'alphabet jusqu'en son centre – et retour. Ceci dit en écho à la note qui précède et pour préparer l'une de celles qui s'ensuivent.

Quant à la dédicataire du roman...

À l'époque déjà lointaine où j'en concevais les grandes lignes, je fis la connaissance d'une jeune universitaire espagnole qui consacrait une thèse à Perec et – chose plus surprenante – à mes propres ouvrages. Ma pipe, que je ne fumais pas encore, dut cependant s'émouvoir par anticipation lorsque j'appris que mon admiratrice et première exégète en date, au demeurant charmante, avait reçu du destin le nom d'*Ana Roman.*

On a beau faire, on finirait par croire en Dieu...

12.

La règle 16 n'est pas spécifique au *Domaine d'Ana* et ne constitue pas une contrainte à proprement parler : elle est plus généralement l'un des principes essentiels de la stratégie d'écriture qui nous occupe.

Du principe de surdétermination...

J'ai rappelé, en introduction à ce cahier des charges, qu'un enjeu de la contrainte était de substituer à la nécessité intérieure de l'écrivain une nécessité qui soit interne au volume. J'ai trop longuement développé l'intérêt d'un tel enjeu dans ma correspondance avec Jean-Marie pour y revenir.

En pratique, cela revient à dire qu'à chaque étape de l'élaboration, depuis la conception générale du roman jusqu'en son dernier mot, je me devais de renoncer – dans la mesure du possible – à fonder mes décisions d'écriture sur mon expérience individuelle ou la fantaisie de mon imaginaire. Moins encore sur mes *goûts et opinions.* Le thème, la phrase, le mot choisis ne seraient plus ceux qui m'agréent le plus dans l'intuition du moment mais ceux qui entretiennent, directement ou indirectement, de façon logique ou analogique, un rapport de cohérence optimal avec l'hypothèse de langage qui fonde mon propos.

On a vu comment les grandes lignes du *Domaine d'Ana* – disons son architecture, son intrigue, son style, sa référence typologique et, à travers elle, le lecteur qu'elle ciblait – avaient été ainsi déterminées. Aussi certains éléments thématiques : la pyramide, le miroir, l'hélicoïde, la cheminée, l'origine, la parité et l'imparité, le souterrain, le jalon... entre autres réductions spéculaires des différents aspects du texte.

Mais je ne pouvais envisager de déterminer aussi directement tout mon lexique. Et cela d'autant moins que le style fleuri et le genre littéraire convoqués supposaient le recours permanent à un pittoresque aussi inventif qu'encyclopédique... Tel était le prix si je voulais installer mon lecteur, probable amateur de Jules Verne, dans une stratégie de lecture à la fois conforme à ses habitudes et propice aux *ébaubissements* que je lui préparais.

Lorsqu'ils ne m'étaient pas directement imposés par la rigueur de mes contraintes, particulièrement sélectives dans le chapitre 8, mes choix lexicaux se sont faits pour la plupart en trois étapes.

La première consistait à puiser le cas échéant dans les champs lexicaux des concepts déjà existants. Et cela d'autant plus légitimement qu'ils se recoupaient entre eux. Ainsi la *pyramide* pouvait-elle d'emblée justifier l'éventuel recours aux vocabulaires de la tombe et de l'égyptologie (fouilles – hiéroglyphes – papyrus – sphinx – culte solaire – Horus...). *Le cas échéant,* car il ne s'agissait nullement d'épuiser au fil des pages – à supposer une telle exhaustivité possible – un lexique assurément voué à la prolifération gratuite. Mais bien plutôt de me constituer un corpus de référence indispensable à la suite du processus.

La deuxième étape m'imposait en effet, chaque fois que l'introduction d'un nouveau concept s'avérait nécessaire sans que rien puisse décider précisément de son choix, de sélectionner parmi tous les candidats ceux dont les champs sémantiques ou lexicaux recoupaient les précédents avec le plus de constance. De tels recoupements permettaient alors de surdéterminer mutuellement les mots retenus et d'endiguer par la même occasion les débordements incontrôlables du lexique.

Ainsi la *piéride du chou* a-t-elle été choisie pour illustrer la théorie brideuillenne de la « contamination réciproque ». Des milliers de syntagmes semblables auraient à l'évidence fait l'affaire pourvu que le mot directeur en ait été suffisamment rare et ambigu. Mais la fausse étymologie de *piéride* présentait l'avantage d'induire par extension tout le vocabulaire de la minéralogie, consubstantiel au *Voyage au centre de la Terre*. Le *chou* avait le triple mérite d'être l'archétype des plantes crucifères dicotylédones et la mystérieuse matrice de la mythologie enfantine, de s'apparenter, par la grâce de ses feuilles, aux journaux à échos, et de désigner en prime le dieu égyptien de la Lumière... Quant à la *piéride du chou* si l'on peut dire tout entière, successivement chenille (mangeuse de feuilles ou chaîne sans fin), chrysalide (au sein de laquelle, dit Larousse, « s'effectuent d'importants remaniements d'organes et de tissus »), et papillon (comme le sphinx) aux marbrures et nervations symétriques, on conviendra que ses propres métamorphoses avaient de quoi séduire...

Reste évidemment que je n'ai pu procéder à l'étude comparée de *tous* les syntagmes possibles, et sans doute existe-t-il parmi eux de meilleures solutions. Ma chenille, à cet égard, fait partie de ces choix irréductiblement aléatoires et *intuitifs* qu'aucune systématique ne saurait évincer, qui engagent cependant – par *contamination réciproque* dirons-nous – toute la suite du travail, et dont l'enchaînement dessine à l'intérieur du récit ce probable filigrane d'inconscient dont je parle à Jean-Marie... J'aime à croire que *piéride* m'est venu de *pyramide*, mais je n'en suis même pas sûr.

Il n'aura pas échappé non plus, pour peu qu'on soit retors, que les mots choisis ne pouvaient manquer de convoquer des significations parasites, sans le moindre écho dans les champs lexicaux leur préexistant. Ainsi le *chou* est-il aussi – et avant tout pour mes lecteurs gastronomes – une gourmandise de pâte soufflée garnie de crème...

Telle était la dernière étape de ma quête lexicale qu'il convenait alors de donner une famille à ce sens orphelin. En prévoyant, par exemple, de semer en chemin quelques gourmandises du même type dès que le récit m'y engagerait sans incongruité. À charge, bien sûr, qu'elles répondent aux mêmes exigences de recoupements des champs ou de mise en abîme du texte que les autres vocables.

Ainsi sont apparus la crêpe pour sa réversibilité (sinon pour Perec), la nonpareille pour son écart, la gaufre en hommage à la règle 23, et le pithiviers, pâte feuilletée, selon Larousse, fourrée d'une crème d'amande, parce que l'amande, toujours selon Larousse, désigne toute graine contenue dans le noyau d'un fruit...

Du principe de métatextualisation...

(Soit dit en préambule, j'aurais scrupule à ne pas reconnaître ici ma dette envers l'auteur des pages les plus éclairantes qu'il m'ait été donné de lire sur les problèmes particuliers de la description. Mais le nom de Jean Ricardou causait un certain trouble à Jean-Marie...)

C'est que le pittoresque descriptif n'exige pas seulement du vocabulaire, il exige aussi l'organisation – tant dans l'espace référentiel que dans la page – des signifiés et signifiants convoqués. À supposer que cette organisation même n'en suggère pas le renouvellement... Sauf à en laisser l'initiative à la fantaisie de l'auteur, il semblera conséquent qu'elle découle à son tour des structures génératrices du texte.

Ainsi, dans l'élaboration d'un roman policier d'énigme, la stratégie du criminel décide-t-elle souvent de la disposition apparemment arbitraire des lieux et des objets qui s'y trouvent. Et cette disposition, en retour, autorisera le lecteur attentif à induire la stratégie du criminel. Ainsi, dans un roman dont l'hypothèse fondatrice implique l'entière culpabilité du langage, revient-il à celui-ci d'organiser à chaque instant l'espace qui rend son acte possible avant de conduire le lecteur jusqu'à sa culpabilité.

Sa, c'est-à-dire celle du langage si le lecteur a été perspicace, celle du lecteur s'il ne l'a pas été...

Tel est l'intérêt de la métatextualisation qui enjoint à chaque description du roman de décrire simultanément, à la façon du pithiviers, un aspect superficiel ou crypté du roman lui-même. Sans oublier, car l'indice se doit de n'être jamais flagrant s'il veut atteindre son objectif et participer au crime d'illusion avant que de pouvoir le dénoncer, de le dissimuler toujours dans l'arbitraire apparent du pittoresque.

Du principe d'hypotextualisation...

Il peut sembler paradoxal, sinon contradictoire, qu'une écriture apparemment vouée à l'autarcie d'un système mathématique ait le souci de multiplier les références aux œuvres antérieures. Mais telle est l'une des différences entre le code mathématique et celui du langage que les conventions de ce dernier ne sauraient avoir la neutralité d'anonymes paramètres et d'indifférentes *inconnues*...

Mes mots font sens à qui partage mon idiome : tant dans son élaboration que dans sa lecture, on vient de le voir, le roman implique la connaissance commune du dictionnaire qui s'en avère ainsi l'hypotexte obligé. Mais le tissage des mots entre eux fait sens à son tour à qui partage ma culture, et d'autres hypotextes s'en trouvent bien vite convoqués. Il n'est de livres qui ne nous parlent, consciemment ou non, d'autres livres.

Ce n'est pas seulement du dictionnaire de langue que s'autorise tout roman, mais du dictionnaire encyclopédique où sont présentés dans l'ordre, dès la page inaugurale, après la lettre *a*, le préfixe *a-*, le mot *à*, ces repères littéraires désormais intégrés au code : *À la recherche du temps perdu*, *À quoi rêvent les jeunes filles*, *À rebours*...

Ainsi assume-t-il par la force des choses le caractère éminemment culturel de l'*inspiration*.

À une *dame* – car il n'est pas que Breton à qui s'adressent les dames –

qui venait de feuilleter *La Doublure de Magrite* et s'inquiétait de ce que j'imite un confrère plutôt que de m'employer à une écriture « plus personnelle », j'eus quelque peine à expliquer cette évidence. Il n'est guère de mots, de tropes, de tournures grammaticales, qui n'aient été par la force des choses employés par d'autres que nous... Qui ne croit emprunter à personne emprunte en fait à tout le monde. Et si ce n'était la loi des probabilités, nous ne pourrions pas même jurer que notre livre de 300 pages ne reproduit pas mot à mot le volume d'un précurseur ignoré, comme Pierre Ménard récrivit *Don Quichotte*.

Sans doute était-ce moins cette part d'incontournables imitations qui comptait pour la dame et lui eût permis d'apprécier ma *personnalité*, que les différences – statistiquement probables – de leur combinatoire. Mais en vérité, à supposer que ce fût là l'essentiel enjeu d'une lecture, comment mieux appréhender les différences que lorsque les référents sont clairement affichés ?

Le problème n'est donc pas d'exclure ou non les réminiscences culturelles : elles sont inévitables. Pas plus qu'il n'est d'éliminer les clichés et poncifs dont Paulhan nous a montré qu'ils étaient constitutifs du discours. Pas plus qu'il n'est de récuser, au nom de la *vraie vie*, le caractère irrémédiablement conventionnel de la langue.

Le problème est d'en jouer ou pas.

L'imitation stylistique fait partie de ces jeux dès lors qu'elle consiste, non plus à reprendre à l'identique les figures d'un auteur vénéré par strict mimétisme pour leur faire assumer la même fonction, et moins encore à tourner en dérision leur systématisme comme c'est le cas dans la plupart des pastiches, mais à user de l'économie générale du texte pour les investir a posteriori de fonctions nouvelles ou pour en révéler les fonctions occultées. Ainsi participeront-elles, au même titre que les clichés et la polysémie du lexique, à ce bouleversement progressif du sens qui demeure l'objectif essentiel.

Mais *Le Domaine d'Ana*, contrairement à *La Doublure de Magrite* ou *La Ressemblance*, n'est pas un pastiche délibéré. Sans doute sa règle génératrice a-t-elle aussitôt convoqué d'irrécusables similitudes avec l'intrigue, la thématique et même le style du roman de Jules Verne. Aucun impératif cependant, comme c'était le cas dans les textes antérieurs, n'identifiait mon narrateur à l'auteur désigné ni à aucun de ses héros. Les analogies demeureraient, mais sans instituer l'imitation fortuitement programmée en véritable contrainte.

Le jeu sur l'hypotexte se soucia donc moins de la manière que des contenus. Il consista d'emblée à faire du *Voyage au centre de la Terre* l'une de ces réserves lexicales et sémantiques (une *mine* à tous égards) susceptibles d'autoriser des recoupements multiples avec les autres champs exploitables – comme on l'a vu pour la *piéride*. Mais explorant avec plus d'attention les opportunités de ladite mine pour les besoins de ma cause, j'allais vite y découvrir des ressources inattendues.

Ce fut d'abord, on s'en souvient, l'idée du dénouement – incomparablement plus forte chez Jules Verne que dans mon scénario d'origine. Ce fut aussi – et surtout – par l'intérêt que je me devais de porter au propre chapitre central de mon modèle, la révélation de ce qui allait singulièrement renouveler les interprétations jusqu'alors conscientes de mon propos...

De ce bouleversement, je parlerai de façon plus détaillée dans le commentaire de la règle 17. Mais il allait bientôt justifier que le roman de Jules Verne, de simple réservoir thématique, me devienne une référence constante d'une tout autre portée. Et cela d'autant – ce sera l'objet du commentaire de la règle 18 – qu'une analyse concourante de *L'Invention de Morel*, hypotexte de ma seconde partie, devait m'offrir une révélation *symétrique* non moins fascinante...

Le fait que *Le Domaine d'Ana* n'imposait pas a priori l'imitation sélective d'un auteur unique et la convocation de son strict univers favorisa par ailleurs le surgissement d'autres possibles hypotextes, induits ou pas des précédents. A fortiori dans cette seconde partie qui supposait l'intervention d'une « Mémoire » encyclopédique. C'est ainsi que le conte du *Petit poucet*, l'épisode biblique du Déluge, et le cycle de la *Table Ronde* allaient entre autres mêler leurs fils à la trame déjà existante.

À vrai dire, si la double exigence des recoupements multiples et d'un corpus littéraire sciemment réduit aux ouvrages cités par les dictionnaires universels (postulés garants d'une érudition commune) n'avait limité le recours à de telles références, celles-ci se seraient multipliées ad libitum.

Car c'est en vérité de *tous* les livres que le moindre livre nous parle.

Reste que les hypotextes choisis, nommément évoqués ou rendus repérables par leur exploitation récurrente, n'ont pu l'être que relativement à la culture – ou l'inculture – personnelle de l'auteur. Nécessairement ils en témoignent, et participent en cela au filigrane autobiographique. Un auteur plus érudit que moi-même eût convoqué des hypotextes différents sans nul doute plus pertinents que les miens. Le meilleur exemple – et le plus regrettable – est à mes yeux celui du *Château des Carpathes*, que je n'avais jamais lu auparavant, et qui aurait certes joué un rôle générateur plus décisif si j'en avais connu l'argument avant d'avoir conçu les trois quarts du volume...

13.

Si la contrainte génératrice avait très tôt suggéré l'opportunité de cryptogrammes « en pyramide », elle n'avait pas pour autant décidé de leurs contenus, ni même d'une quelconque signification du *centre* auquel ils conduisaient. Tout au plus le *roman'* de la règle 4 se devait-il de constituer l'épilogue de l'aventure et relater le retour des protagonistes en la demeure originelle au terme de leur cheminement souterrain.

Mais si ce même cheminement guidait de facto mon lecteur jusqu'à l'origine de mon propos, comment ne l'eût-il pas mené du même coup à son origine littéraire ? Tel est somme toute le rôle de l'*hypo*texte qu'il génère souterrainement le texte. Comment sa place d'élection n'eût-elle pas été *dans* le souterrain ?

Sans doute ne s'y serait-il trouvé qu'allusivement si je ne m'étais inquiété de lire plus précisément son chapitre central, convié en cela tant par l'importance accordée à mon propre chapitre 8 que par une circonstance incidente, qui sera évoquée à propos de la règle 19.

De la masturbation qu'on dit intellectuelle...

Qui lit aujourd'hui cet épisode apparemment anecdotique du *Voyage au centre de la Terre* pourra peut-être imaginer ma stupeur.

Bien sûr il y avait sa parfaite symétrie, du repos tourmenté des premières lignes au repos comblé des dernières, en passant par l'exaltation vitale du passage médian. Mais comment ignorer surtout la forte connotation érotique, confortée par la vignette illustrative de Riou, de ce va-et-vient frénétique dans une galerie obscure qui se conclut, via la fébrile percée d'une cloison, par un jet brûlant et un cri de douleur !

Peut-être le langage est-il ainsi fait qu'on trouverait des sous-entendus obscènes jusque dans un psautier de carmélites, mais tout de même... Force était par ailleurs de reconnaître que la pénétration du globe vernien se faisait par un cratère incidemment caressé par l'ombre d'un pic. Et que le retour à la lumière des héros emportés par les laves du Stromboli n'était pas sans similitudes avec une expulsion fœtale. Comment ne pas admettre que leur périple, entre-temps, avait bel et bien conduit Lidenbrock, Hans et Axel à ce que leur contemporain Courbet nommait euphémiquement *les origines du monde* ?

« Tu quittes ta fiancée, mais tu trouveras ta femme au retour », avait prédit la douce Graüben au narrateur partant pour l'aventure...

D'autres que moi j'imagine, et bien avant moi, ont dû s'effarer du caractère équivoque de cet Extraordinaire et initiatique Voyage proposé par Verne à la jeunesse. Mais à coup sûr, j'étais le premier à découvrir, grâce à lui, la perversion jusqu'alors parfaitement inconsciente de *mon propre texte*.

C'est que la contrainte n'impose pas a priori de contenus. C'est sa mise en œuvre qui peu à peu les induit. En fait d'initiation, elle ne m'avait d'abord suggéré comme ultime leçon du *Domaine d'Ana* que celle du lecteur entraîné jusqu'au centre de mon langage. Je venais soudain d'entrevoir ce que ce centre dissimulait.

Fallait-il s'étonner que l'eau souterraine bue par Axel dans la *délectation*, la *jouissance* et la *volupté* eût de surcroît *un goût d'encre* ?

Chez qui le roman – tel du moins que la note 8 l'envisage – s'offre comme un coït à l'usage de la pensée, on se doute qu'une telle découverte se devait d'être reprise en compte.

Entre autres modifications du programme dont le *roman'* serait la conséquence la plus immédiate et la règle 38 la plus voyante, le *Voyage au centre de la Terre* allait cette fois me devenir une mine de péripéties, tout aussi anecdotiques apparemment que son chapitre central, et non moins ambiguës. À commencer par cette surprenante « leçon d'abîme » du clocher de Frelsers-Kirk, dans son propre chapitre 8, qui pourrait bien se révéler en outre une formidable leçon de mise en abîme...

La constante admiration de Raymond Roussel pour l'auteur aurait dû plus tôt m'intriguer.

14.

La logique voulait que les contenus des deux cryptogrammes qui demeuraient à définir, celui de la règle 1 et celui de la règle 13, le soient sur la base de mes autres hypotextes générateurs : *Le Mont Analogue* de René Daumal et *L'Invention de Morel* de Bioy Casares. Il va de soi que je m'intéressai plus particulièrement à leur *centre.*

Celui du premier posait problème. On sait que le manuscrit de Daumal ne fut jamais achevé, dont Nimier faisait une quête « du centre original du monde ». Il ne pouvait présenter – en double conséquence pourrait-on dire – aucun centre formel. Un étrange hasard veut d'ailleurs que celui de la seule partie existante (du moins dans l'édition qu'en propose la collection *L'Imaginaire* de Gallimard) soit une page blanche. Elle précède cette phrase inaugurale du chapitre dit « de la traversée » : « Le 10 octobre suivant, nous nous embarquions sur l'*Impossible* »...

À cet impossible nul n'étant tenu, le cryptogramme de la règle 1 ne pouvait évoquer le chapitre médian du *Mont Analogue* que par le biais d'un hypotexte imaginaire quasi homonyme, et supposé achevé quant à lui.

L'Invention de Morel, pour sa part, n'était pas divisée en chapitres. Mais ses pages centrales devaient me réserver une surprise non moins troublante que celles du roman de Jules Verne...

Si ce n'était le genre de la science-fiction aventureuse, les hypotextes des deux versants du *Domaine d'Ana* ne m'avaient guère semblé jusqu'alors présenter de ressemblances probantes. Tout au plus l'île de Bioy Casares offrait-elle une réjouissante inversion de cette mer que Verne situait paradoxalement au centre de la Terre... On comprendra mon *ébaubissement* lorsque je lus, ayant ouvert le volume en son exact milieu, les lignes citées en référence.

Même symétrie que dans le *Voyage* entre les premiers et les derniers mots. Même mouvement alternatif symbolisé par l'escalier. Même agitation, même angoisse, même fatigue, même sommeil. Même confrontation à la pierre. Mêmes bruits fugitifs derrière une cloison... Et au cœur de tout cela, bien sûr, cette si étrange pénétration d'une vasque d'albâtre à la surface glissante...

À la lumière, sans doute, de la fragile ampoule que le narrateur a si peur d'y briser, je venais de m'offrir une nouvelle évidence. En leur commun rêve de pierre *L'Invention de Morel* partageait avec *Le Voyage au centre de la Terre* d'être une appropriation de l'éternel féminin par le moyen de l'art. Rien moins !

Comme quoi, si elle ne confère pas à l'écrivain le génie qui lui manque, la stratégie des contraintes peut au moins lui apprendre à lire. Il ne lui restera plus, fouillant inlassablement ses derniers hypotextes à l'espère d'un originel prétexte commun, qu'à soupçonner dans le mythe régénérateur du Déluge, par exemple, l'image d'une divine éjaculation. Qui sait ! On découvre tant de choses au centre du verbe...

Entre « autres nourritures », le passage de Bioy Casares me proposait en prime un morceau de « pain blanc » qui faisait plaisir à mon Petit Poucet. Il n'était besoin que de marginales modifications, dont l'énucléation du paragraphe *central*, pour que sa traduction contrainte mais fidèle pût passer pour quelque épisode secret des aventures d'Alex et figurer sans trop d'incohérence dans le tréfonds de son récit.

Un douloureux aveu, cependant, reste à faire.

L'Invention de Morel, dans la collection « Pavillons » de Robert Laffont, couvre 157 pages. Le passage cité s'inscrit bien dans les pages 78 et 79 du volume. Mais dans l'exaltation qui suivit ma trouvaille je négligeai de procéder à une ultime vérification. Je ne découvris donc l'erreur que bien plus tard.

J'avais omis de décompter la longue préface de Borges : en vérité, le *centre* du texte de Bioy Casares se situe aux pages 90 et 91, et présente à coup sûr un bien moindre intérêt...

Force me fut donc de réviser à contrecœur le libellé de ma règle 18 et d'invoquer, non sans roublardise, « *un* passage central » en lieu et place *du* passage central qui aurait dû s'imposer.

La mariée, sans doute, était trop belle. Si belle – reconnaissons-le – que je l'aurais gardée en dépit de son écart si même j'avais pris conscience de celui-ci suffisamment tôt.

Le décalage, après tout, ne faisait-il pas partie de mes thèmes fondateurs ?...

15.

Le romancier se trouve inévitablement submergé par un déluge de nombres. Quand bien même il ne s'en préoccuperait guère a priori et laisserait ce soin au plus grand des hasards ou à son inconscient, il faudra bien que se décide un jour le nombre de ses personnages ou la date éventuelle de leur départ sur l'*Impossible*. Sans parler du nombre de ses chapitres, du nombre de ses mots, du nombre de ses signes....

Où l'auteur, jusqu'en son propre nom, est un pur produit de ses chiffres et de ses lettres...

À vrai dire, le phénomène se révèle vite immaîtrisable à qui, en revanche, voudrait s'en préoccuper. Tout au plus pourra-t-on, à la façon de Noé, réserver un sort privilégié à quelques géniteurs de la pullulante espèce : ceux qui s'imposent d'emblée sur l'arche et ceux – hybrides, proies, prédateurs ou parasites –, invisibles parfois, qu'ils entraînent infailliblement.

Ainsi mon roman *Comptine des Height* fut-il délibérément fondé, tout comme son hypotexte *Les Dix Petits Nègres*, sur le nombre 10. *Height* n'était, par une autre implication du récit, qu'une anglicisation de mon patronyme qui signifie *hauteur* en normand (et pourrait de même avoir *Lemont* pour analogue francisé…). Mais Annie Combes, exégète d'Agatha Christie, me fit observer que *Height* était aussi le *huit* anglais précédé de la huitième lettre de l'alphabet, que cette dernière introduisait semblablement l'auteur dans la hauteur, que *Lahougue* contenait assurément 8 lettres, et que le nombre 8 ne fonctionnait pas moins dans mon texte, en toute inconscience de ma part, que mon nombre générateur…

Voulût-il couper les amarres en matière de nombres comme en matière de lectures, Noé ne peut se sauver qu'en embarquant tout son écosystème en dépit qu'il en ait…

Des deux nombres générateurs…

Dès lors qu'il parut nécessaire d'entrecroiser toutes les contraintes du *Domaine d'Ana* en son chapitre central, apparut la non moindre nécessité d'affecter à celui-ci un numéro d'une pertinence appropriée.

Sans doute le 8 m'était-il devenu quelque peu emblématique depuis ma rencontre avec Annie Combes. Et cela même aurait dû l'écarter. Mais il entretenait trop d'affinités avec le projet qui se dessinait…

Ne partageait-il pas, avec le zéro (et l'infini dont il renversait la figure), d'être le seul chiffre à présenter comme le roman lui-même un centre et deux axes de symétrie ? N'était-il pas l'image de ce ruban de Möbius dont mes protagonistes parcouraient inlassablement la paradoxale surface ? Et sa figure ne contenait-elle pas, dans la typographie quadrangulaire, celle de tous les autres chiffres ?

Au demeurant, comment négliger que *Le Domaine d'Ana* serait mon huitième volume publié…

Or, si mon chapitre essentiel devait être ainsi le huitième, il s'ensuivait que le roman dans son ensemble en aurait 15. Et ce nombre lui-même allait témoigner, lors de la mise en place des règles 19, 21 et 23, qu'il ne manquait pas d'intérêt.

De leur progéniture incontrôlable et des copains d'icelle…

Reste que si les nombres 8 et 15 jouèrent alors un rôle régulateur chaque fois qu'un dénombrement aléatoire offrait l'opportunité de leur choix, je ne pouvais faire en sorte que ce choix fût toujours possible.

Une première extension de mon paradigme numérique s'autorisa d'opérations simples à partir de mes générateurs. Ainsi 3 et 5 gagnèrent-ils une légitimité certaine de ce que leur addition donnait 8 et leur produit 15. Tout comme 23 et 7, qui en représentaient la somme et la différence, et se trouvaient l'un et l'autre impliqués dans d'autres réseaux de sens.

7, par exemple, qui était le nombre obligé des chapitres disposés de part et d'autre de mon chapitre miroir (et mesurait de ce fait la « distance » de l'origine du texte à son centre) pouvait se prévaloir d'être le chiffre de la Création et des *origines du monde.* Certain *écart* de la langue nous fait d'ailleurs dire couramment « dans huit jours » ou « il y a huit jours » pour sept en réalité. Sans compter les sept frères et les sept lieues du *Petit Poucet*, voire les sept merveilles dont les pyramides égyptiennes inaugurent la liste.

Mais à l'évidence, cela ne suffisait pas à endiguer l'anarchique prolifération du nombre...

La thématique du miroir imposait de son côté le règne du 2. Je ne pouvais empêcher que M et N (lettres centrales – et dont la note 23 précisera l'intérêt) soient les treizième et quatorzième de l'alphabet. Ni obliger le solstice d'été à se présenter hors du sixième mois. Ni faire que midi tombe à quinze heures...

De 1 à 30, tous les nombres entiers ou presque en viennent à s'insinuer dans le Domaine, explicitement ou non.

Vouloir en exclure reviendrait à fermer la porte au vent...

Mais s'il est si peu d'intrus qui ne finissent par s'imposer d'une série si apparemment maîtrisable, n'est-ce pas aussi que cela est vrai de toutes les séries ?...

Des limites de la surdétermination...

En vérité il en va des nombres, comme des références culturelles, comme du vocabulaire : le principe de surdétermination ne permet la sélection que lorsque le choix est encore possible et que l'auteur est conscient de l'alternative.

Mais dès lors que la dialectique de la forme et du fond a tramé l'essentiel de ses réseaux, à mesure qu'il s'engage dans l'infiniment petit de sa matière, de tels choix se restreignent et une matière de plus en plus immaîtrisable s'impose à lui.

Cette faillite de son pouvoir en fixe la limite, mais elle ne doit pas l'arrêter.

Car la maîtrise ni la cohérence ne sont des enjeux en elles-mêmes.

Leur but n'est pas d'avoir à jamais raison du monde que convoque un langage en l'enfermant dans des lois. Leur but est d'explorer le plus efficacement possible, tant pour lui que pour son lecteur, les ressources propres d'un langage dont les lois nous cacheront toujours le monde.

Même pas une vérité : l'exaltation commune d'un dévoilement.

Ainsi le roman vise-t-il à inventer de l'exaltation comme la thérapie à réduire le mal. À cette différence près – et elle explique sans doute que les médecins aient une clientèle plus motivée que les poètes – qu'on connaît d'emblée les effets de son mal et pas encore ceux d'une jouissance inconnue. Mais le contrat et sa limite sont du même ordre.

Le patient sait pertinemment que, dans la lutte contre sa souffrance, la médecine ne saurait prétendre à l'absolue maîtrise, mais il peut souhaiter qu'elle y tende.

Le lecteur sait aussi que, dans son effort pour une jouissance inopinée, la littérature ne saurait atteindre à ce que Jean-Marie appelait la *parfaite* rigueur. Encore doit-elle à son tour, pour que la question de son progrès ne relève plus de la métaphysique, lui prouver qu'elle y tend.

16.

L'importance accordée aux nombres, dans *Le Domaine d'Ana*, tient au fait que le nécessaire décompte des lettres, des mots ou des phrases en noircissait mes marges de listes extravagantes que mes exigences fondatrices, on s'en doute, se devaient de ne pas abandonner à la totale contingence.

En limitant mes chapitres à 15 pages après m'être fixé 15 chapitres, je m'imposais une contrainte sans doute arbitraire. Mais comment ne pas décider arbitrairement d'une première pierre où appuyer les autres lorsqu'il convient de canaliser un déferlement ? Quand ce serait son unique intérêt, sa remarquable systématique attirerait peut-être l'attention du lecteur sur les régulations plus significatives du texte...

Le premier avantage du 15 était assurément de conférer à l'ensemble du volume des dimensions proches de la norme romanesque. Je devais bientôt constater qu'il était aussi le premier nombre à permettre la construction d'une grille telle que l'exigeait la règle 23, tout à la fois conforme aux proportions conventionnelles d'une illustration et offrant l'opportunité d'une case centrale.

Par ailleurs, *Le Voyage au centre de la Terre* présente 45 chapitres, soit trois fois 15. Son chapitre central est donc le vingt-troisième, soit 15 + 8 (c'est aussi le nombre de lettres du titre même du roman). Plus surprenant encore : le quinzième chapitre est celui de la pénétration du volcan, le trentième est celui de l'accession à la mer matricielle – deux épisodes assurément fondamentaux...

De cette géométrie vernienne je ne déduis rien, sinon que le choix du 15 n'était peut-être pas aussi arbitraire qu'on pouvait le craindre.

Mais qu'en était-il des contraintes qui s'ensuivraient.

Du problème des longueurs...

Si ce n'est que la régulation des chapitres peut aider le lecteur en éveil à subodorer la systématique du texte, il faut bien convenir que la contrainte numérique est trop abstraite en soi pour être un générateur très significatif. On vient de voir en outre qu'elle devient vite immaîtrisable. Aussi est-elle souvent la dernière dont je me soucie. Quoi de plus stérile, en particulier, que de s'imposer une *longueur* avant que les autres impératifs du propos n'en décident ? Les directeurs de revues qui prétendent, même gentiment, fixer à mes nouvelles un nombre limitatif de signes savent d'expérience que leurs plus instantes suppliques passeront à la trappe. La dynamique de contraintes plus pertinentes finira toujours par en avoir raison...

Sans être bien exaltante, l'obligation de diviser mon histoire en quinze épisodes permettait encore de définir leur espace aux implications propres de chacun. Tel n'était plus le cas dès lors que je m'imposais des chapitres sensiblement égaux de quinze pages. Il m'était certes encore loisible de jouer sur le nombre de caractères et de lignes, mais la typographie du premier chapitre ainsi conçu déciderait forcément pour les autres.

À l'époque où un choix si problématique devenait exigible, je disposais d'une première version complète du roman. Elle n'était pas vraiment divisée en chapitres, ni n'appliquait aucune des contraintes formelles. Tout au plus prenait-elle en compte les implications de contenus qu'induisait mon cahier des charges provisoire et celles, stylistiques, déduites des multiples essais de mise en œuvre de mes règles les plus coercitives. L'ensemble, on s'en doute, présentait bien des différences avec ce que serait la version finale, mais il me donnait une idée de son ampleur. Plus long que le texte actuel, il se prêtait aussi sans grand obstacle au découpage envisagé. À peine convenait-il d'y opérer quelques permutations dans l'enchaînement de l'intrigue.

Le premier chapitre que j'allais rédiger sous sa forme définitive devant décider de la longueur des autres, il va de soi que je commençai par le huitième, qui serait le plus contraint et s'offrirait moins que ses voisins aux remaniements éventuels.

La logique *pyramidale* de la contrainte génératrice (aussi le fait que la règle 10 conférait de la pertinence à son énoncé central) en suggéra le nombre de phrases : puisque le roman devait avoir 15 chapitres de 15 pages, il semblait opportun que chaque page ait à son tour 15 phrases. D'où la règle 21, que je prévoyais d'appliquer à tous les chapitres. À la règle 13 près, dont l'opportunité n'apparut que plus tard, mon chapitre 8 fut alors écrit tel qu'il se présente aujourd'hui.

Notons au passage ce nouvel intérêt du nombre 15 qu'il induisait ainsi pour chaque page un nombre moyen de phrases assez conforme aux habitudes. Tout comme il avait induit, multiplié par lui-même, un nombre de pages quasi standard pour un roman. Ainsi répondait-il à cette exigence, énoncée dans la note 2, que la contrainte ne transgresse jamais d'emblée les conventions du genre littéraire dans lequel elle s'inscrit.

Pour autant, tous les problèmes n'étaient pas résolus.

S'il est un risque inhérent à toute contrainte de longueur c'est bien celui, tant redouté des versificateurs, de la *cheville*. Non plus ici, sans doute, celle qui consiste à prothéser l'alexandrin bancal d'un adverbe superflu, mais celle qui alourdira non moins le chapitre de fioritures ou digressions seulement destinées à remplir le contrat.

L'enjeu de la règle étant de réduire l'arbitraire et non de l'engendrer, il s'impose au contraire que l'énoncé contraint soit toujours moins verbeux que l'énoncé *libre*. Aussi m'étais-je efforcé de limiter d'emblée la tentation de tels rajouts en réduisant au plus court le chapitre générateur qui fixerait aux autres leur mesure : en sa version définitive, mon chapitre 8 relatait les mêmes événements de façon beaucoup plus concise qu'en sa première version.

Mais cette précaution même allait convoquer le risque inverse : j'avais désormais beaucoup trop de matière à répartir dans les quatorze chapitres restants pour espérer l'y enfermer dans des espaces devenus trop exigus. Et cela d'autant que la dynamique du processus m'y engageait sans cesse à des digressions que leur forte métatextualité rendait, quant à elles, tout à fait légitimes. Ainsi, par exemple, des principes du dictionnaire de Noé...

Très vite il s'avéra que ces chapitres seraient sensiblement plus longs que le chapitre central. Et cela, dans ma volonté de maintenir la règle 19, devait avoir une double conséquence :

Pour que des chapitres plus longs n'occupent pas plus de 15 pages, le nombre de lignes y serait nécessairement plus important dans chacune, et (ou) leurs caractères typographiques plus petits que dans le huitième. Cette étrangeté, qui aurait paru bien gratuite si elle n'avait trouvé de justification dans le récit, fut à l'origine de l'épisode où Noé Brideuil prouve par cette raison même que le chapitre médian de *La Pyramide Analogue* est truqué.

La seconde conséquence est plus paradoxale.

L'extension de la règle 21 à ces chapitres plus longs y supposait a priori des phrases plus longues. Une telle exigence était d'autant mieux venue que la règle des mots médiaux, qui s'y appliquait de façon plus contraignante que dans le chapitre 8 (où la concurrence de la règle génératrice en restreignait l'usage), est de celles qui conviaient justement à l'ampleur des périodes.

Ainsi convaincu d'un réajustement *naturel* et me réservant de corriger ultérieurement d'éventuels écarts, je cryptai mon *roman'* sans trop me soucier d'assigner à chaque chapitre ses quinze fois quinze phrases. Mais force fut de constater au bout du compte que l'écart était un gouffre : mes phrases étaient désormais bien trop longues pour que de simples corrections me permettent jamais d'atteindre le quorum désiré.

On ne se méfie jamais assez du naturel...

Tout récrire ? Cela exigeait de redécouper le texte existant, au risque de faire resurgir dans des énoncés lapidaires l'incongruité manifeste de certains médiaux que j'avais eu déjà du mal à intégrer dans des énoncés longs. À moins, bien sûr, d'introduire çà et là des phrases-chevilles pour faire le compte...

Je l'ai dit : les contraintes numériques telles que la règle 21 sont trop faiblement génératrices de sens, et du reste trop peu lisibles, pour que leur mise en place envers et contre tout risque de menacer l'équilibre d'acquis plus essentiels. Je renonçai vite à en étendre l'application hors du chapitre 8.

Mais il convenait alors, eu égard à ce principe de rigueur selon lequel toute limitation du champ d'exploitation de la contrainte se doit d'être compensée, de lui trouver un substitut induit du texte. Telle fut l'origine de la règle 22, qui n'exigeait que de très faibles réajustements. Sans doute celle-ci ne présente-t-elle, au terme du cheminement, qu'un intérêt mineur. Ma pipe qu'aucun lecteur ne l'eût même soupçonnée sans l'aveu que j'en fais. Appelons-la, si l'on veut, consigne de *bouclage*, de celles qui ne concernent plus cette fois que l'exigence intime du romancier, et qu'il s'impose disons : *pour le plaisir.*

Ses *longueurs* ainsi réglées, telle est en tout cas l'ultime version du *Domaine d'Ana* qu'elle présente apparemment – je n'ai pas vérifié – le même nombre de signes que *Le Voyage au centre de la Terre*. Ce ne serait là l'effet d'aucune contrainte volontaire, et je ne m'en serais probablement pas rendu compte sans le calcul approximatif qu'en a fait Jean-Marie.

Tout comme est involontaire le fait que les cryptogrammes en constituant les sous-textes, ou textes dérivés, soient en définitive au nombre de 15.

17.

S'il est un constat qui me laisse un franc goût d'amertume, c'est bien celui de ce huitain sans queue ni tête. À coup sûr, il aurait été plus satisfaisant pour l'esprit que l'empilement des distiques reconstitue un bout-rimé de sens autonome, que l'association de ses médiaux propose elle-même un libellé significatif, et que celui-ci – c'était possible – convoque à son tour, une dernière fois, le nom d'Ana dans son sous-texte... J'aurai beau faire, le *« Grille au pliable jardin ! »* qu'on peut à la rigueur dériver des quatre énoncés présente un intérêt d'un érotisme par trop aléatoire pour que je puisse en tirer le moindre orgueil.

La raison est évidemment que j'ai décidé trop tôt de la forme et du contenu des deux premiers messages. Lorsque s'est offerte l'opportunité des deux derniers par la mise en œuvre des règles 10 et 13, le travail était trop engagé pour autoriser la cohérence de l'ensemble. Il ne m'était même plus possible, ayant épuisé la série des épithètes *friable/pliable/sécable* et ne leur trouvant aucun successeur convaincant, de construire les nouveaux distiques sur ce principe de répétition décalée qui avait jusqu'alors prévalu.

Une explication qui n'est pas une excuse à ce choix précipité : la fascination sans nul doute exercée par le cryptogramme d'Arne Saknussemm qui me servit de modèle. Et surtout le fait que son décryptage, dans le *Voyage au centre de la Terre*, soit préfiguré par celui d'un billet subconsciemment amoureux d'Axel où Lidenbrock remarque « des majuscules au milieu des mots ».

Deux pages plus tôt, Axel disait « bonsoir aux cygnes »...

18.

J'ai précisé dans une note antérieure ce qu'il fallait penser d'une pareille règle de *bouclage*. Une autre fut même envisagée, semblablement induite des multiples dénombrements dont je disposais, et qui eût imposé sur l'ensemble du texte une moyenne de 23 mots par phrase. Je ne devais pas en être très loin mais l'intérêt, cette fois, ne m'a pas semblé suffisant pour me conférer l'énergie de remettre l'ouvrage sur le métier.

C'est qu'en fait de métier, je disposais alors d'un outil artisanal.

De l'intérêt du progrès...

L'année 1991, où l'histoire est censée se dérouler, n'a pas été choisie seulement pour sa palindromie. Elle est aussi celle où certaine bourse allouée par le Centre National des Lettres (désormais Centre National du Livre) permit à son écriture d'amorcer sa propre histoire. Et je n'avais pas, à cette époque, d'ordinateur.

Le Domaine d'Ana, jusque dans ses versions contraintes, a été rédigé sur des cahiers d'écolier cloisonnés par mes soins, à la règle et au crayon, pour y inscrire un mot par case. Phrases et signes y furent comptées du bout des doigts, et leurs nombres additionnés ou divisés à la calculette – non sans erreurs, souvent, et l'obligation de recommencer.

Je ne m'en vante pas ni ne cherche à apitoyer le chaland. Loin de là.

Est-il besoin de préciser que si j'avais alors disposé du plus modeste des traitements de texte et su jouer de toutes ses fonctions, il est bien des procédures auxquelles j'aurais renoncé à renoncer. À coup sûr *Le Domaine d'Ana* eût été différent. Et pas seulement pour ce qui regarde les consignes de bouclage...

C'est un truisme de dire que l'ordinateur est un auxiliaire précieux pour la recherche littéraire : jamais auparavant le langage n'avait ouvert à qui souhaite explorer sa combinatoire pareils terrains de jeux et champs de fouilles. En tout état de cause, et dût-on taxer cette ultime variation sur le thème du progrès d'euphorique infantilisme, qu'une telle opportunité ne bouleverse pas l'art du roman serait bête à pleurer.

Mais que les inconditionnels du stylographe se rassurent. Hors la recherche, je partage leur goût pour l'écriture manuscrite, incomparablement plus sensuelle. Et j'éprouve certaine sympathie pour les Amish.

19.

Il semble qu'il n'y ait plus tout à fait de honte, après les brûlots de Jean Baudrillard, à soupçonner le culte de la libre expression individuelle d'avoir conduit l'art trop plastique des plasticiens à certaine impasse. Au risque d'y entraîner tout art en général, et d'évacuer dans le même élan jusqu'à l'hypothèse, devenue problématique, d'un progressisme culturel. Ainsi fait l'illusion de la liberté, j'en ai peur, qu'elle propulse énergiquement, nécessairement, dans l'allégresse, au plus vite et au plus court, ses tenants contre un mur.

Vu l'urgence, nul ne s'étonnera que je me sois préoccupé d'appliquer la thérapie des contraintes à l'art en perdition, fût-il très différent du mien et quand je ne disposerais en la matière que des moyens rudimentaires d'une trousse de premiers secours. L'idée d'illustrations qui rendraient compte à la fois des contenus apparents et de la construction de mon texte m'offrait cette opportunité de soumettre à quelques règles salvatrices un dessin mourant de liberté.

Cohérentes si possible. Appliquées à revivifier la convention plutôt qu'à en faire table rase. Et accessibles à la raison.

Car la modernité iconoclaste, au même titre que l'orthodoxie académique dont elle partage le caractère indiscutable, confortera toujours l'art en sa fonction religieuse. A fortiori lorsque la cité, soucieuse d'offrir un exutoire aux egos qu'elle dépossède, érige en religion officielle les obscurs défoulements de l'iconoclastie...

Pour être ambitieux mes enjeux étaient quant à eux raisonnables. Substituer, là encore, la nécessité interne à la nécessité intérieure. Loin d'exprimer des goûts, des opinions, de douloureux bordels, engager ceux qui s'exprimeraient incidemment dans un processus de *révolte* – mais au sens propre. Ne pas prétendre au jamais-vu, mais donner à voir autrement ce qu'on verrait de prime abord.

Bien sûr, je ne prétends pas en quinze dessins et notices résoudre ici la crise de l'art moderne... Tout juste évoquer quelques-uns des problèmes qui se sont posés. Et qui peuvent encore se poser pour peu que la modernité ne consiste plus à dynamiter les pratiques anciennes en vertu d'un droit imprescriptible à la nouveauté, mais à les investir en connaissance de causes, et jusqu'aux plus convenues d'entre elles, de fonctions qui les excèdent.

Sans doute, avec pareils enjeux, eût-il été plus prudent de recourir à un professionnel. Dans la BD ou l'informatique, par exemple, où les démarches ludiques ne passent pas forcément pour ignobles et où le travail en équipe est au demeurant coutumier. N'en déplaise à Jean-Marie, je pense que l'exploration des virtualités de la page blanche exige un long apprentissage. Mais l'expérience pouvait être par ailleurs plus convaincante si elle procédait d'un dessinateur novice. Et il risquait d'être délicat d'imposer à autrui mes propres exigences. A fortiori si les contraintes graphiques induisaient, comme on pouvait s'y attendre, des modifications du texte. Et si celui-ci, en retour, exposait les contraintes graphiques à de perpétuelles révisions...

De quelques erreurs de jeunesse...

En réalité, et c'est là sa première grande faiblesse, la dynamique interactive de la procédure ne joua que faiblement.

La raison en est que les illustrations furent sans conteste bien trop tardives. Ce ne sont presque jamais leurs propres règles de construction qui décidèrent du contenu figuratif, mais le texte préexistant qu'elles devaient illustrer. Aussi n'ont-elles été en mesure de modifier celui-ci qu'en de rares occasions.

L'exemple le plus manifeste est celui du quatrième chapitre, où la règle 25 exigeait un gros plan de Noé Brideuil en plein centre du dessin alors que celui-ci, reclus dans sa bibliothèque, était absent de la scène à représenter. Il me fallut recourir au subterfuge du tableau, lequel à son tour allait être évoqué dans le texte. Mais il s'agit bien là d'un emplâtre : prévue plus tôt, la présence de Brideuil eût modifié *tout* le chapitre.

Ainsi l'expérience aurait-elle été plus concluante si les règles du dessin avaient plus constamment infléchi le récit. Ce qui eût exigé qu'elles soient conçues *en même temps* que les règles textuelles, et en toute prise en compte des risques de contradiction réciproques. Dès lors, à l'avenir, que serait adopté le parti d'un roman illustré, il conviendrait en toute cohérence que le dessin soit d'emblée une composante du texte à part entière.

Contrairement à ce que je croyais, l'existence d'un texte préalable ne facilite donc nullement la problématique du graphisme contraint. Celle-ci serait plus maîtrisable si les règles devaient décider d'une toile, par exemple, où il va de soi qu'aucun contenu figuratif ni aucune *manière* préconçue ne risquent de s'imposer à l'avance. En somme, j'avais commencé par le plus compliqué...

Ce ne fut pas, loin s'en faut, ma seule erreur.

À défaut d'engendrer l'anecdote de leur contenu, mes trois règles génératrices de construction (25, 28 et 35) ont assurément déterminé la composition des dessins, la répartition des ombres et des lumières, le choix des perspectives et des différents plans, et jusqu'à l'opportunité de détails insolites, non prévus au programme, dont le texte dut bel et bien tenir compte. En cela, elles ont parfaitement rempli leur mission. Mais elles n'ont eu qu'une incidence médiocre sur le graphisme même, à commencer par celui, nécessairement récurrent, des principaux personnages. Il m'apparaît aujourd'hui qu'elles auraient sensiblement réduit la contingence d'un tel graphisme si j'avais pris la précaution d'exigibles corollaires dont je reparlerai dans la note consacrée à la règle 25. Mon regret est d'autant plus vif qu'il aurait pu s'ensuivre bien d'autres profits.

Mon inexpérience des problèmes d'occupation de l'espace m'a fait commettre par ailleurs une erreur de méthode qui s'avéra lourde de conséquences, et sur laquelle je reviendrai de même à propos de la règle 35. Qu'il me suffise ici de dire que l'ordinateur, là aussi, m'aurait été fort utile...

Mais s'il est une aberration dont j'éprouve un vrai remords, tant elle est stupide et tant les risques en étaient prévisibles, c'est bien d'avoir travaillé par commodité sur des feuilles de format A3. J'accordais à l'évidence une confiance par trop aveugle aux techniques de reproduction. La réduction des dessins aux dimensions du livre allait inévitablement rendre imperceptibles maints détails visibles sur les originaux, et par là même insoupçonnables les règles de contenu qui en décidèrent.

Chez qui s'engage à dévoiler les tenants et aboutissants du mystère, il est des inconséquences lourdes à assumer...

Du bon et du mauvais goût...

Telles qu'elles se présentent, et malgré ces multiples défauts que j'admets de bonne grâce, qu'on les aime ou qu'on ait pour elles *peu de goût*, selon le mot d'Otchakovsky-Laurens, il resterait aux quinze illustrations (plus une) du *Domaine d'Ana* leur intérêt démonstratif.

Mieux que le texte, ou du moins de façon plus immédiatement sensible, elles permettront peut-être d'appréhender ce que serait l'enjeu esthétique s'il n'était celui, communément admis, d'une opinion qui répugne à théoriser.

Je veux parler, bien sûr, de cette libérale conviction que l'art, en toute indépendance de l'Histoire et de la raison, serait l'irréductible expression de goûts individuels. Qu'il n'offrirait pas plus que ceux-ci de prise à la discussion et au dépassement. Et qu'il ne saurait prétendre à d'autre universalité qu'à celle indistinctement accordée à la personne humaine.

Un quasi-postulat certes convivial, et qui permet à chacun selon son langage, sa culture et ses idoles, de l'ado impulsif au critique attitré, de déclarer *génial* ou *grand* ce qu'il aime – pour cela qu'il s'y reconnaît et aime à se reconnaître génial ou grand. Mais un postulat qui ouvre ainsi le jeu du pouvoir culturel aux deux camps qui font semblant de se le disputer (quand ils ne font pas ouvertement cause commune) : celui des marchands pour qui le bon goût sera toujours celui du public en dépit des élites, celui des élites pour qui le bon goût est à jamais le leur n'en déplaise au public et aux marchands.

Ainsi font l'Art et Dieu, quand chacun les moule à son image, qu'ils nourrissent les guerres de religion. Le libre affrontement des goûts et des couleurs laisse peu de place au *pédagogisme* laïque...

L'intérêt démonstratif des illustrations du *Domaine d'Ana* tient au contraire au fait qu'elles ne me ressemblent guère et n'expriment pas *mes goûts*.

S'il m'est permis, une fois n'est pas coutume, d'espérer de mon lecteur un acte de foi, qu'il soit bien convaincu que *je ne les aime pas*. Je n'ai pas encadré les planches d'origine, ni n'ai l'intention de les pendre à mes murs. Si j'avais le désir d'exposer ce que j'aime, j'échangerais sans l'ombre d'une hésitation deux barils d'entre elles contre le moindre crayon de Balthus ou de Crémonini...

Pas par modestie (on s'en doute), ni pour la valeur marchande (encore que), ni par soumission (il m'arrive...) à mes propres idoles, mais parce que ma préoccupation est ailleurs.

Il suffira pour s'en faire une idée de confronter n'importe lequel des quinze dessins – celui du chapitre 1, par exemple, selon l'ordre de la lecture, ou celui du chapitre 8 selon l'ordre d'exécution – à la figure globale de la règle 35. Sans doute, je l'espère, en apparaîtra-t-il différent. Et c'est cette différence et elle seule (qui fait procéder ici la sophistication de la naïveté, ou l'obscène du pudibond, investit d'exigibilité quelques contingences et conduit, bouleversant la donne, de l'illusion représentative à la représentation de l'illusion) qui en constitue le principal enjeu. Du moins en ce qu'elle exalte à proprement parler, et nécessairement, le regard.

Ce qui compte n'est pas le *goût* dont l'œuvre témoigne, et que chacun sera libre de juger d'emblée bon ou mauvais, mais ce qui travaille au sein de l'œuvre à en modifier les premières saveurs.

Avec pour évidente implication, dans le champ du visuel, d'ériger l'anamorphose en figure fondatrice, et de faire des arts justement dits plastiques le domaine par excellence de cette nouvelle *ana.* Tout comme l'analogie, cette identité contestée par un décalage, dont s'autorisent la plupart des figures de la rhétorique et de la versification, pourrait bien fonder l'art littéraire…

20.

Je me rappelle avoir sursauté lorsque Pierre Lepape, non pas à mon propos mais visant plus généralement les pratiques formalistes, parla un jour de narcissisme. En un temps de déferlante autobiographique l'accusation me semblait absurde. Elle le serait, en vérité, si Narcisse désignait la personne de l'auteur. Elle devient assez juste en revanche dès lors que Narcisse désigne le texte lui-même. À trop savoir que celui-ci ne peut sans imposture prétendre réfléchir le monde, ni son regard, ni même ce que son regard perçoit du monde, force est à l'auteur de le regarder se regarder.

Le désignant le texte, mais aussi le regard, et le monde…

Ainsi ne s'agirait-il plus pour lui de réfléchir *les choses* telles qu'il les voit, mais telles qu'elles pourraient *se voir* et *se réfléchir* dans l'hypothèse de langage provisoirement adoptée.

Les mathématiques, en leurs propres tautologies, figurèrent d'abord l'espace immobile avant d'en offrir une vision dynamique – sinon *vivante* – en modifiant leurs axiomes. Ainsi la contrainte n'est-elle qu'un moyen de faire bouger l'image en modulant les règles du miroir.

Mais pour en infléchir les règles, encore faut-il un miroir.

Il ne suffit plus d'*aimer assez*, selon le mot de Gide, qu'« un petit miroir convexe et sombre reflète, à son tour, l'intérieur de la scène où se joue la scène peinte », mais d'affirmer que ce miroir interne est bel et bien constitutif de l'œuvre. En tout cas d'une œuvre où l'ouvrier se soucie moins d'imposer son point de vue que de permettre le bouleversement du point de vue qui s'y sera d'abord imposé…

La règle 24 (et d'autres similaires, comme les règles 27, 29 et 34) procède assurément de cette revendication. Mais en soi, il faut bien l'admettre, la mise en abîme ne suscite pas la scène, le miroir n'invente pas l'image. La procédure, implicite à l'œuvre et indifféremment applicable à toute œuvre, n'a qu'un intérêt symbolique. Tout au plus peut-elle être assez logiquement considérée, narcissisme oblige, comme un substitut des signatures nécessairement oubliées…

Elle ne s'imposa d'ailleurs qu'assez tard, lorsque les véritables contraintes génératrices (25, 28 et 35) et leurs corollaires (26, 36 et 37) eurent décidé pour l'essentiel des figures et de l'ordonnancement des dessins, et qu'il apparut que huit d'entre eux proposaient déjà des surfaces réfléchissantes.

Pour être juste, une illustration résista tout de même à l'insertion d'un jeu réflexif. La huitième, naturellement.

Elle représente une scène extérieure et d'orage, peu propice aux miroirs naturels. La mare, dont il sera question au chapitre 9 et où le manoir pourrait se réfléchir à la façon de la maison Usher, se trouve dissimulée – ou plutôt remplacée – par la calotte de taupé du professeur… L'image était en elle-même trop déterminée, et déterminait trop de détails d'autres images, pour qu'une modification significative y soit envisageable.

En fait, comme son attentive observation permettra de le constater, les seuls « petits miroirs convexes » à ma disposition étaient les bésicles professoraux. Mais ainsi orientés de face, ou quasiment, que pouvaient-ils réfléchir sinon l'observateur ou le dessinateur eux-mêmes ?

Ainsi devais-je y insérer par collage les réductions photocopiées d'un minuscule autoportrait (à la pipe) encore identifiable sur l'original. À la loupe tout du moins. Car ma chère image, victime de l'ultime réduction, allait évidemment s'effacer de l'illustration du volume où n'apparaissent plus que deux points.

Sans doute, dans un premier temps, cela me parut-il regrettable. Mais, à y bien *réfléchir*, ne serait-il pas dans la logique du narcissisme interne que le reflet du dessinateur, se confondant par le fait avec celui de l'observateur, s'y réduise au bout du compte à deux fois rien ?…

21.

Un roman « à la Jules Verne » convoquait a priori des illustrations conventionnelles du genre : traitement lithographique, réalisme du dessin, contraste des volumes et des éclairages, théâtralité des attitudes… Mais la nécessité d'une certaine précision, sans laquelle une règle comme la règle 25 eût perdu toute efficacité productrice en même temps que son caractère contraignant, m'a vite écarté de Riou (trop porté pour sa part au flou romantique des vastes plans d'ensemble). Bientôt associée aux autres règles de construction (28 et 35) elle allait m'imposer, distordant lignes de fuite et figures, de transgresser bien d'autres usages de contemporains plus académiques tels que Meyer ou Férat (en particulier celui de vues horizontales focalisant l'intérêt sur une scène unique en plan moyen) et de jouer davantage sur les accentuations de perspective, les effets de plongée ou de contre-plongée.

En revanche, et si les mêmes contraintes avaient seules décidé du graphisme en dehors de toute référence à Jules Verne, il est probable que des ombres à l'estompe (ou mieux encore : un pointillage constitué de minuscules caractères d'imprimerie) auraient remplacé le hachurage pseudo-lithographique. La nécessité de faire coïncider la pente des hachures dans des cases identiques – mais appartenant à des contextes illustratifs différents – devait en effet me poser d'énormes problèmes qu'ignoraient mes esquisses crayonnées. Du strict point de vue de la gravure, certaines solutions paraîtront même inconséquentes. Mais la thématique de la pierre s'imposait dans le texte avec trop d'évidence pour être sans effets sur le traitement du dessin. Et je ne disposais par ailleurs d'aucun moyen technique me permettant le pointillage typographique...

Reste que l'intérêt fondamental de règles comme les N° 25 et 28 est de suggérer qu'un même contour puisse représenter, d'un illustration à l'autre, des objets différents appropriés aux différents contextes. Ainsi le toit du manoir de la huitième illustration deviendra-t-il un lustre dans la deuxième et la hotte d'une cheminée dans l'avant-dernière. L'obligation de rendre suffisamment crédible l'aspect de chaque objet de référence induisant a contrario de multiples réajustements du contour...

L'enjeu triple de la règle se trouve donc à première vue réalisé : rendre compte dans le dessin des contraintes du texte par-delà sa stricte anecdote (et du rôle déterminant qu'y jouent les tropes d'analogie, dont elle fournit incidemment l'équivalent graphique) ; engager une dynamique interne des contenus et des formes ; et contribuer à ce bouleversement progressif des apparences qu'implique l'exigence fondatrice d'exaltation du sens.

Pourtant, je me dois bien de reconnaître qu'elle n'a pas pleinement assumé ses promesses. Dans bien des cas, l'objet représenté demeure le même, ou peu s'en faut : des arbres un branchage, un nuage une fumée, et un visage toujours un visage... Ainsi feraient en littérature des métaphores spontanéistes où la maison ressemblerait à un château et l'héroïne à un fantôme, d'écart si faible qu'elles en éveilleraient jusqu'au sens critique d'Antoine Albalat...

C'est que les règles 25 et 28 en elles-mêmes n'ont jamais fait que suggérer des objets différents pour un même contour, sans qu'aucune règle corollaire en ait fixé l'impératif – comme il eût convenu. Dès lors que le contexte illustratif ne s'y opposait pas vraiment, la tentation était trop grande à l'évidence de répéter la figure sans en contester l'illusion.

Tel fut le cas, en particulier, pour la représentation des personnages où cette reprise à l'identique semblait même s'imposer. Or il aurait suffi de prévoir que le visage du professeur, par exemple, chevauche quatre cases de l'illustration 8 au lieu d'en occuper une seule, pour que le contexte immédiat des quatre illustrations correspondantes, ainsi contraintes par mon corollaire à n'y faire figurer quant à elles aucun visage, détermine seul ou presque le particularisme ambigu de ses traits.

Noé Brideuil, pour la plus grande satisfaction de l'esprit, eût alors été davantage le produit de la règle et bien moins celui de ma fantaisie...

22.

Je me souviens d'une pochette de microsillon où Paul Kuentz doutait que le thème initial de l'*Offrande Musicale* fût de Frédéric II : « Ce thème est si beau... »

Ignorant ce qu'est le *beau*, et n'étant pas musicien, je n'aurais garde encore aujourd'hui de récuser l'opinion du musicologue. Mais à coup sûr, qu'il fût du roi de Prusse ou de Jean-Sébastien soi-même, je me souviens que le thème de l'Offrande ne me parut pas *beau*. Ceux qui ont aujourd'hui l'âge que j'avais alors diraient qu'il me parut *nul*.

Comme je l'ai confié à Jean-Marie, j'étais à l'époque un enfant docile, respectueux des maîtres et décidé, fût-ce au prix de multiples auditions ou lectures successives, à trouver beau ce qu'ils jugeaient tel. En général cela marchait, car la méthode Coué, si déraisonnable soit-elle, n'en est pas moins une méthode efficace d'acquisition des valeurs...

Avec l'Offrande, cependant, je n'eus pas cette peine. Une seule écoute suffit. Non plus du thème il est vrai, mais de l'œuvre entière. Car telle est la trouvaille de la *variation* musicale qu'elle associe d'elle-même le fruste pragmatisme de la méthode Coué au charme ludique de la transgression. À l'habitude et l'attente du même, elle oppose l'écart qui diffère en se jouant le retour au connu, au point de le rendre exigible. À défaut d'être *beau*, le thème allait le devenir – au sens où la mémoire embellit.

Cette quête du même à travers les dérives de l'écart – qui est aussi l'enjeu du souvenir –, la variation musicale n'est pas seule à l'avoir exploitée. Feuilletons et sagas, collections populaires et séries télévisées jouent non moins efficacement de l'avatar sur fond de permanence. Tout comme l'art identitaire, il va de soi. Tout comme le mien si l'on fouille.

Si ce n'est que les uns en appellent à la mémoire commune et que les autres lui suggèrent de nouveaux référents, si ce n'est qu'au bout du compte ils restituent ces référents tels qu'à l'origine ou au contraire les changent, si ce n'est en somme que l'écart triomphe ou bien la permanence, le progrès ou le regret, il n'est d'art sans appel à mémoire.

Le thème de l'*Offrande* ne m'était *nul* d'entrée de jeu que parce qu'il ne me rappelait rien.

Comme le miroir dont elle n'est à son tour qu'un avatar dans le temps – même quête d'identité, même décalage – la mémoire est constitutive de toute œuvre. Le thème n'en est donc pas spécifique au *Domaine d'Ana*, mais force est d'admettre que *Le Domaine d'Ana* le convoquait à l'envi. Matériellement pour ainsi dire, puisqu'une mémoire d'ordinateur en était l'acteur principal.

Il semblait d'autant plus conséquent d'en chercher l'équivalent visuel que l'illustration romanesque inscrivait ce visuel dans la temporalité d'une série ordonnée : la figure de l'hélicoïde, ce retour décalé au point d'origine, en proposait une image idéale.

Et cela quand bien même la molécule d'A.D.N. n'en aurait pas affecté la forme.

Mais il était difficile d'ignorer que la contrainte génératrice des médiales, appliquée au titre du roman, fournissait justement les trois lettres A, D et N...

23.

À défaut de médiale, j'avais cette chance que l'alphabet présente en son centre deux lettres d'un évident intérêt.

Le m et le n se ressemblent au point que le premier (Narcisse avant la confusion mortelle) pourrait être le second couplé de son reflet. (Le perecquien w, qui serait alors le reflet même de cette ambiguïté, est aussi la vingt-troisième des lettres.)

Ils appellent par leurs sonorités l'amour et son revers. D'une graphie à l'autre, ils se confondent parfois...

Selon qu'ils sont minuscules ou majuscules, scriptés ou communément manuscrits, selon qu'on s'attache au nombre de leurs arcs ou de leurs jambages, ils connotent le pair et l'impair tour à tour indifféremment.

m et n sont aussi les médiales du nom de ma dédicataire.

Le premier symbolise le *méta* et signifie midi « dans les livres de voyage ». Il dessine, au pli du coude, une disposition des veines « où l'on fait des saignées et des injections dans le corps ».

Le second, qui désigne à la fois l'ensemble des entiers et n'importe lequel d'entre eux, est en imprimerie la lettre *moyenne*, « qui permet d'évaluer le nombre de lettres d'une composition ». (Il existerait aussi une « région du type n » dans les semi-conducteurs, mais je n'y suis pas allé voir...)

m, pour en finir, est au centre de l'homme et de la femme. Tout comme n est au centre de Vénus et présente surtout, quant à lui, d'un strict point de vue graphique et si l'on adopte cette écriture d'écolier qui en accuse les rondeurs, certaine analogie volcanique avec le mont du même nom.

Au point qu'il aurait fort bien pu remplacer le o d'origine, au milieu de l'icône 38, si celui-ci n'avait offert un centre et deux axes de symétrie, comme un 8 qui se dénouerait, et n'avait de surcroît figuré en quinzième position dans l'ordre alphabétique.

J'ai tout de même hésité...

24.

Peut-être comprendra-t-on mieux ici que pour le texte le caractère faiblement significatif des règles numériques... Parler d'« éléments de même nature » pose à coup sûr problème. Va pour les *rapaces* ou les *fragments de vitre* de l'exemple choisi, passe encore pour les représentations d'*êtres vivants*, rapaces compris, que la démultiplication du vitrage permet de chiffrer à quinze. Mais dans ce total il ne s'en offrirait pas moins trois images de *canidés*, deux de *capridés*, et deux d'*humains*. Sans doute les pierres du mur sont-elles réparties en huit zones distinctes, mais le nombre de pierres ? et de hachures des pierres ?...

À l'évidence, on touche à cet « infiniment petit de la matière » évoqué dans la note 15 et qui limite sans recours, en dépit qu'on en ait, le pouvoir surdéterminant de la règle. Les remarques alors formulées sur les enjeux de la maîtrise permettront toutefois de relativiser les implications d'un échec si cuisant tant pour l'image que pour l'écrit. Et la contrainte ne s'appliquera, là aussi, que si le choix est encore possible et l'auteur conscient d'une ultime liberté.

La règle 33 n'est assurément qu'une règle de bouclage.

25.

S'il est une règle démonstrative de ce que peut être l'*exaltation* au sens le plus objectivement mécaniste, c'est bien celle qui donne à l'observateur de voir en altitude, comme au sommet d'une tour, le décor qu'il avait d'abord parcouru sur le plancher des vaches. Pour son édification, pourrait-on dire.

(Qu'on me pardonne entre parenthèses, profitant abusivement du mirador, de déverser l'huile d'une remarque sur une critique subliminale à qui manquerait cette hauteur de vue, mais j'ai souvent fait ce constat singulier : ceux qui reprochent aux procédures sophistiquées de la stratégie des contraintes de ne pouvoir intéresser qu'une élite masochiste allergique aux émotions simples sont aussi les premiers à dénoncer le simplisme des émotions qui en procèdent. En quoi ils ont raison : sauf à m'illusionner moi-même sur la spontanéité de leur réaction, les enfants adorent...)

La règle 35 se proposait évidemment d'offrir une équivalence graphique à la règle 4 du récit. Elle devait vite s'avérer un générateur efficace dans l'élaboration des quinze images. Associée à la règle 37, sans laquelle elle perdrait quelque peu de ses vertus, elle présentait aussi l'intérêt d'une mise en abîme frontale qui pourrait séduire, outre les enfants, tous ceux qui découvrirent le vertige métaphysique à travers la lecture de Pascal et la contemplation de la publicité Dubonnet. Entre ses deux infinis, la règle 38 allait même intercaler, encore qu'*effrangée comme une feuille de charme*, la silhouette opportune d'un zéro que je n'avais pas prévu d'y trouver, mais qui confortait d'autant le choix que j'avais fait de la lettre o sur la lettre m .

Bref et sans feinte modestie, on l'aura compris, j'aime assez la règle 35.

Mais l'amour aveugle, on ne le dira jamais trop.

Dans l'exaltation de sa mise en œuvre, je négligeai les risques de conflit avec mes autres règles génératrices 25 et 28. Le fait, en particulier, qu'en déterminant globalement les zones d'ombre et de lumière, elle pouvait imposer à certaines cases récurrentes contraintes à l'identité de figurer ici dans les ténèbres et ailleurs en plein jour...

Ainsi, le même visage du professeur, qui occupe nécessairement une zone très sombre de l'illustration 8, se devrait-il d'occuper une zone très claire de l'illustration 4 et une zone intermédiaire de l'illustration 12. Car c'est essentiellement de tels contrastes que dépend la netteté de l'anamorphose.

Celle-ci aurait été sans conteste améliorée si j'avais pris la précaution simple de dessiner avant toutes choses une grille vierge de 225 cases, et d'y colorier trois par trois les 42 cases récurrentes de couleurs variées. Ainsi me serait apparue la trame de contrastes où inscrire après coup, mais après coup seulement, la figure illustrant le *roman'* à la semblance du O (ou du m ...) exigé par la règle ultime.

Tout cela pour admettre qu'il était possible de beaucoup mieux faire, n'eût été l'inconvénient de tout devoir recommencer...

Si d'aventure quelques artistes progressistes, las des iconoclasties gratuites, des ascèses au rouleau, des fulgurations aléatoires et des douloureux épanchements personnels, refusant désormais de se laisser programmer par la loi du marché, le hasard, l'intuition, l'inconscient, l'imaginaire, le don, le coup de génie, l'air du temps, la beauté des choses, le bon ou le mauvais goût, la nécessité intérieure ou toute autre cause sur laquelle ils n'eurent jamais la moindre prise, aspirent à se libérer d'une liberté qui en meurt, les règles du *Domaine d'Ana* sont à leur disposition.

Nul doute que les multiples rééditions du livre leur permettront pour l'éternité à venir d'affirmer leur différence dans le cadre 5 x 3 d'une rigueur indéfiniment revigorée.

26.

On pourrait s'attendre en saine logique, eu égard à la règle suivante, à ce qu'un gros plan du culot de la pipe professorale occupe au centre de la huitième image la place de la calotte de taupé... Le vent, somme toute, aurait pu emporter l'une comme l'autre.

Mais ladite pipe eût alors pris des proportions extravagantes et très ostensiblement encerclé l'icône qu'il convenait au contraire de fondre dans le décor.

Encore qu'à regret, j'ai dû y renoncer.

27.

Telle est la difficulté du fougueux va-et-vient dialectique entre la forme et le contenu, le sens et la convention, le principe et l'ouvrage, qu'il est toujours aléatoire d'en rendre compte dans l'ordre de l'écrit. Le texte, en son arbitraire linéarité, n'est pas la vie. Et l'on sait déjà que la règle énoncée la dernière, parce que la dernière en effet, fut aussi la première mise en œuvre.

La première...

Je me souviens, disant cela, d'une lointaine intervention publique où je parlais déjà de conventions, de principes et de règles...

Au terme de mon exposé, didactique certes, mais enthousiaste, un monsieur du premier rang qui s'adressait à son voisin (ne me demandez pas pourquoi un monsieur, et non une *dame*...) infusa soudain dans mon âme certain doute sournois quant à l'efficience de mon didactisme et la force communicative de mon enthousiasme :

« Je pense moi, disait le monsieur qui connaissait son Chassarde et Senningard sur le bout des doigts, que la première de toutes les règles est de plaire... »

Le souvenir est en vérité si humiliant, et ma crainte est si forte aujourd'hui de devoir affronter quelque abondant courrier d'objecteurs s'autorisant de la même foudroyante maxime, qu'on ne m'en voudra pas – j'espère – de saisir l'opportunité de la règle 38 pour tenter de prendre les devants.

De la première et dernière de toutes les règles...

Plaire – faut-il le souligner – n'est pas une règle mais un enjeu.

Peut-être Molière souhaitait-il rappeler à ses détracteurs, en commettant cette frondeuse métonymie, qu'on pouvait appliquer bien d'autres règles que les leurs pour parvenir à l'enjeu de plaisir. Et mettre à cet effet l'art de son époque sur d'autres rails que ceux des us, normes et intuitions en vigueur.

Je ne soutiens rien de très différent.

À *plaire*, je préfère pourtant *séduire* – si *plaire*, tout du moins, consiste à conforter autrui dans ce qu'il aime déjà, et *séduire* à lui offrir d'aimer ce qui lui est d'abord étranger. Nul ne s'étonnera de l'importance que j'attache à la nuance puisqu'elle fonde, en attendant de meilleurs critères, la distinction que j'ai faite entre objet de culture et objet de consommation.

Mais *séduire* est encore faible.

S'il ne sentait par trop mon Ménilmontant natal, je lui substituerais volontiers un verbe plus énergiquement ambigu, où l'arnaque le disputerait à la jouissance, le dessillement à la fascination, le calcul à l'instinct brutal, et la leçon – que vise au bout du conte une pédagogie bien comprise – au plaisir :

Je dirais que la première de toutes les règles est de *baiser*.

Le monsieur du premier rang me répondra qu'il n'a pas besoin de théorie pour ce faire. Mais je ne dispose pour ma part que d'un peu d'encre et de papier.

Table

Cet ouvrage a été reproduit et achevé d'imprimer
par l'Imprimerie Floch à Mayenne en octobre 1998.
Dépôt légal : octobre 1998. N° d'impression : 44429. Imprimé en France.
ISBN 2-87673-269-6